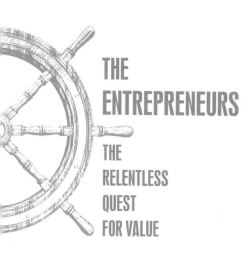

THE ENTREPRENEURS
THE RELENTLESS QUEST FOR VALUE

企业家

﹝美﹞德里克·利多（Derek Lidow）著

王淑花 侍怡君 译

中国出版集团
中译出版社

图书在版编目（CIP）数据

企业家 / (美) 德里克·利多 (Derek Lidow) 著；王淑花, 侍怡君译. -- 北京：中译出版社, 2023.10
书名原文：THE ENTREPRENEURS: The Relentless Quest for Value
ISBN 978-7-5001-7542-1

Ⅰ. ①企… Ⅱ. ①德… ②王… ③侍… Ⅲ. ①企业家—研究 Ⅳ. ① F272.91

中国国家版本馆 CIP 数据核字（2023）第 169471 号

THE ENTREPRENEURS: The Relentless Quest for Value
by Derek Lidow
Copyright © 2022 Derek Lidow
Chinese Simplified translation copyright ©2023
by China Translation & Publishing House
Published by arrangement with Columbia University Press
through Bardon-Chinese Media Agency
博达著作权代理有限公司
ALL RIGHTS RESERVED
著作权合同登记号：图字 01-2023-3488 号

企业家
QIYEJIA

著　　者：	[美] 德里克·利多（Derek Lidow）
译　　者：	王淑花　侍怡君
策划编辑：	于　宇　华楠楠
责任编辑：	于　宇
文字编辑：	华楠楠
营销编辑：	马　萱　钟筏童

出版发行：	中译出版社
地　　址：	北京市西城区新街口外大街 28 号 102 号楼 4 层
电　　话：	（010）68002494（编辑部）
邮　　编：	100088
电子邮箱：	book@ctph.com.cn
网　　址：	http://www.ctph.com.cn

印　　刷：	固安华明印业有限公司
经　　销：	新华书店
规　　格：	710 mm×1000 mm　1/16
印　　张：	25.25
字　　数：	278 千字
版　　次：	2023 年 10 月第 1 版
印　　次：	2023 年 10 月第 1 次印刷

ISBN 978-7-5001-7542-1　　　　定价：89.00 元

版权所有　侵权必究
中译出版社

推荐语

德里克·利多（Derek Lidow）教授的这本书，生动刻画了世界上各个历史时期的企业家创业活动，用丰富的史料和事例向人们展示了企业家精神的起源、历史演变，企业家如何创业、如何创新、如何实现价值创造，对我们理解企业家和企业家精神如何推动经济增长和社会进步具有重要意义！在当下，这本书非常值得一读！

——张维迎
著名经济学家
北京大学光华管理学院原院长
北京大学国家发展研究院教授

德里克·利多教授的这本书，通过讲述历史上众多企业家的故事，为研究企业家精神提供了一个框架和特定起点。书中丰富的实例可以使我们更好地了解创业行为的起源和发展，以及企业家如何带领人们创造丰富的产品和服务、促进价值体系和法律的形成，并让我们认识到企业家能够对社会可持续性发展带来的正面或负面的影响。这本书有助于我们更好地对创业行动与改善社会福祉的相互统一理清思路、认明方向，是一本值得深读的好书。

——贾康
著名经济学家
华夏新供给经济学研究院创院荣誉院长

将企业家的精神与成长上溯到 7 000 年前人类早期文明，是一个极其重要的探索。观念创新、商业利益和市场运营始终是企业家得以孕育、成长和参与推动文明进步的核心动力。此书应该成为商学院的教材和创业者的励志读物。

——王巍

金融博物馆理事长

这本书探索了企业家精神的起源、历史演变、未来走向，不论是创业者、管理者，还是对"企业家"这一话题感兴趣的读者，都可以通过本书深入了解企业家精神的本质以及它在推动人类进步过程中所起的关键作用。

——姚洋

北京大学国家发展研究院院长

德里克·利多有着强烈的求知欲。他利用深入的历史研究来阐明历代创业的基本原则，内容精彩纷呈。阅读本书你能看到许多引人入胜的历史故事，通过德里克·利多的描绘，让人有种身临其境的感觉。他能将历史故事编织成扎实的实证，源于他丰富的商业知识。他带领读者环游世界，穿越几个世纪，用翔实的案例资料来阐述他的论点，即创业原则深深植根于数千年来文明的进化方式中。企业家和其他感兴趣的读者会喜欢这本书的。

——霍华德·E. 奥尔德里奇（Howard E. Aldrich）

北卡罗来纳大学教堂山分校社会学教授

当被问到什么是达成财富成就的最重要因素时，我会说："创业。"值得庆幸的是，这本书不仅表明了我是对的，而且还对这个主题有着最全面、最严谨、最丰富的阐释。德里克·利多准确定义了企业家精神，然后描述了企业家与社会互动的方式。从中国的汉代到罗马帝国时代，再到当今硅谷，每一个时期都有引人入胜的历史故事。德里克·利多打开了这个主题，然后在最后几章中把这些部分重新组合起来。这是一本"三书合一"的书。首先这是一本历史书，一丝不苟地描述了历代企业家精神。其次，这是一本经济学书，分析了企业家的动机和行为以及这些行为将产生的后果和社会的反应。最后，这是一本面向创业者和管理者的管理类书。"三书合一"，这预示着《企业家》将成为经典之作。

——尚塔·德瓦拉坚（Shanta Devarajan）

世界银行发展经济学原高级主任

德里克·利多教授从人类学、历史学角度出发，深入研究几千年来卓越企业家创业、创新的历史，为企业家如何创造价值和带来改变提供了重要的新见解，重塑人们对企业家影响力的认知。

——秦朔

"秦朔朋友圈"创始人

企业家精神是市场经济的活力源泉，是经济增长的驱动力。德里克·利多教授的这本书，囊括了古今中外企业家的丰富案例，展现了企业家精神在推动人类发展、不懈追求创新等方面的积极作用，对于我们当下深刻理解企业家精神、提振企业家信心尤为重要。

——任泽平

著名经济学家

"泽平宏观"创始人

企业家

  企业家不仅通过扩大供给来满足人们需求，而且总是和创新、风险联系在一起。这本书生动刻画了人类历史上来自世界各地的众多杰出企业家，以及他们的创业活动和行事方式。德里克·利多教授在书中明确阐述了企业家精神的真正意义，以及它在历史进程中的重要作用。每一位开卷的读者，都将从中获益。

——滕泰

万博新经济研究院院长

《软价值经济学》作者

  不同于经济学家熊彼特对现实商业中企业家们破坏性创新能力的分析，德里克·利多教授这本《企业家》，从多个历史维度梳理了世界各地企业家创业故事的共性特征，从而阐明了他对"企业家"的定义和企业家精神的真正意义，也因此更清晰地界定了企业家在人类历史进程中的重要作用，相信这本书会给更多致力于成为优秀企业家的人以重要启迪和前进动力。

——何刚

《财经》杂志主编

《哈佛商业评论》中文版主编

  这是一本结合考古发现、历史文献研究和企业发展案例梳理而成的企业家精神研究著作，探究了企业家自主行动、冒险创新、为社会带来丰富的产品和服务以及为自己创造财富背后的原始动力。重要的是，德里克·利多教授把企业家界定为创业创新者，以区别于大企业中的职业经理人，同时梳理了企业家、制度创新与监管规范三者之间的互动关系，有助于我们更好地思考如何营造企业家成长环境的重大问题。

——吴晨

《经济学人·商论》执行总编辑

交易并不是学习的结果,是人类进化出来的本能,交易的本能催生了企业家精神,推动了创新,改变了世界。这本书用翔实的历史细节和缜密的论证解开社会繁荣的秘密。

——吴主任

自媒体人

我们未来的成功建立在前人的创造之上——只有了解创业的演变以及古往今来的企业家精神,才能实现这一追求。德里克·利多的这本书对历史上的创业故事有着深刻见解,为我们创造一条更容易、更包容、更公平的创业之路提供了信息。

——安妮塔·桑兹(Anita Sands)

多家公司的董事会董事和风险合伙人

德里克·利多以长远的历史视角研究创业精神,阅读本书是一件令人愉悦的事。

——可汗·克瑞潘多夫(Kaihan Krippendorff)

《从内部推动创新:内部企业家指南》作者

德里克·利多教授的这本书不仅详细介绍了企业家的历史,而且还强调了他们从几个世纪以来的成功和失败中吸取的教训。他让读者更清晰地了解了优秀企业家的构成因素,以及可以做些什么来继续收获创业的果实,同时最小化不必要的后果。本书不仅是一本有趣的读物,还是鼓励创业者奋斗的动力源泉。

——网络数据百科网(Network Data Pedia)

德里克·利多对大多数创业冒险的核心"追求价值"提出了有用的观点。企业家们敦促我们感谢那些成功的行动者,他们利用了更广泛的变革,实质性地改善了我们的生活方式,并为其他人留下了可借鉴的经验。

——《战略与经营》杂志(strategy+business)

献给两位杰出的榜样：雷尔（Arel）和蒂尔（Teel）

自 序

不再困惑

我走上普林斯顿大学讲台的第一天,一位学生就问我:"成为一名优秀企业家的关键是什么?"我意识到自己并不知道怎么回答这个问题。在备课过程中,我阅读了大量文献,也广泛寻求过周围人的意见,但他们也同样难以给出答案。要回答这个问题,就必须先回答关于创业的两个更基本的问题:创业能带来什么好处?这些好处是如何产生的?我花了12年的时间追寻这些问题的答案,在此愿与大家分享我的发现。

对这些问题的深入探讨为我们提供了许多宝贵的见解,使我们可以帮助企业家构建一个更可持续、更加公平的世界。我们将会了解到,如果没有企业家的引领,我们就无法取得成功。创业的重要性超乎我们的想象。我们已经习惯企业家带来一切,甚至没有注意到他们已经主导了我们的生活。虽然企业家可能会带来一些令我们耳目一新的事物,但同时我们也必须期望他们投入更多的时间和精力,让世界变得更可持续、更加公平。如果没有企业家,这个愿望

企业家

根本无法实现。我的研究发现让我对此充满信心。

首先，我感到非常幸运能有机会撰写这本书。我的人生经历非常独特，让我能从更为广阔的视角来看待这个主题。我拥有应用物理学博士学位，因此我知道如何提出问题，如何通过探索和分析找到答案，也能比其他人更精确、更实际、更详细地描述神秘现象。研究生毕业后，我在一家成熟的半导体公司工作，曾担任过许多不同的职位，最终成为首席执行官。然后，我做了一件其他成功大公司首席执行官很少会做的事情：离开公司，从零开始创建自己的公司。后来我成功地卖掉了自己创建的公司，受邀在普林斯顿大学讲授创业相关课程。在那里，我写了两本关于如何成为优秀企业家的书。我的第一本书《创业领导力》（*Startup Leadership*）重点讲述了创建和领导企业及其团队，以及为个体创造价值的基本原理。我的第二本书《建立在基石之上》（*Building on Bedrock*），描述了当代成功企业家的创业经历和成功经验。这些书的研究和撰写为我开展更宏伟的项目奠定了基础，即探索企业家精神的起源、历史演变、未来走向，以及我们是否可以改变创业轨迹，使其朝着更好的方向发展。

其次，我感到非常幸运能就这个主题进行创作。迄今为止还没有人写过这个主题。尽管无数学者已经研究、分析和思考了商业和经济结构在塑造社会中的作用，但大都忽略了企业家的作用。这就好比研究树木却不研究种子的作用和生长过程。学者们忽视企业家的部分原因是无法就其定义达成一致。至今学术界仍没有对企业家的影响进行广泛讨论，形成广泛共识。由于对企业家精神的研究并不能直接提升学术声望，故而人们在这个研究领域投入很少。

自 序

再次，我感到非常幸运能在普林斯顿大学撰写这本书。因为我的职责是讲授创业的相关课程，所以在我深入研究这个主题的过程中得到了全方位的支持。普林斯顿大学拥有世界顶级的学术支持专员和研究设施，对于我广泛收集创业相关证据起到了至关重要的作用。许多普林斯顿大学的同事和其他地方的研究者为我提供了重要的线索（我在"致谢"中对所有人表达了由衷的感谢）。

最后，许多最近的突破性发现给我带来了启示，促使我写了这本书。这些发现表明，创业活动远比我们想象的历史更悠久，分布更广泛。如果这本书是15年前写的，它的内容会浅薄得多。马克思、熊彼特等也曾对创业行为进行归纳总结，但由于当时世界上还未出现这么丰富的史料和案例，他们的分析也都有一定的局限性和不完整性。而如今，这些丰富的史料和案例都成了我书中至关重要的素材。

引人入胜的故事

创业活动如何以及为什么吸引了无数人的关注和参与，具有巨大的影响力？这其中的故事非常有趣，引人入胜。例如，我在考古记录中发现，狩猎采集者创建了一个小型流水线来制作珠宝。谁能想到珠宝制作竟是世界上最古老的职业？有些古代文献详细地介绍了4000年前的企业家，通过这些文献，我们了解了企业家的经历，不仅能感受到他们庆祝成功的喜悦，也能感受到他们创业时面临的巨大压力，以及找到投资者时的那份宽慰。有趣的是，早在4000年前，就有人成立了有限责任合伙企业，与当今风险资本家的做法相似。我们还会了解到人类历史上来自世界各地的众多杰出企业家，他们的行事方式让我们感到既熟悉又惊奇。

我深入挖掘了考古记录、人类学和历史记录，提炼出了这些故事，并渴望与大家分享。这些故事不仅会给学术界带来启示，也会吸引普罗大众。通过这些故事，我找到了一直苦苦追寻的答案，而且我认为这些故事有助于重塑大家对企业家影响力的认知。

解决许多生存问题的唯一良药就是知识。我们必须深入了解企业家精神的本质以及它在推动人类进步中所起的关键作用（无论是好是坏），以便激励更多的人承担起企业家这一重要职能。这本书首次明确阐述企业家精神的真正意义，以及它在历史进程中的重要作用，以便我们都能从中获益。

（此处提醒一下，为了尽可能让读者有愉快的阅读体验，我在本书中没有使用脚注，因为我发现脚注会分散注意力。相反，我在正文之后做了大量注释，列出了一些与撰写本书最相关的参考资料。如果您感兴趣，这些注释会帮助您更深入地挖掘企业家的故事。）

前　言

不可回避的问题

故待农而食之，虞而出之，工而成之，商而通之。

——司马迁，《史记》，公元前94年

《清明上河图》高10英尺①，长17英尺，描绘了北宋（公元960—公元1127年）都城的日常生活。这幅画是中国的旷世杰作，备受尊崇，在世界艺术史上具有里程碑意义。从这幅画中，我们可以领略1000年前企业家精神对人们日常生活的影响。

画轴从右向左展开，带领观赏者踏上一日旅程，从清晨到黄昏，从乡村到繁华的城镇中心。画中的城市依河而建，河的两岸商业繁荣。街道上小贩云集，客户摩肩接踵。他们来自各个阶层，身份各异。画中甚至还描绘了一个危险的场景：一艘拖缆断裂的船正向城镇中心的桥倾斜而去，引起了周围人的恐慌。

---

① 1英尺 = 0.304 8 米。——译者注

画中的每个细节都展现得清晰明了，甚至连店铺里的产品和服务标识牌都清楚呈现出来。一家算命先生的店铺宣传了三项服务："决疑""看命"和"神谋"。其他招牌上还写着店主的名字，例如"王家纸马""久住王员外家""李家输卖"。

画卷里工匠、客栈老板、街头小贩、客商、贸易商、批发商等企业家随处可见，当铺等各类商店林林总总。我们可以通过他们的穿着打扮来判断其所属的社会阶层：普通劳动者打着短绑腿，学子和地位低下的胥吏脖子上戴着汉巾，商人身着长裤，外套半身长袍，高级官员和士大夫则穿着全身长袍。有些餐馆，尤其是那些不太正式的小餐馆，吸引了不同阶层客户的光顾。那些更高级的餐馆则坐落于奢华的多层建筑中，显然只为招待更有经济实力的客户。也就是说，从画中可见，各个阶层的人都在空闲时间享受生活，将可用的闲钱花在餐饮和娱乐上。由于企业家众多，并为市民提供了相似的产品或服务，市民也有了选择的余地，在满足生存之外，过上了逍遥的生活。

当企业家大批涌现，为客户提供商品和服务，所有阶层的客户都能随心所欲地消费时，创业的黄金时代便到来了。《清明上河图》便描绘了其中一个创业黄金时代。在这个时代伊始，企业家谋求创新，使得更多土地适宜种植水稻，宋朝及其之前的唐朝都得益于这些创新。种植方式的创新降低了粮食的价格，增加了许多小地主的财富。企业家手中有了更多余粮可供销售，从而激励他们创新销售方式，进一步推动了创业创新的良性循环，迅速扩大了其综合效益规模。为了刺激餐饮消费，宋朝的企业家创立了热情待客的经营之道，他们的创新至今仍然发挥着作用。

前言

一、长达万年的影响

历史上还出现过许多其他创业黄金时代。许多人声称当今的创业造富活动是史无前例的，但事实并非如此。我们可以找到确凿的证据或记录来证明9000多年前就出现了创业活动，通过对过去9000年左右的创业行为和创业结果的相似性进行研究，我们可以深入了解企业家如何为整个文明的进步做出贡献，提高人们的生活水平，以及如何以出人意料的、强有力的方式影响着社会。当企业家做出重大创新影响世界时，政府、宗教和其他团体通常都会做出反应，试图改变创业活动的走向，但其影响程度和效果各不相同。创业活动在社会内部创造了变革和创新的动态，加剧了变革创新和监管约束之间的紧张关系。

本书聚焦于企业家与社会之间的相互影响。企业家创造了我们如今所需的大部分生活必需品。虽然我们尊敬企业家，但仍然低估了他们对社会的积极和消极的影响。以下按时间顺序列出了一万年以来的部分创业创新清单，我的学生们对此震惊不已。

这份清单并未包括企业家成功从政府手中接管、并通过扩大规模让更多人受益的许多关键服务。例如，自公元前1776年汉穆拉比颁布法律处罚劣质建筑以来，企业家一直在建筑业中发挥主导作用。但由于第一批建筑并非由企业家建造，因此我没有把建筑业列在清单内。尽管律师、医生和其他专业人士的职业最初就面向公众，而不仅是最早雇用他们的贵族，他们中的大多数可能会从事创业活动，但我没有将它们包括在这个列表中，这是因为这些职业更多地涉及提供专业知识和服务，而不是以创业为主要目的。我在清单中还省略了那些

企业家

曾经必不可少但现在已经过时的东西,比如留声机、电话和马车。

部分企业创新清单

珠宝	铁路
采矿	钢铁
专门的标准化工具	金属(大跨度)桥梁
标准服饰	合成颜色
金属工具(包括武器)	药物
进口、出口	塑料
市场	自行车
香料	电动马达
抵押	电灯
商队	缆车、有轨电车和地铁
酒馆/旅馆	内燃机
加工食品	电影院/电影
租赁资产(包括土地、房屋和奴隶)	无线通信
风险资本	家用电器
染料	空调
银行业(包括有息存款)	电梯
航运和物流	汽车
公寓大楼	X光机和大多数其他医疗设备
广告	飞机
印刷	在线生产/装配线
出版	航空公司
种植园	半导体
烈酒(包括酒精含量高的饮料)	软件
工厂	个人计算机
零售购物体验和百货商店	网上购物
包装食品	智能手机
可编程机器	手机提供的应用程序和服务
蒸汽机	社交媒体
报纸	视频通话和远程会议
汽船	

前　言

想象一下，如果没有这些企业家的创新，或我们从未广泛应用过这些创新，我们的生活会是什么样子？我们所了解的世界将不复存在。企业家对我们的生活方式一直有着巨大影响，而且这些影响无比深远，无处不在，以至于我们通常将其视为理所当然，对此浑然无觉。而事实上，企业家是我们文化的主要塑造者。

二、后果

企业家对社会的影响总是深远的，但这并不意味着他们对社会的影响总是有益的。事实上，我们能预见到的创业活动往往会变得无法控制。了解和承认创业的负面影响可以帮助社会在其失控之前减轻危害。例如，直到最近几年，我们才真正开始着手解决数字技术对我们隐私、社会生活、政治和其他重要生活领域造成的负面影响。多年来，智能手机、社交媒体和其他创新工具以惊人的速度迅速普及和发展，整个社会及其领导人却仍然选择对潜在的危险视而不见。

我们将会看到，回顾过去创业带来的影响可以帮助我们预见当前创业创新可能带来的意外后果，并采取相应措施减轻负面影响，从而减少严重的不良影响。通过回顾历史，我们能清楚地认识到，社会具备一定的能力来预见和减轻创业创新所带来的意外后果。

人们对企业家创新造成意外影响的担忧由来已久。众所周知，代达罗斯（Daedalus）是伊卡洛斯（Icarus）的父亲，而伊卡洛斯是那个因飞得离太阳太近而坠落的少年。但整个故事比大多数人知道的更加复杂，更耸人听闻。在古代，代达罗斯的神话被公认为警示创业风险的寓言故事。

代达罗斯是希腊人心目中纯粹企业家的理想形象：他是一个具有自我驱动力的人，凭借其出色的"机械艺术"获利，为出价最高的买家提供技术服务。在这个神话故事中，海神波塞冬（Poseidon）送给克里特岛的弥诺斯（Minos）国王一头漂亮的白色公牛，王后帕西淮（Pasiphae）爱上了这头公牛，希望与之交配，于是她请求著名的发明家代达罗斯为她制造一头可以藏身其中的机械牛。利用代达罗斯的发明，帕西淮与公牛交配受孕，生下了怪物弥诺陶洛斯（Minotaur）。这个半人半牛的怪物以王国里最好的年轻男子和未婚女子为食。

绝望之下，国王弥诺斯与代达罗斯签订合同，请他设计一个结构来困住弥诺陶洛斯。代达罗斯便为此巧妙地设计了一个迷宫。国王弥诺斯非常看重这项技术，为了防止秘密泄露，便把这位企业家囚禁在自己的城堡里。代达罗斯为了逃跑，便用蜂蜡把羽毛粘在一起，设计成了"翅膀"。他和儿子伊卡洛斯想借助翅膀飞往大陆。不幸的是，伊卡洛斯忽视了父亲的叮嘱，飞得离太阳太近了。他翅膀上的蜂蜡融化了，最终坠海而亡。

这个神话故事传达的寓意是，虽然代达罗斯技艺超凡，但其令人惊叹的作品产生了意想不到的可怕后果。相比之下，见多识广的古希腊和罗马公民对企业家创新可能带来的意外后果更加警觉。我们会看到，雅典和罗马政府也想方设法地使企业家关注公民的最大利益。因此，在古希腊罗马时期，人们拥有了一个极其漫长而丰富多彩的创业黄金时代，并从中获益丰厚。

三、天生的独裁者

相比社会的其他方面，创业活动对我们的行动和选择影响最大，其影响力当然也超过了政府和宗教组织。企业家决定了我们的穿着打扮、住所、生活方式、道德观念，他们甚至影响了我们的择偶标准，改变了我们寻找爱情和建立关系的方式。综观历史和世界各地的情况，无数事件表明，企业家阶层往往会选择性地遵循某些规则，虽然社会曾因其过去的失信行为而试图加以限制，但仍然默许了他们这样做。大多数限制企业家行为的法律规定都是由那些突破社会规范的企业家推动出台的。社会为约束企业家的行为出台了无数烦琐晦涩的限制规定，涉及餐饮获取的时间和地点、娱乐方式、出行地点以及出行速度等方面。由于曾有企业家违规、欺诈或危害到太多公众，统治者无法视而不见，不得不采取行动，将这些限制措施制定为人人皆须遵守的法律。至关重要的是，企业家的影响随着时间的推移而不断累积。一旦一项创新深入人心，潘多拉的魔盒被打开，其影响就无法完全消除。

一直以来，我们忽视了这个不可回避的二元性问题。纵观古今中外，企业家的创业活动为我们带来了几乎所有令我们生活便利和愉快的东西，但它也引发了许多最严峻的社会挑战，造成了地球上大部分的生存威胁。统治者和宗教领袖偶尔会试图引导企业家按照他们的意愿行事，但这些尝试都不成体系，而且缺乏深思熟虑。我们需要理解社会和企业家之间这种相互影响的关系。如此一来，我们会深刻认识到，我们每个人，而不只是统治者和政治家，可以采取哪些措施来使企业家在追求个人利益的同时，更好地服务于社会的整体利益。

我们必须从事实出发，而如今最重要的事实是，企业家精神比其他任何因素都更重要，决定了我们日常生活的方式。即使是当代的企业家也未能完全理解它的功能和全部影响。即使是用意良好的企业家，如果不能正确认识其影响的性质，也有可能最终危害社会。如果我们不能迅速向社会宣传企业家精神的实际运作方式及其积极和消极地影响世界的非凡能力，以及社会控制和引导企业家影响力的许多有效方式，反而对企业家精神缺乏认识的话，这将对社会产生巨大影响，而且这种影响有可能不可逆转。您将在接下来的十二章中看到，企业家精神比其他历史现象更重要，更有助于理解当今世界所面临的问题。消除对企业家精神的误解，不仅有助于减少不受约束的创业活动所带来的意外后果，而且有助于我们更好地利用创业的潜力，从中获得更大的好处。

其中最常见、最具破坏性的一种误解是，企业家精神在某种程度上只为现代社会所独有，只属于计算机和电动汽车时代。事实上，企业家的创业实践可以追溯到人类建立定居点之前。同样，企业家精神几乎是所有经济结构或社会结构形式的内在固有特征，并且前者的出现早于后者。现代企业家精神并不只存在于美国，更不是硅谷独有。至少有一半的劳动人口尝试过创业，在开放式联合办公空间里工作的年轻白人男性技术人员只代表了当今社会创业人口的一小部分。女性和少数族裔在创业领域扮演着重要的角色，但他们的作用往往没有得到充分的认可。

事实上，即使不全是被误导，几乎所有我们之前对企业家精神的理解也都是错误的。因此，本书的另一个核心目标便是澄清这些误解,揭示企业家精神的真正本质。

四、什么是优秀企业家

本书的终极目标是通过对历史的理解,来解答一个意义深远的问题:是什么造就了一个优秀的企业家?是否像今天大多数人所回答的那样,优秀企业家仅仅是一个懂得如何创办公司,使之快速发展并为许多人赚取大量金钱的人?埃隆·马斯克(Elon Musk)、杰夫·贝佐斯(Jeff Bezos)和奥普拉·温弗瑞(Oprah Winfrey)等备受瞩目的榜样是最佳企业家代表吗?有些聪明人曾经认为伊丽莎白·安妮·霍姆斯[①]是一个理想的企业家,是下一个史蒂夫·乔布斯[②]。然而,《华尔街日报》的一名记者却揭露了一个事实,即霍姆斯公司大肆宣传的血液测试设备实际上并不像她所声称的那样有效。这也许说明了企业家的定义可能还有更多的含义。

虽然理论上商业道德领域是存在的,但它已经奄奄一息、发展滞后。商业史对制定普遍公认的商业道德标准至关重要,但其重点一直是对商业企业的专业管理。法律体系和社会结构依赖对道德行为的统一定义,以更好地制定法律,并预防行为不端者担任重要职位。在世界上大多数地方,人们都期望良心企业能够依据现有法律、

---

① 伊丽莎白·安妮·霍姆斯(Elizabeth Anne Holmes),是血液检测公司Theranos的创始人,声称只需要一个针眼和一滴血,以及廉价的检查费,就可以做上百种不同的身体化验。该公司一度成为生物科技行业的独角兽公司,霍姆斯也曾拥有45亿美元身家,成为全球最年轻、白手起家的女性亿万富翁。2022年霍姆斯因欺诈罪获刑。——译者注

② 史蒂夫·乔布斯(Steve Jobs, 1955—2011),美国发明家、企业家,苹果公司联合创始人,曾任苹果公司首席执行官。——译者注

法规和规章提供产品和服务，雇用和管理员工。我们期望良心企业能够提供可核实的会计记录。如果企业的业务源自贿赂或人身威胁，则被认为具有腐败行为或违反法律规定。

但对于企业家及其创新行为而言，并不存在这种统一的公认的道德体系。有些人认为，企业家必须"快速行动，打破常规"，甚至可以公然藐视现有的法律，毕竟，这些法律无法预测和产生重大创新。另一些人则认为，创业型企业应该与其他企业一样，受到相同标准的约束。如果对这些态度分歧所造成的历史影响不能达成共识，又怎么能指望所有社会都能采取正确的应对方法呢？企业家推动社会变革的方式和规模是老牌企业的职业经理人永远无法企及的。因此，必须建立一套与之相适应的企业家道德体系。在接下来的篇幅中，我们将探讨企业家道德体系的历史演变，为制定适应当今创业环境的道德体系提供依据和指导。

五、原始的自我驱动力

理解企业家精神为什么对社会具有如此大的影响力，需要我们首先去探索创业活动的起源，去了解社会对个体为邻里提供有价值的产品或服务来改善福祉的反应。缺乏对创业行为起源的深入研究，导致我们无法准确地定义企业家精神，更无法理解其重要性和价值，也无法进行有效培育。

我已经解决了没有定义就无法理解、不理解就无法定义这种二分对立。我根据一系列可能相关的考古文物，反复思考一个问题："这件文物可以作为企业家行为的证据吗？"从而去获取企业家的定

前言

义,并最终得到了答案。通过研究(我在此就不赘述了,您可以在正文之后的参考文献及注释中了解),我得出了一个新颖、简洁、实用、精辟的企业家定义。

企业家可以被定义为具有以下特征的人:

1. 他们的行动具有自主性;
2. 他们的创新在本地文化中得到广泛认可;
3. 他们吸引他人为其创新提供有价值的回报。

这个定义的效力和实用性将随着我们故事的展开而显现出来。首先,这个定义跨越了时空和地理位置,适用于分析世界各地各个年代的现象和活动。这个定义为我们研究企业家精神提供了一个框架和起点,使我们能够从最早的证据和相关资料入手,分析创业行为的起源和发展。我们将从探索一些有趣的古代遗址开始。

其次,企业家的非时变性定义为我们提供了一个过滤器,我们可以用它来识别所有社会中刺激企业家大量出现的特定机制。我称为"创业集群"。这个机制解释了很多与创业相关的问题,例如,为什么企业家在飞地中聚集?他们为什么开展类似的业务?为什么企业家的数量如此之多?为什么企业家在有些社会中取得了更高的地位,而在另一些社会中却没有?为什么无论统治者多么残暴,却往往无法阻止企业家的出现?

此外,这个定义还解释了企业家作为一个群体创新的原因和方式。我把这种企业家集群的表现称为"创业创新周期"(Entrepreneurial Innovation Cycle,简称EIC)。如果我们理解EIC,就会知道如何激励企业家进行创新，释放世界上最强大的变革力量。如果企业家了解 EIC，就会找到新的开拓和发展机会。

这些观点会在本书前两章中进行阐述。这本书的其余部分阐述了创业集群和创业创新周期的含义，即企业家如何带领我们创造了丰富的产品和服务、价值体系和法律，同时对可持续性发展和不平等问题产生了影响。我们也将了解企业家在推动社会发展方面产生的积极和消极影响。

阐明企业家精神的影响需要我们去了解一万年来世界各地出现的企业家。这是个极其宏大而丰富的故事，无法以线性方式讲述。在第三章到第八章中，我用故事来说明创业集群和创业创新周期的影响并加深读者的理解。第九章到第十一章描述了这些影响带来的后果。在这些章节中，我通常先讲一个内容丰富、有代表性的故事，然后按照时间线讲述其余的故事。在最后一章中，我着重探讨我们的研究结果如何引导我们更好地将创业行动与改善整体福祉、实现可持续性发展相统一。

这本书通过讲述过去企业家的故事，重点向大家传达一点：当最具野心的企业家试图操控我们的欲望时，我们并非无能为力，我们有能力选择和决定自己真正渴望的事物，无论这对我们是否有益。历史上各类统治者或其他社会领袖曾经试图掌控企业家的行为，但大多数都以失败告终。在最后一章，针对创业创新所带来的不利后果，我明确提出了实际的缓解措施，以积极主动地减少创业创新所带来的不利影响。了解了这些缓解措施，也有助于最终回答我们一开始就提出的问题："什么是优秀的企业家？"

目 录
Contents

第一章　创业的兴起

　　一、自然抗性 _ 006

　　二、金瓦利 _ 009

　　三、制珠工厂部落 _ 010

　　四、5000年前的工厂 _ 013

　　五、不堪重负的古代企业家 _ 015

　　六、古老的权力伙伴 _ 018

　　七、全球行为 _ 021

　　八、阶级的最底层 _ 023

　　九、大陆连接组织 _ 024

　　十、普遍行为 _ 026

第二章　企业家精神的核心

　　一、历史性问题 _ 031

　　二、理想主义者的必备技能 _ 033

　　三、破坏性创造 _ 035

四、跨时代的定义 _ 038

　　五、行动的自主性 _ 039

　　六、价值创造中的创新性 _ 040

　　七、吸引他人 _ 043

　　八、我也能做到 _ 044

　　九、创业创新周期 _ 047

　　十、意外后果 _ 051

　　十一、企业集群 _ 052

第三章　外来者

　　一、总是熠熠生辉 _ 059

　　二、足不出户 _ 062

　　三、我来为您效劳 _ 063

　　四、接管业务 _ 065

　　五、掌握潜规则 _ 067

　　六、宗教赋能 _ 069

　　七、团结合作 _ 070

　　八、打破束缚者 _ 075

　　九、持久的影响 _ 082

第四章　风险投资家

　　一、公元前的风险资本家 _ 086

　　二、可替换合伙人 _ 089

三、人人皆可投资 _ 091

四、陌生人的资金 _ 095

五、投资初创公司 _ 097

六、法国的风险资本家 _ 100

七、资本寻找新伙伴 _ 107

第五章 争夺新财富的控制权

一、黄金法则 _ 113

二、美式企业家 _ 115

三、"赢者通吃" _ 119

四、企业主+金融家＞企业家 _ 126

五、再次边缘化 _ 131

六、源自创业困境的新范式 _ 132

七、增长优先于利润 _ 136

八、快速扩张 _ 138

九、视角的转变 _ 139

第六章 扩大供给

一、甜蜜与巴巴里 _ 144

二、循环往复 _ 151

三、雨后春笋 _ 153

四、兴如云涌 _ 156

五、超级供给 _ 160

六、漫漫长路 _ 164

七、全面控制 _ 169

八、兆亿字节 _ 171

第七章 扩大需求

一、第一个品牌 _ 176

二、激发购买欲的奇珍异宝 _ 180

三、热情款待的诱惑 _ 185

四、购物与款待相结合 _ 188

五、大众追捧之物 _ 190

六、从"需要"到"上瘾" _ 192

第八章 扩大简约

一、见端知末，先行一着 _ 198

二、术业专攻，专事简化 _ 203

三、信任为基，简化资产管理 _ 205

四、告别大宗硬币交易 _ 206

五、复式记账法，事半功倍 _ 208

六、值得信赖的机器 _ 210

七、简化计算 _ 213

八、控制计算机市场 _ 216

九、用硅芯片简化计算机 _ 218

十、简化业务流程 _ 219

十一、人人适用的简化程序 _ 220

十二、更简单的非人类系统 _ 222

第九章　扩张的后果：创造与自我毁灭

一、奴隶制的扩张 _ 228

二、加剧至恶 _ 231

三、贷款之祸 _ 233

四、环境影响 _ 236

五、新创新，新后果 _ 237

六、竞争使然 _ 239

七、非我之错 _ 243

八、创业冲击波 _ 248

九、谁可信任 _ 251

第十章　管控措施

一、少年之见 _ 256

二、明确预期 _ 260

三、买者自负 _ 262

四、股东自负 _ 264

五、宗教约束 _ 267

六、全部消灭 _ 271

七、不可或缺 _ 275

八、救过补阙 _ 276

第十一章　金钱之外的价值

　　一、神圣的价值 _ 282

　　二、古代的双重底线 _ 284

　　三、三方业务模式 _ 285

　　四、盈利的非营利性模式 _ 288

　　五、良性贷款 _ 289

　　六、清偿所欠 _ 291

　　七、重现价值 _ 293

第十二章　未来创业前景

　　一、超出我们的能力 _ 299

　　二、隐性社会税收 _ 301

　　三、信任还是猜忌 _ 302

　　四、我们能掌控什么 _ 304

　　五、激励企业家创造更美好的世界 _ 307

　　六、什么是优秀企业家 _ 310

　　七、价值创造者 _ 312

后　记　关于"企业家"定义的诠释 _ 315

致　谢 _ 321

参考文献及注释 _ 325

索　引 _ 353

第一章

创业的兴起

> 天下熙熙,
> 皆为利来;
> 天下攘攘,
> 皆为利往!
>
> ——司马迁,《史记》,公元前 94 年

人们对企业家精神起源的认识大多是通过偶然的、非系统的方式逐步积累起来的。过去的几十年来,激动人心的考古发现和精确的科学分析都表明,企业家精神甚至可以追溯到人类建立定居点之前,证明这一概念的出现比我们之前预想的要早得多。

我们要感谢来自德国纽伦堡的赫尔穆特(Helmut)和埃里卡·西蒙(Erika Simon)夫妇带给我们一些新发现。1991 年 9 月,这对夫妇在阿尔卑斯山徒步旅行时发现了冰人奥兹(Ötzi)的木乃伊遗骸。下午 1∶30,西蒙夫妇还在一万英尺高的山上,所以他们决定抄近路穿过蒂森约克山口(Tisenjoch Pass),以避开险象环生、阴影笼罩的下山路。当他们匆匆赶路时,路边的一样东西引起了他们的

注意——他们认出,冰面上的一处棕色隆起实际上是一个人的躯干。

死亡事件在阿尔卑斯山区屡见不鲜,尤其是在地形险峻的高海拔区域时有发生,所以西蒙夫妇认为他们发现的是一位近期遇难的徒步旅行者的遗体。他们拍了一张照片,并向当地政府报告了他们的发现,当地政府第二天就来到了现场。他们花了4天时间,才将遗体从退化的冰川冰层中挖掘出来。在挖掘工作结束时,奥地利当局便非常确定这绝对不是现代徒步旅行者的遗体,而是几千年前人类的遗体。第二天,一架直升机将遗体空运至因斯布鲁克的法医学研究所(Institute of Forensic Medicine in Innsbruck)。

从那天起,来自世界各地的专家对奥兹进行了大量研究。他的遗体现在存放在意大利波尔扎诺(Bolzano)的博物馆里。根据研究人员和科学家的说法,大约在公元前3250年,奥兹是在山脊线顶端附近,被200英尺开外的箭射中背部而死。但从他随食物摄入的树木花粉来看,前一天他应该还处在7000英尺以下的谷底。可能在那儿的村庄里,他卷入了一场持刀斗殴,他的右手被割得只剩大拇指附近的骨头。显然,当他爬上7000英尺高的山上时,他已经痛苦万分。奥兹可能经常涉身暴力,这样的伤口是家常便饭。在他的刀、箭和衣物上发现的血迹表明,在过去的某个时候,他曾用刀砍过人,射杀了至少两个人,而且很可能背着伤者或死者去了某个地方。

没有人知道奥兹因为什么树敌,也不知道他以什么方式积累财富,但从他随身携带的物品的质量和工艺来看,他显然不是一个自给自足的农民或牧羊人。他的骨骼表明,他在世40多年,走了很多路。有人猜测,他可能是一个商人或猎人,也可能是一个医药学家。从他携带的物品的质量和种类来看,他是个精明的客户。有客户的地方就一定有企业家，他们制造专门的商品吸引客户，而客户认为值得用辛苦赚来的财富去换取这些商品。

研究人员对奥兹身上的成套工具、专用服装和药物的相关技术和工艺惊叹不已：他的靴子采用了几种复杂的技术来鞣制和连接三种兽皮，不同皮革分别用于制作鞋底、内衬或鞋面。靴子内部有一层树皮细网用于固定干草，起到保温的作用。必要时，他的靴子甚至可以变成雪地靴。靴子的设计十分复杂，一位负责复制靴子的捷克科学家认为，它们一定是由专业的鞋匠制作而成。

在奥兹时代，敲击术——用岩石碎片制作有用的工具，是一项非常有价值的技能，如制作燧石刀、切割工具或箭头等，这项技能在100多万年间不断得到完善。5 000年前，在人烟稀少、与世隔绝的阿尔卑斯山区村落里，每一种器具的制作都可能与特定的个体相关。科学家们通过研究修复好的燧石刀和两个箭头得出结论，奥兹应该没有独自制作这些器具的能力。他把刀片磨得比行家磨得还锋利。他的燧石刀和箭镞最初应是出自不同工匠之手，工匠们生活在不同村庄里，彼此相距甚远。我们推测他并不是在同一个地方获得这些工具的：阿尔卑斯山的三个不同地区都可以开采燧石材料，而且其刀具的制作风格与在燧石开采地附近发现的刀片类型相似。

奥兹携带的精致铜斧在其所生活的时代也算是一件十分珍贵的物品。制作铜制工具可能是当时最专业的技能。它的制作需要多道工序、复杂的烧制工艺以及提炼和加工金属的知识。经过化学分析发现，这把斧头来自托斯卡纳（Tuscany）南部，距离奥兹住处有500多英里[①]。由于杀害奥兹的凶手并没有拿走他的斧头或其他贵重

[①] 1英里≈1.61千米。——译者注

物品，所以他不太可能是被盗贼杀害的，也不太可能是因偷盗而遭人报复致死。

奥兹的工具、衣服和药物构成了一套精致而趁手的装备，满足其在寒冷天气下长途跋涉时的狩猎和自卫需要。我们知道他为了生计和生存组装了这套装备，但他是如何获得这些物品的呢？这不是他偷来的，也不是别人送他的礼物，应该主要是通过交易获得的。我们不知道奥兹拿什么去交换这些物品，但我们知道，他是各种工匠和贸易商的客户。他的斧头很有可能就是从商人那里获得的。这些工匠和商人是自主经营的个体或小家庭团体，为他人提供称心如意的专业化工具。换句话说，他们是企业家。

一、自然抗性

在奥兹之前，企业家就已经存在很长时间了。石器时代的文化保存至今，没有受到现代社会的影响，通过观察他们的社会组织和经济活动，我们可以获得有关古代企业家活动的重要线索和证据。这些文化中被研究得最为透彻的也许是特罗布里恩群岛居民（Trobriand Islanders）的文化，他们生活在西太平洋新几内亚海岸附近。100多年前，人类学家先驱布罗尼斯瓦夫·马林诺夫斯基[①]

[①] 布罗尼斯瓦夫·马林诺夫斯基（Bronislaw Malinowski，1884—1942），波兰裔英国社会人类学家，人类学研究的奠基人，社会人类学的开创者和功能学派创始人。他的《西太平洋上的航海者》是人类学历史上最著名的研究著作，其中的调查和工作方法对后世有着非常重要的影响，他最大的贡献是提出了新的民族志写作方法。马林诺夫斯基在特罗布里恩岛上记录的民族志中的"库拉圈"，更是成了关于互惠和交换理论的奠基性研究。我国著名社会学家、人类学家费孝通先生就曾从师马林诺夫斯基。——译者注

生动地描述了特罗布里恩文化。他在《西太平洋上的航海者》(The Argonauts of the Western Pacific)一书中,详细地描述了一个仅仅依靠石器时代工具从事劳动,几乎与外部世界隔绝的社会。他记录了村民相互之间以及其与邻近村庄和远方部落之间交换货物和服务的复杂方式与仪式。马林诺夫斯基对特洛布里安德群岛上的贸易形式进行了归纳。他观察到,在这个群岛上存在着七种不同的贸易形式,并且其中六种在礼仪方面都有严格的规定,并对可以交易的物品或服务进行了具体的限定。

不出所料,马林诺夫斯基的观察与后来人类学家从世界各地文化中观察到的许多贸易惯例是一致的。在一个孤立的群体中,成员之间通常存在相互依赖的关系,如果没有仪式、神话和禁忌等特定的规定和约束来指导他们分享或交换材料、货物和服务的方式和时间,就无法维持群体内部的合作和互助关系。博弈论告诉我们,在一个成员相互熟识的小群体或部落中,任何个体利用其他成员的行为都是危险的。虽然他们有可能获得自己所追求的东西,但也有可能因此遭到驱逐、囚禁或体罚。

在马林诺夫斯基所研究的特罗布里恩社会里,人们最看重和最崇尚的贸易形式是库拉(kula),这是一种仪式性的交换活动。特罗布里恩岛民在古老的仪式、神话和禁忌的引导下,使用石器工具和植物材料建造远洋独木舟。然后,他们划行数天,穿越汪洋大海去拜访邻近岛屿的居民,用野猪牙或象牙臂环换取海贝项链。危险无处不在,岛民害怕神话中的邪恶飞行女巫会在旅途中发动海难,导致船毁人亡。然而,由于拥有象牙臂环或海贝项链会带来荣誉,死亡的风险便成了值得承担的。参与贸易者只能短暂地拥有他们的财宝。仪式规定，在下一次贸易探险中，每个人都要与居住在另一个岛屿上的其他贸易伙伴交换财宝。然而，只要能够亲口描述一件华美的名品，这种经历和知识就能使物品持有者获得崇敬和尊重，成为备受赞赏和仰慕的人物。

虽然仪式备受尊崇，也会带来荣誉，但库拉交易中明确禁止企业家的创新行为，违者会被处以死刑。马林诺夫斯基在其书中引用了特罗布里恩的飞行独木舟神话，这个神话说明了石器时代的企业家利用其特殊技能可以改变所在社会结构的程度，同时也说明了这样做可能引起的暴力反应。在这个神话中，特罗布里恩酋长摩卡图博达（Mokatuboda）说服村民与邻近基特瓦村（Kitava）的友好团体一起进行库拉交易。但出乎意料的是，他却荒谬地命令村民在山村里而非在海滩上建造独木舟。

在出发去参加库拉之前，每艘独木舟的船长都会在自己的家中用他即将带走的物品举办仪式，念诵自己的秘密领导咒语。（巫术对特罗布里恩人来说，无论是过去还是现在，都是一种十分重要的"技术产品"；特罗布里恩人通过实施巫术过上了体面的生活，他们念动咒语让天降甘霖或使某人与"客户"一见钟情。）神话中并没有透露他们念的是什么咒语，但当船长用他的锛子敲打装满人、货物和贵重臂环的船只时，他的独木舟就会奇迹般地飞上天空。

当邻村的村民到达第一个贸易地点时，他们震惊地发现已经有一艘独木舟停泊在那里了。他们询问船员是如何赶在他们之前到达目的地的，但未能得到答案。在库拉交易期间，在他们到访的其他岛屿上也出现了同样的场景。当邻村的居民回到家时，他们看到酋长和他的船员已经把新获得的珍宝从海滩上运走了。这时他们才恍然大悟：另外一艘独木舟是会飞行的。包括酋长兄弟在内的村民们都感到自己受到了欺骗，于是便杀掉了酋长。从此，特罗布里恩人再也没有见过飞行的独木舟，却一直过着满足的生活。

酋长掌握和操控巫术这项独门技能，只为谋求一己私利，这在特罗布里恩社会中显然是不被接受的，违背社会准则的酋长因此遭到谋杀而丧命。特罗布里恩文化禁止因谋求私利而使用强大的巫术，也就是技术，即便是酋长也不能例外。所有社会，即使是最古老的社会，对于企业家获利多少以及付出多少都是有限制的。

二、金瓦利

特罗布里恩人实行的第七种贸易形式是金瓦利（Gimwali），马林诺夫斯基将其描述为"纯粹而简单的贸易"："这种交换形式的主要特点是互惠互利。双方各取所需，各自赠送对方一件对自己用处不大的物品。此外，我们还发现，在交易的过程中，双方通过讨价还价来调整物品之间的等价关系。"

特罗布里恩人认为，金瓦利有损体面且具有潜在危险。因为在交易的过程中，它完全不讲究仪式，也没有什么禁忌。金瓦利既不是在部落内部进行交易，也不是在已建立联系的部落之间相互交往时公开进行的。马林诺夫斯基观察到这种不受欢迎的贸易形式一般只发生在那些没有建立正式联系的部落之间。

古往今来，大多数创业行为都受到了限制，因为它能激发忌妒和欲望，而对于一个成员相互依存、相互支持的群体来说，忌妒和欲望会对其安定构成威胁。虽然有证据表明，我们的祖先在过去十几万年间一直在进行长途商品交换,但这些交换大多是为了维持和平而进行的互惠互赠。人们通常将企业家精神与各种形式的贸易联系起来,但大多数史前贸易在本质上并非以企业家精神驱动的商业活动。

要探究企业家精神的本质,我们就必须了解个体在何时以及以何种方式努力维持利己和利他之间的平衡。实际上,早在很久以前,我们就开始努力平衡给予与索取的关系了。

三、制珠工厂部落

考古记录显示,人类一直钟爱装饰品,喜欢用赭石、灰烬或其他染料涂抹在脸部和身体其他部位。一旦掌握了适当的工艺,他们就制作珠宝来装饰自己。我们有证据表明,在欧洲、东非和西亚,旧石器时代的身体装饰品最早可追溯到45 000年前。这些装饰品通常是由石头、象牙、贝壳、角和动物骨头等材料制作而成,易于上色和连接。从旧石器时代向新石器时代过渡期间(大约一万年前),人类发明了敲击术,将石头雕刻成不同的雕像。从那时起,经常会在考古记录中发现关于珠子制作的记载。

在9 000多年前,少数狩猎采集者,很可能是一个大家庭,在现代约旦(Jordan)东部的吉拉德河谷(Wadi Jilad)[①]过冬。在距离此处一天路程的地方,有一块彩色大理石,给他们提供了制作大理石珠子和吊坠的条件。他们投入了大量时间和精力来完善饰品的制作

---

① 地名没有通用中文翻译,为译者音译。——译者注

过程，并创新了一些工艺，能够大量生产不同风格、尺寸、颜色和形状的饰品，包括圆盘、桶状和圆柱形的珠子，以及三角形、椭圆形和矩形的吊坠。当时，大部分类似饰品都是用贝壳粗制而成，因此，他们制造的饰品备受追捧。

这个大家庭为了生产装饰品，自己制作或通过贸易获得了燧石钻、微型臼和砂岩研磨器等工具，确保了生产的统一性。他们在一张光滑而坚硬的扁平大石桌上一起工作，桌子的每个象限都对应着不同的生产步骤，这样便创造了一种流水线式的生产方式。一个人凿出毛坯；一个人大致将毛坯打磨成所需的形状和尺寸；另一个人打孔；还有一个人对珠子进行抛光。4个人一起工作，一天至少可以生产4个珠子或吊坠。在冬季，他们依靠流畅而高效的生产技术，生产了近千颗珠子，数量远远超出了个人使用所需，也超出了作为慷慨赠送的礼物所需。这些珠子或吊坠具有均匀、光滑和多彩的特点，它们的相对独特性使其具备了极高的价值。

这群人可能在吉拉德河谷以东的阿兹拉克绿洲（Azraq oasis）附近度过夏天，附近的其他部落正在学习驯养绵羊和山羊，他们与这些部落进行了数十次，甚至数百次的货物交换。这些珠子生产者将在交易中换来的第一批绵羊和山羊进口到吉拉德河谷，从而在狩猎和采集之外有了更稳定的食物来源。虽然没有人确切知道这些制珠狩猎采集者如何与他人交换珠子，但大量的珠子表明，他们采用了"纯粹而简单"的贸易形式，类似于特罗布里恩的金瓦利。

我们通过这个高产的制珠家族得以深入了解企业家精神的演变。首先，这个群体的行为方式明显有别于当时该地区的其他家庭、部落或宗族。其次，该家族成员投入了大量的时间、精力和资源，专注于掌握独特制珠技能。此外，他们有意进行远超自己所需的大量生产，以便在面对难以预料的干旱和恶劣条件时保持独立与充足供应。他们为了与他人进行互惠互利的合作交流，在特殊技能发展、超额生产方面进行自主投资，这种行为可以被视为早期的企业家精神，尽管可能还不完全符合纯粹的企业家精神。

新石器时代，吉拉德河谷地区的珠子制造者可能并不是最早具有明显企业家精神的狩猎采集者，但他们因为留下了未被破坏的遗迹，而偶然被考古学家发现，成为证明早期创业行为的例子。考古学家们目光敏锐、一丝不苟，可能会在目前进行的数百个考古项目中，或在对过去的项目进行重新审查时，发现更多原始企业家的例子。创业行为并不限于吉拉德河谷地区、特罗布里恩群岛或我们的老朋友奥兹所在的蒂洛尔（Tyrolean）地区。在人类历史的早期阶段，尽管还没有建立明确的社会等级结构或经济制度，但人们已经展现了具有企业家精神的行为。然而，创业行为的触发因素尚未得到证实。对于吉拉德河谷的狩猎采集者来说，"制珠工厂"的灵感可能来源于漂亮而随处可见的大理石露头。也有可能是这个群体遭受了干旱，因此才通过创造可交易的资产来提高生存能力。也或许是这群人发现了一个特别肥沃的冬季河谷，有了更多的空闲时间来制造更好的工具和奢华的装饰品。狩猎采集者的创业行为可能受到许多因素的驱动，但其创业动机是内在的，并非外部社会分配给他们的任务。企业家精神是原始的，因为它出现在人类最早期和最基本的结构与关系之中。

四、5000 年前的工厂

在西班牙的一个农场里可以找到比制珠工厂部落更鲜明的史前创业例子。这个农场位于西班牙西南部的丘陵地区,那儿的人们用野生橡子饲养猪,生产最好的伊比利亚火腿(Jamón ibérico)。在丘陵之巅,你可以眺望到葡萄牙的边界,并会看到卡贝索·胡雷(Cabezo Juré)[①]史前铜制工具制造工厂。除了挂满橡果的橡树,这些山区还蕴藏着世界上最丰富的铜矿脉。这个考古遗址是乡村社区的骄傲,该地区的学童都有机会去参观,但游客需要同时获得农场主和当地镇议会的许可才能参观。

建造卡贝索·胡雷铜制工具制造工厂的大家族肯定知道该地区富含铜资源,才决定在此定居。在此之前,他们很可能已经连续多年在寻找标志高浓度铜的绿色岩石露头。他们并不是本地人,大约在公元前 2900 年,西班牙的这一地区是牧民的家园,他们饲养绵羊和山羊,对炼铜技术一无所知。在当时土著文化的遗迹中没有发现任何铜制工具或相关文物。5000 年前,地中海盆地最西边的地方与其东侧的先进文明没有明显的联系。最近的炼铜地点是在 1000 多英里外的法国东南部地区。

卡贝索·胡雷是这些外来者的理想选择。此地俯瞰着下面肥沃的平原,拥有大量表面呈绿色的岩石,向有铜矿开采和生产经验的人们昭示着丰富的铜储量。附近的一条小河可以提供淡水。一经采掘和精炼,铜就可以用于制造刀、冲子、锯和斧头等各种工具,当

---

① 地名没有通用中文翻译,为译者音译。该考古遗址位于西班牙安达卢西亚地区休尔瓦省(Huelva)的阿洛斯诺(Alosno)镇。——译者注

时整个欧洲都对这些工具有很高的需求。由于在数千英里之内没有其他地方生产铜制工具，卡贝索·胡雷丰富的铜资源亟待开发，为人们提供一个典型的创业机会。

外来定居者在山顶上建造了坚固的石屋和仓库。石屋里有一个很深的石砌蓄水池，可以储存大量的水，以应对干旱或围困。他们在朝南的山坡上建造了4个带有强制通风装置的高温熔炉，那里的微风可以提供充足氧气，使炉火更加炽热。从赤铜矿渣中冶炼铜需要超过1200℃的高温。能达到这个温度表明，当时的技术已经非常先进。这些熔炉比在地中海西部发现的熔炉都要大，其通风系统也更加复杂。在遗址上还发现了用来抓取和操作滚烫模具的特制石钳。他们的烟火技术在当时是最先进的。他们在朝北的山坡上建造了低温窑炉，用于加工和塑造精炼的铜制工具。附近还有些小木屋，供十几个工人家庭居住。

卡贝索·胡雷铜工具制造工厂布局得当，位置优越，因而获利丰厚，经营了近700年之久。在石屋周围发现的废弃物表明，工厂主人以高热量的野味为食，而工人则依靠当地牧民提供的肉类维持生计，仅摄入1/3的热量。在房子里发现的文物表明，这个家庭积累了大量财富，收集到了来自地中海地区的精美物品。这表明，工厂的经营使他们有机会接触到拥有精美工艺品的长途贸易商。

卡贝索·胡雷史前铜制品工厂体现了创业者的缜密细致、别具创新和成功盈利。工厂缔造者的行动具有自主性，精通专业的铜冶炼和加工技术，这也是整个地中海地区都重视的高超技术。卡贝索·胡雷的创始人在与世隔绝的状态下大批量地生产铜制工具，不受制于任何统治者或首领。这个大家族不受制于任何社会秩序，其物品交易也不受禁忌、仪式或制度的约束。这个铜制品家族的行为显然与现代企业家的行为相似。但是早期企业家的个体行为又是什么样的呢？

五、不堪重负的古代企业家

赫卡纳克特（Heqanakht）是最早闻名于世的企业家之一。尽管他生活在几千年前的埃及，但从他的信件和财务报告中，我们大概可以推知他的想法。我们对这位早期企业家的第一印象是，他承受着惊人的压力。他就如何积累更多财富，向监工和家人下达详细而周密的指示，是为了确保他的家人有足够的食物，员工能得到报酬，并且尽力增加他的剩余财富，而这些财富正在迅速减少。

赫卡纳克特的纸莎草纸信件和记录是由埃及古生物学家赫伯特·E. 温洛克（Herber E. Winlock）于1921年发现的。当时温洛克被纽约大都会博物馆派到埃及去发掘古墓并带回文物。温洛克在一个未经挖掘的小型墓穴的其他废弃物中发现了赫卡纳克特的纸莎草纸信件。这8份文件用麻绳绑着，封印也在原处，在干燥的墓穴中完好无损地保存了数千年。

40年之后，纸莎草纸信件的内容才公布于世。又经过40年的研究，历史学家才完全地理解这些信件的内容。这些可能是已知最古老的信件了。由于书信是用一种前所未见的字体写的，破译他们的方言非常具有挑战性。有些文字可能是赫卡纳克特自己写的，但他也可能将其中一些内容口述给了一位与其写作风格不同的女抄写员。这些纸莎草纸信件似乎是意外封入墓穴的，可能是在抄写员完成抄写后，在信使来取走它们之前遗留在那里的。

4 000 年前，赫卡纳克特居住在埃及的底比斯（Thebes）。他在经营几家企业的同时，还为一位名叫伊皮的维西尔（Vizier）[①]工作。维西尔通常由法老委任，是法老身边的最高层官员。赫卡纳克特的本职工作是为维西尔伊皮经营业务，支付"卡祭司"们的薪酬，"卡祭司"们负责看守伊皮的墓地并在其死后每日进行供奉。虽然维西尔们的权力很大，但他们给员工的工资却并不高，赫卡纳克特不得不自己赚钱养活一大家子人。他的大家庭住在底比斯以北 200 英里的孟菲斯（Memphis）附近。

这些信大约写于公元前 2000 年，当时赫卡纳克特似乎已经离家好几年了。他写信时心情很不好，在信中一开始就责备他的监工梅里苏（Merisu）给他送来的是陈旧的大麦。（除了从维西尔那获得报酬，他可能还需要额外的口粮，以解决吃饭问题并支付其他服务费用。）赫卡纳克特还抱怨说，他的新婚妻子遭受了仆人的欺凌，要求监工立即制止这种行为，尤其是必须解雇那个仆人。然后他通知大家，他将不得不减少全家的工资和口粮。在古埃及，大麦是用来交换的，所以口粮和工资都是用谷物的标准化计量单位来表示的。赫卡纳克特明确列出了他家 12 个成员的新工资和口粮，包括他的母亲和妻子在内。家庭就像小型企业，其成员包括家庭成员、其他亲属和仆人。赫卡纳克特至少要养活 23 口人。

根据纸莎草纸的记载，为了立即腾出资产来投资更多的土地，

[①] 维西尔，又译作"维齐尔"。是现代埃及学者引用阿拉伯语对古埃及宰相的称呼。古王国时期负责掌管行政、司法、经济、神庙等事物，也负责担任世俗法庭在中央的最高法官。——译者注

种植更多的粮食，赫卡纳克特不得不采取这些措施。为了找到最好的土地，他责成一名雇员前往另一个地区，联系那里的精英地主，购买"湿地"，而非产量低的"旱地"。另一名雇员则被派去造访赫卡纳克特的债务人，催促他们支付所欠款项。这些信件详细说明了他希望得到的粮食种类和数量，并提到用同等价值的石油来付款也是可以接受的。

在一封信中，赫卡纳克特下令将其自产的大量亚麻运到一位名叫西特涅布塞克图（Sitnebsekhtu）的妇女那里，她在另一个城镇经营一个亚麻布加工作坊。亚麻布是当时另一种标准的易货单位。显然，赫卡纳克特明确希望，即使他与家人不得不吃掉自产的所有粮食，他还能通过亚麻布的贸易保持一定的购买力。

纸莎草纸信件中还包括了过去三年产出和开支的会计记录。虽然赫卡纳克特从未使用术语表示利润或盈余——因为埃及人在另外的1000年后才会明确计算利润——但他的账目记得很清楚，很容易从中辨别出盈余或亏损。今天，我们称为"损益表"。这些账目证明，赫卡纳克特是一位企业家，生活在古埃及这样一个谈判和贸易形式都高度规范化的社会中，他具备自我决策和自主行动力，并擅长从多种渠道创造收入。

从这些记录中我们还可以看到，由于尼罗河洪水泛滥，他所经营的农田产量在前两年下降了30%，而在前一年，他的盈余非常可观。由于收成不好，赫卡纳克特被迫使用大部分盈余来维持薪酬支出和口粮开销。为了租到肥沃的新土地，确保家人在尼罗河洪水持续不退的情况下，有足够的粮食再维持一年的生计，他现在必须削减口粮。遗憾的是，没有任何记录显示，赫卡纳克特在墓中丢失这些信件后的实际生活是什么样的。

人们通常认为古埃及是一个完全由法老控制的帝国。过去的纪念碑和皇室墓碑上雕刻着埃及法老主导的官方历史文化叙事，这些也是埃及学家最早了解这个文化的渠道。除了这些最早的铭文之外，赫卡纳克特的纸莎草纸以及后来发现的翻译文献和陵墓壁画进一步丰富了古埃及官方记载的内容。他们描述了这样一种生活：人们为了养活自己和家人或获得渴望的物品，不得不劳碌奔波。即使在最强大和最成功的法老统治下，国家统治机构也无法有效地提供和重新分配物资和资源，满足整个人口的基本需求，更别提满足人们渴望的高级事物了。

从中层管理人员和官员的墓穴壁画中，我们可以看到男女坐在帐篷下，向其他人提供食物、纺织品、罐子、凉鞋和其他必需品，以换取装满金属片的袋子、大麦篮子和其他商品。我们从赫卡纳克特的故事和这些壁画中可以得出结论：即使在中央集权的社会中，历史上早就出现了企业家，在国家机构无法完全满足人们的需求时，企业家填补了这一空缺，满足了人们未达成的愿望和需求。

六、古老的权力伙伴

与古埃及不同，企业家在古代美索不达米亚（Mesopotamia）地区备受尊重，是社会生活的重要组成部分。他们在地方和长途贸易与交换中充当了关键角色，并在该地区第一个重要文明的繁荣兴盛中发挥了至关重要的作用。商人阶层从企业家中兴起，并得到了几乎所有城邦国王的支持。

第一章 ◆ 创业的兴起

从公元前3700年至公元前3100年，乌鲁克（Uruk）城邦统治着美索不达米亚。乌鲁克城位于肥沃的沼泽地和可通航的水路附近，保证了居民的粮食供应，但该地区缺乏建设第一座大城市所需的其他关键材料。当地没有硬木、石材、金属或精美的矿石，例如精英和神庙祭司用来装饰并彰显地位和权力的青金石。

在其统治的600年时间里，乌鲁克的统治者试图集中管理长途贸易，建立了几十个坚固的贸易前哨，以确保从如今的黎巴嫩获得原木和从土耳其东北部获得铜的贸易路线的安全。考古证据表明，许多贸易前哨受到当地人的抵制，并随后遭到攻击。由于乌鲁克发展快速，竞争对手嫉妒其繁荣，并试图效仿其发展策略，乌鲁克需要对此加以防范，因此这些贸易堡垒需要大量资源来进行保护和维护，然而城邦却无力负担这些资源。

到公元前3100年，乌鲁克所有的贸易前哨都遭到了摧毁或遗弃，所以城邦的统治阶层尝试采取一种新的策略，以确保货物顺利流入城市。统治者和行政官员开始邀请他们熟识与信任的市民来独立承担特定的贸易任务。为了激励商人承担风险，城邦的行政官员将可交易的物资委托给他们。这座城市拥有大量的纺织品和篮子，这些都是乌鲁克市民制作，并以缴税的形式上缴的贡品。城邦向商人提供了保留交易所得全部利润的机会，以进一步激励他们参与贸易活动。商人们需要用委托他们销售的篮子和纺织品尽可能多地换取铜或木材。然而，如果他们带回的货品没有满足最低限额，他们就要对差额负责。城邦根据委托寄售货物的价值向商人收取利息，以确保他们能尽快返回，把等值的铜或木材带回城邦。

这个策略非常有效，以至于在几代人的时间里，其他美索不达米亚城邦也效仿了这种寄售贸易体制。一些商人积累了大量的资产和财富，不再完全依赖于统治阶层的权力和资源。活跃的地区贸易对于文化的繁荣发展至关重要，因此许多城邦都制定了明确的规则，要求企业家记录他们的合同，并保留书面记录以合理裁决不可避免的贸易争端。我们很幸运地发现了许多这样的记录，并进行了翻译。

在城邦赋予独立商人权力的几十年里，商人开始记录他们的"利润"或"mās"（这个词也有"利息"的意思，即原始贷款之外的额外支付）。从那时起，考古记录里就涌现了数以万计的美索不达米亚企业家记录，描述了他们生产或销售的商品，他们开展贸易的方式，以及他们为了获取利润所需做的事情。

在整个美索不达米亚地区，利用企业家来指导和控制城邦间长途贸易（类似于我们今天所说的城市供应链）的体系一直延续到大约2 000年后亚历山大大帝（Alexander the Great）控制该地区。从这些记录中可见，古代美索不达米亚拥有一种充满活力的企业家文化，在许多方面与今天的硅谷相似，也与历史上许多其他重视企业家精神的社会具有相似特征。

我们从这个例子中看到了世界上最古老的重要文明接纳和鼓励创业行为的方式。美索不达米亚文化的发展是以雄心勃勃的国王所统治的城邦为核心，但国王所控制的领土上却缺乏促进王国繁荣、获取精英阶层支持的关键资源。为了解决这个问题，这些国王采取了一种成功的资源节约型策略，即培养并支持独立于统治精英的企业家阶层。这些企业家通过创新和掌握各种贸易技能，成了推动经济发展和资源利用的关键力量。

七、全球行为

印度河流域文明也拥有蓬勃发展的企业家文化。在其鼎盛时期（公元前 2500—公元前 1900 年），它是世界上地理范围最广阔和多样性最丰富的文化，横跨了喜马拉雅山脉西部流域，从北到南 2 000 英里，从西到东 500 英里。它的两个大城市哈拉帕（Harappa）和摩亨佐 – 达罗（Mohenjo-Daro）拥有当时最先进的城市设施，包括室内管道和厕所。石制砝码和度量衡的普及性和统一性表明，他们遵守着一套固定的规则和条例。他们甚至制作了标准化的黏土和石印，用于标记财产所有权。但是他们如何实现了长期和平地自我管理，仍然是一个谜。没有关于大型公共建筑或奢华宫殿的记录，也没有证据表明曾有中央仓库收集食物进行再分配。这些城邦居民的日常生活也仍然不为人知。因为我们尚未破译这个文明的书写系统，这些谜团越发令人着迷。

我们已经掌握的情况是，早在公元前 4000 年，生活在印度河流域文明地区的人们就开始长途跋涉，翻山越岭前往其他地区进行交易，与他人交换他们制造或收获的剩余货品。位于摩亨佐达罗以北 100 英里处的梅赫尔格尔（Mehrgarh）村有一个中央市场。在那里，考古学家发现了大量远方出产的食品和商品的证据。高海拔的物品与低海拔或海滨的物品大不相同，这表明该地区的部分人口具有强烈的动力和冒险精神，愿意长途跋涉去获取他们认为独特、奇异或令其向往的东西。

不仅是精英阶层，普通大众也特别看重高品质的陶器和珠宝，比如珠子和手镯。早在公元前 3300 年，文化需求就促使工匠们进行创新和专业化生产，从而使其产品更受欢迎，生产活动也从家庭转移到了独立的作坊中。印度河的工匠们开发了一系列令人瞩目的技术，使他们能够改造和处理原材料，制造出新的颜色以及形状精致、尺寸多样的复杂图案。最具文化价值的物品是佩戴于胳膊和腿上的石镯，当时只有两个大城市生产此类产品，而且它们的生产区域围墙高耸。人们猜测之所以有这种安排，是因为手镯生产商希望通过严密控制烧制环境，来保护其生产独特光泽陶瓷手镯的秘密。目前手镯制造者是否具有企业家精神不得而知，因为他们的工艺可能被贸易协会之类的其他组织控制，这意味着他们的行为可能不具有自主性。

印度河流域的陶器和珠子生产商中肯定也有企业家。虽然他们倾向于聚集在某些区域，但他们的社区并不封闭，在其他城镇也可以见到他们的身影。他们采用不同的技术，生产多种多样的产品，并不遵循集中控制或标准化的生产方法。从各方面来看，他们都是能自主行动的人，至少他们不需要完全盲目遵循企业家前辈的规定。

楔形文字泥板上的记录曾提到，至少有几个印度河流域的商人抵达了美索不达米亚地区，这意味着他们与该地区的创业商人有过接触。当时的波斯湾商人可能与美索不达米亚商人交往，了解他们的创业行为，并可能将其中的一些做法和行为传递给与他们打交道的印度河流域的商人（事实上，在波斯湾沿岸和美索不达米亚都发现了印度河流域的珠宝和印章）。虽然没有人知道确切的答案，但我们可以合理猜测，印度河流域的长途贸易商人和为他们提供服务的手工艺人一样具有企业家精神。

在美索不达米亚地区，政府的需求激发了企业家精神的发展；

在古埃及，政府的忽视也同样促进了企业家精神的崛起。在印度河流域文明中，手工艺人，特别是那些珠宝和陶器制造商创造了多种多样的产品，而正是人们对其产品文化价值的欣赏，激发了企业家的创新。

八、阶级的最底层

与赫卡纳克特、奥兹或迄今为止讨论过的其他古代企业家不同，我们并非偶然听说了"子贡"这个名字，而是因为他是孔子的弟子，也是中国文献中提到的第一位企业家。子贡原名端木赐，孔子为其赐字为"子贡"。公元前479年孔子去世后，后人编纂的《论语》中一直称端木赐为子贡。子贡在与孔子及其他弟子学习之前，就已是一位富有的商人。在孔子眼中，子贡是中国文化中优秀企业家的代表：忠诚、聪明、有谋略；子贡将家庭和谐看得比盈利更重要，他敬重领导、长辈和祖先，并且十分清楚自己在中国古代社会中的地位和责任。

企业家精神也隐含在中国的核心信念中，即在一个和谐的社会中，每个人都有一个合适的位置。社会等级秩序极为重要，强大而博学的领导人处于自然等级制度的顶端，接下来是生产生活必需品的农民，然后是手工业者，他们制造出使生活更轻松、方便的产品；最后才是从他人的产品中追逐利润的商人。

但早在孔子时代之前，中国就有了企业家。汉语中"利"意为利润，其是由"稻"和"犁"两个字拆分再组合而成。这个字渊源古老，出现于公元前1000年前。显然，那时人们注意到，投资买锋利的犁的中国农民产量更高，也更富有。

鉴于现有的历史记录，只能靠推测来确定中国企业家精神的最早根源所在。公元前 1460 年，也就是商朝初年，郑州的城墙外有两个大型的青铜制造作坊，这可能表明，一些青铜花瓶祭器和皮带扣等实用物品是由独立的工匠生产的，而不受统治精英的掌控。在这之前，所有的工场（无论是青铜制品工场还是其他工场）都位于当地统治者的宫殿附近。商人们可能独立活动，促进了当地一些珍馐美味、工艺品，甚至可能是精美纺织品的贸易。最晚在大约公元前 1000 年左右，也就是孔子时代之前的 500 年，商人成为中国社会等级制度中的一个重要组成部分，但在周朝之前，有关商人或独立工匠的证据都很少。

九、大陆连接组织

企业家在美洲各地以多种形式独立发展起来。查文文化（The Chavín）可以追溯到公元前 850 年至公元前 200 年，该文化鼓励自主的工业和贸易活动。丰富多元的查文文化涵盖了整个秘鲁海岸和安第斯山脉中部的流域。从公元前 500 年开始的考古记录显示，各地使用了不同的技术和材料，生产了各种类型和风格的陶器，最终都进入了首都。实用陶器的分布表明，查文统治者鼓励创业行为并依赖周围城镇和村庄的创业活动，为居民提供商品和各种食品。

有证据表明，中美洲也有一个依靠独立工匠和商人的系统。我们通过对瓦哈卡谷地（Valley of Oaxaca）的大量研究得知，公元 200 年时，村庄就能专门生产某些类型的商品、篮子、工具和食物。这

第一章 ◆ 创业的兴起

些生产活动分布于个体家庭内部和家庭周围，可以方便地进入各个集贸市场，集贸市场之间则通过道路相互连接。在同一时期，玛雅统治者像法老一样，控制着玉石和金属等高品质物品的生产和贸易，而其他物品的生产和贸易则由个人掌控。

公元950年左右，在墨西哥中部更靠北的地区，出现了一个繁荣的创业黄金时代。在这个时期，人们开始大量生产、交易实用品和奢侈品。一个被称作"波奇泰卡"（pochteca）的特定群体，在整个三方同盟①时期［通常被称为"阿兹特克帝国"（Aztecs）］中掌握了全部的长途贸易。波奇泰卡在谈判和贸易方面具有一定的自主权，但他们必须向统治阶层缴税并满足其需要，以换取他们在长途贸易中的垄断地位。当然，这很正常，因为企业家活动始终受到统治者和政府的制约，波奇泰卡也不例外。例如，波奇泰卡的一个分支群体特拉托阿尼（tlatoani）②，专门负责采购用于祭祀和大型建筑项目中的奴隶和苦力，而另一个分支群体腾库嫩克（tencunenenque）③，则专门为统治者采购用于显示权力和威望的物品，并向统治者和军事领导人提供有关远方城镇和部落的有用情报。

在这一时期，墨西哥中部地区出现了独立的工匠，他们分别从事实用品和奢侈品的制造，他们通常在专门的社区工作，并在家中

---

① 三方同盟是指15世纪中期至16世纪初期，由阿兹特克帝国、特拉斯卡拉和特克西戈帝国三个墨西哥中部的独立王国组成的联盟。这个联盟以阿兹特克帝国为主导，建立了一个强大的中央集权政府，并在政治、军事和经济方面控制了墨西哥中部地区。三国同盟的建立标志着阿兹特克帝国的巅峰时期，也是墨西哥古代文明史上一个重要的里程碑。——译者注

② 无标准译名，为译者音译。——译者注

③ 无标准译名，为译者音译。——译者注

设有作坊。贸易和政治网络的形成促进了货物在公路和水路上的运输，从而导致生产规模的扩大，以满足当地、区域和出口的消费需求。在三方同盟期间，生产和贸易蓬勃发展，1521年，当西班牙征服者抵达此地时，对当地市场的繁荣和产品的多样性惊叹不已。他们写道："这儿的产品和贸易比欧洲城市更加丰富多样。"

十、普遍行为

有证据显示，在古代历史上，创业行为的发展并不受城市化或社会等级制度的制约。狩猎采集者通过创业来掌控自己的未来。在吉拉德河谷地区，制珠工厂部落需要付出大量的努力，而且制作的珠子数量远远超出了群体自身的需求，甚至超出了慷慨馈赠所需。过剩的生产确保了他们生计的稳定。卡贝索·胡雷部落也想掌控自己的命运，不辞辛苦，不远万里地去寻找理想的铜器生产地。

考古记录证明，企业家精神最终在世界各地的所有城市文化中发展起来，同时许多制度也相应地发展起来，又反过来控制、限制或鼓励创业行为。人们能否选择运用专业技能来创造或收集有价值的资产，取决于统治者与公民之间建立起来的信任程度。

美索不达米亚和阿兹特克帝国的国王信任企业家阶层，任用他们来负责对其权力和地位至关重要的贸易。印度河流域的城邦统治者，似乎都鼓励了商品生产和贸易中的创业行为。玛雅、埃及和中国的统治者控制着首都周围重要商品与食品的分配，但却依靠企业家们来满足远离首都地区公民的商品需求和欲望，或者对此不加干预。然而，无论受到何种控制，无论是哪种经济体制和社会类型，企业家精神最终都会在其中出现并发挥作用。

随着企业家精神的发展，它改变了它所处的社会。企业家为了提高自己的生活水平而努力工作，提供了更多可供选择的商品和服务，同时也提高了其他人的生活水平。创业带来的一个重要副产品是，它通过激发客户欲望和消费行为迫使客户发生改变，而不是通过物理力量或强制手段。社会并不需要企业家才能存在，企业家也不会强迫城邦或王国的统治者授权他们运营。企业家的存在之所以具有合法性是因为他们满足了统治者无法满足的客户需求。

企业家精神是一种原始驱动力，激发了社会中某些个体的创造力和冒险精神，使其愿意投入大量的时间和精力去为他人提供产品和服务。显然，企业家精神作为塑造社会运作方式和消费行为的力量，需要我们更深入地理解它的作用和影响。

第二章

企业家精神的核心

不管创业是好是坏，它正向我们迎面走来，我们无力改变，因此我们只能欣然接受并充分利用。

——安德鲁·卡耐基（Andrew Carnegie），1889 年

正如第一章所述，无论社会是多么古老或落后，只要规模超过几千人，就能普遍容忍甚至鼓励企业家的存在，并从企业家的创业行动中获得收益。社会之所以鼓励企业家，追逐企业家创新所带来的好处，同时接受其创新所带来的意外后果，这一切都有其深刻的原因。古往今来，许多智者也在不断追问，社会普遍接受企业家创业的动因究竟是什么？

一、历史性问题

司马迁是汉朝初期一位宫廷史官的儿子。他是儒家哲学的忠实追随者，同时也是位孝子。他不惜牺牲一切（甚至忍受宫刑的折磨）完成其父遗愿，终生致力研究和撰写一部完整的中国历史著作。他所著

的《史记》是公认的最伟大的历史著作之一，2000年来一直是中国知识分子和有抱负的官员的必读书目。

司马迁正编纂并记录了一部公正客观、世代传承的中国史。他直言不讳地提出以史为鉴的观点。事实上，他强烈推崇中立的历史观，为此，他不惜忤逆汉武帝，为在北部边境败给匈奴的李陵将军说情。结果，司马迁惹祸上身，并被汉武帝以欺君的罪名下令处死。当时，死刑可以以宫刑代替，司马迁为了完成著作，忍辱负重，接受了宫刑。

司马迁广泛搜罗中国各地的历史资料，阅读了大量的文献，在此基础上得出了结论，他认为，企业家在积累帝国财富中发挥了关键作用。在《史记·货殖列传》中，他写道："故待农而食之，虞而出之，工而成之，商而通之。"他明确指出，利润是中国财富积累的驱动力，并引用了一句著名的中国古代顺口溜来强调这一点："天下熙熙，皆为利来；天下攘攘，皆为利往！"

司马迁接下来介绍了一些富可敌国的个体，他明确表示这些人十分重要，后世应该欣赏并尊重他们的成就。例如，他详细记录了一位蜀卓氏的故事。当时赵国灭亡，战争肆虐，蜀卓氏被俘，并被剥夺了财产，强制迁徙到一个边远地区。但他在那儿运用自己的炼铁术"运筹策，倾滇蜀之民，富至僮千人"。司马迁还提到了另外三名掌握炼铁术的工匠，由于炼铁术在公元前300年左右是中国的热门技术，所以这三人也积累了大量财富，富比王侯。另外，企业家曹邴氏的影响力非常大，司马迁写道："邹、鲁以其故多去文学而趋利者。"他还记载了一些其他成功人士，其中包括发家致富的奴隶贩子，他承认这些人的成功备受争议；他介绍了那些积累了大量耕地和牲畜的商人；也提到了白手起家的养殖业者以及高利贷商人。《史记》中对"商贾"的隐含定义与当代的企业家定义类似，即追求利润、创造财富的人。这些人引起了司马迁的兴趣，就像今天的企业家引起了我们的兴趣一样。

二、理想主义者的必备技能

逐利者也曾引起苏格拉底（Socrates，公元前 470—公元前 399 年）的兴趣。我们通常认为苏格拉底是柏拉图（Plato，公元前 427—公元前 347 年）在《理想国》（*The Republic*）中描述的那个厌恶追名逐利的人，但这只是一种片面的理解。事实上，苏格拉底非常尊重企业家。他的观点与同时代的孔子类似。如果公民把利润用于城邦和同胞的荣耀和福祉上，那么追逐利润便是有益的。

色诺芬（Xenophon，公元前 430—公元前 354 年）在他的著作《经济论》（*Deconomicus*）中记录了苏格拉底对追逐利润的看法。这本书详细记载了苏格拉底与一位德高望重的雅典庄园主之间的对话。对话一开始，苏格拉底就质疑房地产经理的角色，指出房地产管理不仅是管理自己拥有的土地，还包括管理自己的物质资产和社会资产，以便获得收益。对话明确指出，每个公民都应该努力做好房地产管理，应该善于观察与思考，并寻求建议以提高所有资产的盈利水平。受人尊敬的财产管理者是那些懂得如何使资产产生利润的人，他们与妻子团结协作，雇用和培训专门人员参与利润管理（对话者还风趣地指导苏格拉底如何成为一名更赚钱的农民），并通过赞扬和奖励的方式，激励奴隶出色地工作，掌握盈利的技能。这本书中的建议至今仍然适用，只需将"奴隶"替换为"工人"，并消除性别差异即可。

色诺芬和柏拉图是同时代人，都是苏格拉底在雅典的青年弟子。柏拉图终生致力传播导师的教义，而色诺芬则在29岁时离开了雅典，带领一万名希腊雇佣兵帮助居鲁士二世推翻波斯国王。叛乱失败后，色诺芬被迫带领部队穿越数百英里的敌方领土，安全返回希腊，并赢得了极大的赞誉。之后，他效力雅典的死对头斯巴达国王，表现出一种开明的政治实用主义，与柏拉图的理想主义截然不同。苏格拉底的思想给色诺芬留下了深刻的印象，实际上他深受苏格拉底的影响，后来写下了四篇关于苏格拉底的对话和回忆录。他尤其关注苏格拉底的实用主义建议和对现实世界的描述。因为色诺芬自己也建造并管理庄园，所以他有可能对苏格拉底的房产管理和逐利观点特别感兴趣，并将其记录在《经济论》中。

自苏格拉底时代以来，人们一直试图理解那些为社区创造财富的逐利者。1730年，理查德·坎蒂隆（Richard Cantillon）在他的经济学经典著作《商业性质概论》（*Essay on the Nature of Commerce in General*）中首次使用"企业家"[①]这个词来描述他们。几千年来，甚至在这个词出现之前，企业家就一直吸引着我们。自坎蒂隆创造这个术语以来，经济学家便掌握了这个词的定义和描述企业家的话语

[①] "企业家"（entrepreneur）一词源于法文"entreprendre"，意为"敢于承担一切风险和责任而开创并领导一项事业的人"。爱尔兰经济学家、金融家理查德·坎蒂隆（Richard Cantillon，1680—1734）在他的经济学经典著作《商业性质概论》中首次使用了"企业家"一词，指的是那些承担销售农产品和工业品风险的批发商。在英语中出现该词之前，人们通常用"承办者"（undertaker）和"促进者"（promoter）来指代企业家。——译者注

权,在之后的三个世纪中,至少出现了 14 种关于企业家如何影响财富创造的学派。当然,由于企业家们一直忙于追逐利润,大多无视了这场争辩。

三、破坏性创造

如今,"企业家"和"企业家精神"这两个词使用非常广泛,所指也十分宽泛。实际上,几乎任何两个讨论企业家话题的人,包括学者在内,都会对企业家的定义有不同看法。人们发表了数百篇关于这一主题的文章,大多数发表在 20 世纪八九十年代,当时大学中开始讲授创业课程。但学术界现在已经放弃了达成可以让人普遍接受的统一定义的努力。大多数人都只是假设其他人也持有相同观点,因此很少给出定义,导致概念混淆不清。"企业家"这个词早已超出了日常用语的限制,在文化的洪流中不断演变着含义。

关于"企业家"定义,学界存在三种主要的观点。当代词典往往将企业家定义为"创办并经营自己公司的人"。这些定义要求一个人已取得了一定的成就:即创办了一家公司并成功经营了一段时间,尽管通常没有明确规定经营时间长短。这个基础定义含有很多变量,例如公司是否需要注册、是否有员工、是否有收入或利润、是否纳税或满足其他条件等。这类定义对那些希望把创业经历作为一项重要成就来彰显的人特别有吸引力。

另一类定义围绕着企业家的思维或行为方式展开。例如,企业家可以被定义为试图创立公司或积极寻找赚钱途径的人。研究创业的教授一般认为,企业家是能够有效利用极少的资源建立系统或流程的人。在这个范畴中，我们也可以将企业家定义为冒险家，但这个定义需要附加一个关于风险的定义才有用。这类定义中最极端的一个来自奥地利的经济学派，该学派认为每个成年人都是一位企业家，因为每个人在决定如何利用时间和购买商品时，都会无意识地权衡可能的风险和潜在回报。

第三个学派认为，企业家是英雄般的人物，拥有特殊的能力，能够推动创新和"创造性破坏"，从而带来前所未有的进步或颠覆性变革。使用这类定义的人往往非常喜欢"创造性破坏"这个短语，错误地将其归因于约瑟夫·熊彼特[①]，实际上这个短语是被断章取义引用的。熊彼特在其1911年的经典之作《经济发展理论》(*The Theory of Economic Development*)中首次将企业家的角色定义为经济创新的主体，该书于1934年被翻译成英文，即《经济发展理论》的第一版。这本书开创性地提出了企业家是经济创新与进步的主体（尽管熊彼特的理论与理查德·坎蒂隆最初对企业家的描述有很多相似之处）。27年后，在他1939年的巨著《经济周期》(*Business cycle*)中，熊彼特解释了"创造性破坏"的概念。他没有明确使用这一术语，而是描述了一个过程，即在长期经济周期中，生产力较低的企业被生产力较高的企业取代。在该书中，他重申了1911年的理论，即在新的经济长周期的初期，企业家在生产力复苏与增长中发挥着至关重要的作用。

---

① 约瑟夫·熊彼特（Joseph Schumpeter，1883—1950），美籍奥地利经济学家，《经济发展理论》一书是他早期成名之作。熊彼特在这本著作里首先提出了"创新理论"（Innovation Theory），曾轰动了当时的经济学界。他所提出的"创造性破坏"这一概念，在西方世界的被引用率仅次于亚当·斯密的"看不见的手"。——译者注

熊彼特在接下来的《资本主义、社会主义与民主》(Capitalism, Socialism and Democracy)一书中明确地使用了"创造性破坏"这个流行语,用来解释资本主义"产业突变"的本质而非用来解释"企业家精神"。他在书中写道:"国内或国外新市场的开辟,从手工作坊和工厂到诸如美国钢铁公司这样的大企业的组织转变,成了产业变革的例证,这种变革不断地从内部革新经济结构,不断地破坏旧结构,又不断地创造新结构。这种创造性破坏的过程是资本主义的核心特征,它构成了资本主义的实质,并贯穿每个资本主义企业的存在。"

在这一节或邻近的章节中,熊彼特都没有提到"企业家"或"企业家精神"。在这本书中,熊彼特放弃了他早期将企业家与创新联系起来的理论,取而代之的是一种基于企业的创新理论。我们将会看到,在熊彼特写有关企业家的第一本书和将创新与产业突变联系起来的第三本书之间的这几年,大企业在经济中的地位和影响力逐渐增加,企业家精神不再处于主导地位。"创造性破坏"这个流行语甚至不是熊彼特提出来的,而是由德国社会学家维尔纳·桑巴特(Werner Sombart)在其1913年出版的《战争与资本主义》(War and Capitalism)一书中创造的词。最终深得熊彼特赞赏的马克思对这一概念进行了具体描述,用来解释资本主义结构中的一个根本缺陷。讽刺的是,许多热衷创业的人使用"创造性破坏"来赞扬英雄般的企业家,而这个术语最初却是用来描述资本主义制度缺陷的。

四、跨时代的定义

很遗憾,前面提到的各种概念并不能帮助我们从历史或考古记录中始终准确地识别出企业家。我们需要一个适用于各种情况的定义,既适用于古代的赫卡纳克特,也适用于现代的奥普拉·温弗瑞(Oprah Winfrey),既能界定早期人类历史中制作珠子的狩猎采集者的行为,也能界定现代企业家科尼利尔斯·范德比尔特(Cornelius Vanderbilt)的行为。由于珠子制造商等企业家的出现早于社会结构、经济体系或市场的形成,所以这个定义必须超越所有社会结构或经济体系的限制。企业家创建了社会结构和经济体系,反之则不然。最关键的是,我们急需一个可以从考古记录中识别创业活动的定义,否则我们只会产生更多毫无意义的说辞。

基于本书上文中的例子以及无法在此展开的许多其他例子,企业家可以被定义为具有以下特征的人:

1. 他们的行动具有自主性;
2. 他们的创新在本地文化中得到广泛认可;
3. 他们吸引他人为其创新提供有价值的回报。

这三个特征跨越了时空界限和地理疆域,帮助我们确定了一个特征鲜明的独特群体。最重要的是,我们可以根据这个定义从考古和历史记录中识别他们。

他们的存在意义非凡。

在本书"后记"中,我补充说明了这个定义的来历。

五、行动的自主性

人类是社会性动物。群体对我们的成长、相互交往和生存至关重要。然而企业家在创造价值的过程中则是单独行动的。他们自主选择遵守哪些社会规范和规则;自主决定是否冒着被斩首或被监禁的风险去违背某些规则或法律。我们从考古记录中寻找那些独立于政治或社会等级制度之外的个体或小团体活动的佐证。正如前一章所述,在中国古代的周朝,我们寻找宫墙外作坊存在的证据,以表明它们是不受皇帝控制的自主活动。由于考古学家和人类学家在其研究和观察中非常关注社会和政治等级制度,因此我们通常可以利用他们的研究结果来推断自主行为的存在。

"自主性"这一标准具有一定的含义。那些行动受他人指导或控制的人,无论是出于遵守独裁者的命令、政治家的指示、老板的要求、父母的规定,还是因为遵循传统社会原则,都不能被归类为企业家。许多人通过效仿成功企业家的创业行为来创造价值,但这些模仿者缺乏深思熟虑,因而也并不算是企业家。例如,通过继承土地或生意而获得财富,并维持已有价值创造模式的人并不是企业家。继承了农场并沿袭祖先耕作方法的农民也不是企业家,但是如果农民继承了农场,打破常规,创造了一种更有效的劳作方式,并将多余的产量进行交易,从而为家族创造了更多财富,那么这个农民就成了一位企业家。同样的区分方法也适用于接手或继承现有企业的人。

"自主性"这一标准还可以有效区分企业经理和企业家,或确定初创公司何时成为企业。企业经理在做出即时决策时拥有自主权,但他们无法违背老板的意愿,也无法逾越其职责范围内的政策和程序。真正的企业创建自己的政策和程序,并由自主设定目标的企业家领导,不受任何更高权威的约束。社会期望、法律或统治者的命令可能会试图约束企业家,但企业家会自主选择遵守哪些规定,并接受因此带来的所有个人风险。

企业家与商人不同,后者通常是维护和发展企业家创立的事业。史蒂夫·乔布斯和史蒂夫·沃兹尼亚克创立苹果计算机时都是企业家。但乔布斯的目标是创建一个成功的企业,因此,他采纳了自己所钦佩的专业人士的建议,聘请迈克·马库拉(Mike Markkula)和迈克尔·斯科特(Michael Scott)来运营公司。尽管乔布斯构思和推广的是新型计算机,但沃兹尼亚克一直在构想技术创新,两位"迈克"则是以专业经营的方式来运营公司,而不是把公司当作初创企业来经营。由于史蒂夫·乔布斯选择了这种经营方式,苹果公司得以在数百个竞争对手中脱颖而出,成为行业的佼佼者。

同样,早期的商人继承了卡贝索·胡雷和吉拉德河谷等地的企业家所创建的宝贵实践经验。在卡贝索·胡雷铜器工具制造业创始人的后代中,大多数可能都不是企业家,但如果他们当中有些人打破了传统,显著提高了铜器制造的生产力或改进了分销方式,那么他们就有可能成为企业家。

当然,自主性并不是界定企业家的唯一标准,否则的话,大多数十几岁的青少年都可以被视为企业家了。

六、价值创造中的创新性

企业家必须做一些当地文化认同其价值的事情,并且这些事情的价值足够吸引当地人与之交易。他们通过创新来创造价值,使其产品或服务具有独特价值和优势,吸引他人与其交易,而且只有通过与他们交易才能获得这种产品或服务。这种创新不需要在全世界独一无二,只需在某些当地群体中具有独特性即可。

创新与发明是不同的概念。发明是一种全新的、创造性的完成任务的表现方式。专利审查员在确定无人曾经构想过某产品或完成某项任务的方法后,才会将专利权授予发明者。路易·巴斯德(Louis Pasteur)的安全牛奶生产方法就是一项发明。创新则是某个团体(不一定很大)接受或采用某种产品或活动,认为它比旧事物更好、更有价值,并将其作为更好的替代品。巴斯德并没有花时间,也没有兴趣去开发制造工艺,以制作更安全、更便宜和更新鲜的牛奶。牛奶企业家就是创新者,他们想出了如何控制煮沸大型奶锅的方法,然后将产品装瓶进行分销,同时保持产品的新鲜度。人们愿意为这种创新买单,而不是其背后的基础发明,即使有一个基础的发明存在,但如果没有相应的创新将其应用于实际生活中并带来改进的话,人们不会为其付费。

企业家的创新通常是渐进式的,往往与最近的发明无关。创新可能主要涉及审美方面,比如企业家为某些群体提供了一些美观的颜色组合,以及一些他们喜爱的服装款式。以比以往更低的价格提供标准产品是一种创新,很容易说服消费者购买。在这种情况下,创新通常是企业家为了降低经营成本或改进谈判方法而采取的一系列提高效率的措施,或两者兼而有之。如果一个企业家能将一种已经在某个地方成功推行的产品或服务,以可靠和经济的方式在另一个地方推行,那么这也是一种创新。人们能够获得之前难以获得的东西便会对企业家心存感激。比如，在一个只能买到松软面包的社区，一家新开的面包店向居民提供更酥脆的牛角面包，这家面包店就是在创新。社区里的牛角面包爱好者就会认为这家新面包店是附近最好的，并很乐意来消费，支持这位创业的面包师傅继续经营下去。

创新可以是渐进式的，但仍然具有价值，这意味着，许多（甚至绝大多数）企业家的产品和服务是对现有产品与服务的衍生或者模仿。为了吸引消费者选择模仿品，必须确保它与原创品有某种可辨识的不同之处。今天，这种差别可能非常小，可能仅仅是一个对某个群体具有意义的标志。创业的这一特征意味着，那些地理位置相近或产品类似的企业家必须不断地进行创新，不断地超越对手："我复制你的渐进性创新，同时又增加了一些独特的内容加以区别。"一旦一家牛角面包店开业，拥有了很多客户，其他人就会模仿他们的做法。因此，为了防止客户到更加繁华地段的山寨面包店购买牛角面包，企业家们必须不断创新，维持竞争优势。这种循序渐进的跨越式创新循环往复，日积月累，推动了世界上许多领域的进步。在完成对定义的第三个特征和最后一个组成部分的描述之后，我会更加详细地描述这一现象。

最后，并非所有具有自主性的创新者都是企业家。有些才华横溢的艺术家和手工艺人以及几乎所有的业余爱好者，都乐意把自己制作的精美产品无偿赠送给周围的人，只收到口头感谢或者临时赠礼作为回馈，这样的并不算是企业家。

七、吸引他人

企业家为了能够持续提供令人满意的产品，依靠自主行动来维持生计，他们必须稳定地获得更有价值的回报。对于企业家及其所在社会而言，只有当使用价值较少的材料和资源创造产品或服务，并将其与更有价值的物品进行交换时，才能创造价值。只有当客户对产品或服务的创新性感到满意时，他们才愿意用更有价值的物品进行交换。

这些交换并不是偶然发生的。只有当人们，即潜在客户，了解产品的便利性和创新性时才会发生。为了达到这个目标，企业家必须吸引人们在一个安全的地方见面，让人们花时间了解产品或服务，并使他们同意进行物物交换。这就是特罗布里恩人所称的"金瓦利"，也是学术界所谓的"双重自愿交换"原则。

历史上许多交易都是被迫发生的，其中一方或双方可能受到武力威胁或害怕遭到社会孤立而被迫参与。正如我们在特罗布里恩人身上所看到的，几乎所有的交易都要遵循仪式规定，受到禁忌的约束，违反者可能会遭到社会排斥甚至被处以死刑。当一个人感觉到被同伴利用时，会滋生强烈的憎恨感，而这种憎恨感是脆弱的社会无法承受的，因为这些憎恨可能会导致暴力冲突，从而危及整个社会的稳定和生存。特罗布里恩人很少会在进行仪式化交换时遇到暴力事件。社会能够对贸易引发的暴力实行自我控制，因为如果很多特罗布里恩人感觉被某个人（即便是酋长）利用了，那么"飞行独木舟"的神话就允许他们杀了违规者。

互赠礼物是另一种常见的交换形式，但它并不属于创业范畴。

因为在许多文化中，赠送礼物会产生一种社会期望，即接受者必须回赠等价的礼物或贡品，否则将面临严重的社会后果。货物的再分配、贡品支付以及由第三方（如同业公会或政府）定价的交易都不属于双重自愿交换。

随着时间推移，双重自愿交换发展出许多形式。在美索不达米亚，商人使用书面合同进行交易。这些合同规定，当一方在今天提供一定价值的物品时，另一方将在未来收到价值更高的物品。保险、贷款、期权、汇票、许可证、订阅和分期付款都是双重自愿交换的形式，其中大部分都是由企业家发明的。现金，我们称这类交易为"公平交易"。市场通过为买卖双方提供见面和交易的物理场所或虚拟地点，促进了双重自愿交换。但即使在今天，许多双重自愿交换也并不局限于市场环境，相反，它们可能以类似金瓦利式的一次性协商的方式，发生在企业家之间。

八、我也能做到

一旦一位企业家运用某种技能获得了个人收益，周围的人就会注意到。有些人便不可避免地会尝试运用同样的技能并提供类似的产品。因为每个人都有一套自己的资源、特质和技能，他们的做法会略有不同。然后，其他潜在的创业者会注意到这些成功的模仿行为。这样一来，就会出现越来越多的模仿型企业家，就像产生混沌效应一样，以第一个成功的企业家为中心，向外无序扩散，逐渐扩散到更广泛的地区。

熊彼特把这种效应称为"创业集群"。虽然他只是描述性地使用了"集群"一词，但该术语随后获得了更科学的定义，一些学者甚至开发了数学模型来描述它。总体而言，因为集群的每个成员都追求同一目标，集群似乎能通过集体智慧和协同行动来实现共同目标。就企业家而言，创业集群追求的是过去或现在创新所带来的新价值。

图2.1揭示了创业集群是如何随时间的推移而不断发展演变的。在第一阶段，创新的发起者，我称之为"推动者"，提供了一种此前没有的产品（或服务），吸引了社区中的一些人用有价值的东西进行交换。新产品的出现和推动者的财富增长在社区内得到了关注。进入第二阶段，一些社区成员发现他们可以效仿并推出类似的产品，从而催生了创业集群的形成，然而每个集群成员都有其独特的能力，因此每个成员制造和交付产品的方式都各有千秋，他们获得的价值也会有所不同。

随着交易数量和覆盖范围的扩大，越来越多的社区成员和邻近社区的人开始关注这些交易，因此在第三阶段，更多的模仿者受到激励并参与其中，创业集群的规模因而进一步扩大。因此，每个成员更难找到足够的客户并获得等值的产品交换，迫使一些成员在第四阶段选择退出。

几乎每种产生大量价值的创新都会形成集群。创业集群通过一代又一代的创新浪潮持续存在，直到新的创新完全超越了前者创造的价值潜力。尽管每个集群最终会达到顶峰并衰退，但仍然存在着数量庞大的创业集群。有些集群，像围绕铜制工具形成的集群，已经持续存在了6 000年之久。每个集群的规模最终都会达到峰值，但是集群达到峰值的速度以及成员数量取决于产品本身、创新推动者周边社区的创新能力和创新消息的传播速度（现在已接近光速，不

企业家

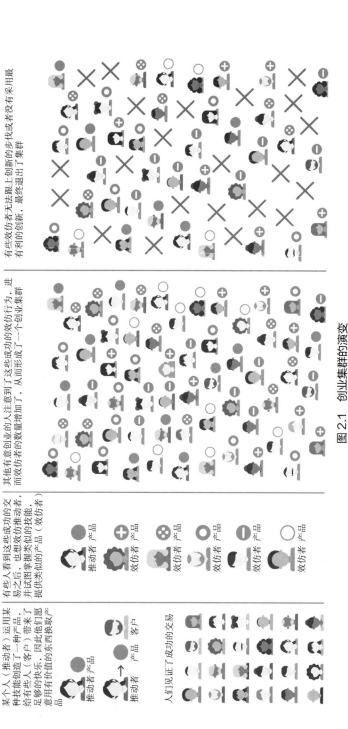

图 2.1 创业集群的演变

再是主要变量）。创业集群的数量之多，以及每个集群在全球的成员数量之多，意味着世界上存在大量企业家。目前估计约有 10 亿人。

九、创业创新周期

创业集群驱动创新。在每个集群中，有些成员会有更强的动力，希望比其他人获取更多的价值。他们会增加工作时间，增加产品数量以及雇用人员或使用奴隶来实现价值的最大化。有些成员则试图通过提高产品吸引力来获取更多的价值。还有些人则试图通过降低生产成本或使用不同的原材料来提高生产效率，或者利用从其他活动中借鉴的技术或技巧来实现创新和增值。

企业家们希望不被集群淘汰或加速资产积累速度，会尝试模仿其他人的成功做法来获取更多价值。有些人会受到启发，使用各种策略来创新改进方法，其中一些策略也会被别人模仿。在创业集群中，企业家动机、技能、特质、资源和经验的多样性为产品的供应、设计和制造方法带来了一系列渐进式的改进和创新。创业者渴望模仿和改进他人取得成功的技术和方法，从而不断扩大创业和创新的规模和范围，形成一种独特的创业创新循环，我们称之为"创业创新周期"。

推动"创业创新周期"产生的事件序列如图 2.2 所示。第一阶段代表刚刚形成的集群状态，集群成员的动机各不相同，从而导致他们在提供相似的产品或服务时会产生不同的结果。

在第二阶段，这些差异促使一些成员开发自己的生产方法，以扩大客户需求和产量。例如，我们发现，早在 6 000 年前，一些铜器

企业家

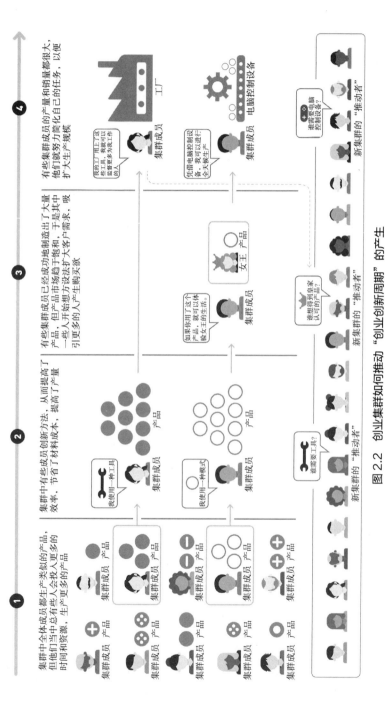

图 2.2 创业集群如何推动"创业创新周期"的产生

企业家开发了专门的炉灶，而另一些则开发了模具来加快铜制工具的生产。

随后，许多集群成员模仿这些创新并加以改进，激发了一波又一波的创新浪潮，扩大了供应规模，其中一些波次比其他波次更具影响力。对产品和生产方法的不断改进通常也会增加产品的吸引力。

许多集群成员往往受到技能或时间的限制，无法模仿创新方法来扩大供应规模。他们往往需要他人的帮助，这种需求会激发一批新的企业家围绕初始集群建立一个新集群。新集群的成员提供工具、机器和服务来帮助那些可能在扩大供应规模过程中落伍的集群成员。在初始集群中，无论是否得到这些专业企业家的帮助，那些无法跟上队伍或未能成功采用最有益创新方法的个体，都会变得筋疲力尽、灰心丧气，甚至破产，并最终离开集群。

在第三阶段，一些处于领先地位的集群成员遇到了一个新问题：他们已经向所有有需求的人提供了产品。因此产品市场饱和，进一步扩大供给规模的努力变得徒劳无功。他们现在必须创新方法，在刺激现有客户产品需求的同时，引导那些当前无购买意愿的人最终购买产品。6000年前，一些铜制品企业家想出了一个办法，如果他们为最有权势的客户制造无比华丽的产品，其他人也会想要类似的产品来显示他们的权力或地位。自此，"奇珍异宝"一直是扩大需求的一种有效方法。企业家一贯会效仿成功的做法，因此集群中其他成员模仿了这种扩大对铜制品需求的有效方法。最终，新的企业家集群发展起来，为初始集群的成员提供需求增强的服务和产品，这便吸引了越来越多的客户，产生了更多的产品需求。

在创业过程中，跟上所有的方法和技术创新，监管所有的人和机器，以便迅速扩大供应，满足需求来维持领先地位，无疑是一项非常艰巨的任务。对于每个企业家来说，他们能够有效实施和监督的供求规模都是有限的。

在第四阶段，一些企业家创新技能来简化自己的任务，达到继续控制企业的目的。早在铜器时代，一些企业家便利用其他企业家的专业知识和技能来改进他们的铜锭制作过程，从而简化了所需照看和掌握的灶台、工具和提炼步骤的数量。与供应和需求规模的扩大一样，新的创业集群会涌现出来，为成功的初始集群成员提供产品和服务，帮助他们简化流程，实现更大规模的扩张。

初始创业集群激发了许多创新浪潮，为其雄心勃勃的成员创造了越来越多的价值。初始集群成员的努力也激发了许多新集群的形成，为他们的创新提供产品和服务支持，辅助他们完成任务或简化任务，以保持竞争优势。

创业集群的性质以及创业创新周期对于集群成员不断增进其技能的要求，推动了一个极具影响力的自然创新周期的产生。这不是亚当·斯密[1]所描述的"看不见的手"，而是推动创新不断加速的"看不见的推力"。创业创新周期在创业集群内发挥作用，同时也催生了新创业集群。创业创新周期是提高人类生活水平和福祉的主要力量。当创业集群不断扩大规模时，所产生的影响也会越来越大。

---

[1] 亚当·斯密（Adam Smith，1723—1790）是英国古典政治经济学的主要代表人物之一，现代西方经济学之父。他的代表作《国富论》（全称《国民财富的性质和原因的研究》）被翻译成十几种文字，并在全球发行。他用"看不见的手"这一隐喻来描述自由竞争市场中的价格机制，即在政府不干预的情况下，价格的自由浮动反映了市场对商品供给和需求的水平，生产者和消费者在追求自身利益最大化的过程中，就把社会资源引导到了能发挥它们最大作用的地方。——译者注

十、意外后果

创业创新周期不断增加世界的总体价值，但同时也扩大了总体风险。无论我们是否接受，企业家会带来风险。企业家扩大供需、简化生产的同时扩大了风险，也带来了意外的后果。创业集群及其客户在追求价值创造方面产生的强烈动力，转移了他们的时间、精力、资源和注意力，使他们无暇顾及创业带来的中长期后果。创新总会产生后果，因为创新需要改变现有状态，包括对自然资源和日常习惯的改变，这可能对每个人的健康或安危产生积极或消极的影响。以亨利·福特（Henry Ford）开发的经济实惠的汽车装配生产线所引发的社会变革为例，它改变了家庭结构、社会面貌和商业流程，但也同时带来了危险驾驶和环境污染等问题。

创业创新周期改变了我们的生产内容和生产方式，从而改变了地球面貌及其周围的化学物质。它还决定了谁能在创新中积累财富，以及谁会在创新中受到损害。这些由企业家引发的变化，日积月累，激起了受益方和受损方之间的社会矛盾。

当企业家们各自选择遵守哪些法律和社会规范时，风险也随之进一步增大。如果一个企业家通过违反法律或社会规范来增加获利，那么集群中的其他成员也会效仿。当每个企业家都决定接受违反法律或社会规范的风险，当先前的异常行为通过创业创新周期的方式扩散时，整个社会就会承担后果。英国和法国的奴隶贩子经常遭受社会唾弃，但他们仍然推崇奴隶制并诱使人们购买奴隶。他们的行为引发了重大问题，造成了社会动荡和战争。偷猎者向企业家供应稀有物种的器官，以高价出售，危及整个生态系统。过去，窥探别人的私生活被视为侵犯隐私，但现在无论消费者是否乐意，社交平台的广告商都可以获取人们生活的每个细节。

随着人口密度增大、通信速度加快，越来越多的人看到或听说别人从创业行动中获益，创业创新周期也在不断加速发展。它也随着新技术的发展而加速，这些新技术打破了以前在能源、材料、加工或精度方面的限制。随着企业家们努力扩展规模和加速推进创业创新周期，其产生的后果也在加速堆积，社会上的其他人也需要更快地应对随之而来的挑战和变化。

企业家承担着成熟商业实体或政府都无法承担的风险。一些企业家努力应对这些风险，而其余的人，无论喜欢与否，也必须面对这些风险。企业的规模化扩张给社会带来了挑战。为了应对挑战，社会试图通过语言、神学、社会命令或法律来控制企业家。4000年前，汉穆拉比制定了法律来约束创业者，如限制抵押贷款的利率。如今，我们还在为软件公司侵犯隐私的立法问题争论不休。企业家追求创新和变革，而社会、宗教和政治试图对其加以控制，这种动态关系是一个普遍存在的现象，贯穿于各个文明和历史时期。在这个过程中，它引发了经济、政治和法律的变革，也引发了社会动荡、不平等和战争，我们将在本书后面的章节进行探讨。

十一、企业集群

创业创新周期的另一个后果是企业家群体的地域性聚集和随之而来的财富集中。企业家与身边人一起尝试利用新技术或技巧开展业务，能够获得明显的竞争优势和显著收益。除非企业家投入大量精力对其方法进行保密，否则无论是否有专利保护，与其距离最近的人就会最先获知这些机密。

企业集群提供了一个相互借鉴和学习的平台，使企业家的最佳创业实践得以复制和传播，并促使企业家专注于自己擅长的专门领域，从而加快了产品设计和加工过程的改进。个体企业家通常会运用自己最擅长的技能，对产品或服务进行个性化的改进。

我们可以在考古记录中看到许多企业集群的例子。金属冶炼和金属加工技术改变了文明进程，标志着新石器时代的结束。约7000年前，有些个体和小团体掌握了使用烧制的黏土制作陶器的技艺，随后开始尝试使用高温烧制孔雀石等绿色材料来生产铜。这种更精炼的铜及其合金被用于制作锥子（皮革穿孔的针）等各种小工具。随着工艺的改进，企业家们生产出体积更大的奢侈品，如旗帜和雕塑，以满足越来越多的精英家族公开展示权力的需求。冶金术的发展及其在地中海盆地的传播催生了创业活动的大规模发展，有些还推动了新定居点的形成。

西克敏（Shiqmim）位于今天以色列内盖夫沙漠北部，介于约旦和加沙边界之间。大约在6500年前，该村庄的人们沿着一条季节性河流定居下来。同一时期，其附近出现了一系列定居点。在定居的几代人中，许多家庭建立了专门生产铜器和铜制品的独立作坊。在该时期的黎凡特（Levant）考古记录中并没有记载他们的铜制品生产技术，因此我们可以推测当时这种技术并未广为人知或广为传播。这在公元前4000年似乎是一个严格保守的秘密。

在西克敏铜制品生产过程中所使用的含铜孔雀矿石，是从60英里外的山区开采而来的，这表明当地居民在铜器生产上投入了相当大的精力和资源。这些矿石经过熔炼和加工后成为更纯净的铜材料，然后在西克敏或邻近定居点的两个或多个车间进行加工制作，最终被锻造成锥子或铜头等各种实用工具。他们的产量超出了自身所需。没有证据表明西克敏存在精英阶层的分化，不会有人为了显示身份地位而产生对铜头的需求。这些加工完成的工具以一种我们尚未了解的交换形式出口到整个黎凡特地区。内盖夫地区的作坊数量众多且具有独立性，表明该地区是古代创业活动的中心，是传说中的新石器时代（即铜器时代）的硅谷。

在铜器和青铜时代，铜器制造创业活动的规模逐渐扩大。在西克敏开始进行铜工具生产的1600年后，该技术已经在整个地中海盆地传播开来，这可能是由那些在某个村落学会了技术后移居到他处的人所传播的。在一些掌握了该技术的小村庄里，其他居民也开始了自己的生产，一些村落甚至发展成了生产中心。我们无从知晓这些掌握制铜技术的移民选择迁徙或逃离当地的原因。有些冶炼工匠之所以迁移，可能是为了寻找配偶或随着气候变化去寻找食物，但也有一些人可能是企业家，就像卡贝索·胡雷的创始人一样，他们的迁徙是出于追求机会、价值回报与社会地位等多重目的。

在本书的后续章节，我们将进一步探讨创业集群和创业创新周期的影响。在下一章中，我们将重点讨论那些自主发展遭到当地文化阻碍的群体是如何克服逆境，成为成功企业家的。通过了解外来者加入创业集群时所克服的重重阻碍，我们可以更深入地理解，企业家精神实际上是一种强大的社会变革力量，然而这种力量却常常被严重低估。

第三章

外来者

你不能指望别人为你做这件事。

——艾琳·哈特（Irene Hartt），1895 年

　　历史记录和考古记录浓墨重彩地突出了精英阶层的奋斗与成功，却往往忽略了普通人的故事。过去的研究本质上是偏向于政治、经济和社会上的强者。首先，他们的纪念碑和奢侈品远比微薄的平民财产更可能经受住时间的侵蚀。其次，精英长期以来一直付酬请人记录他们的成功，而平民却负担不起这种费用。在大部分历史时期，特权阶层的男性掌握着历史的书写内容和保护权贵财产的方法。有权有势者往往不愿意认可他人的努力，特别是那些突破社会束缚、获得成功的人所取得的成就，因为他们担心这会暴露该社会的漏洞，从而败露他们长期利用这些漏洞从中获利的事情。

　　本章我们将探讨那些被统治精英有意或无意地隐藏于历史中的企业家，包括女性、奴隶、宗教和少数族裔群体、底层人民和移民（或称其为"外来者"）。近几十年来，我们已开始能够勾勒出历史上外来者在塑造所在社会结构和制度中所发挥的作用。当然，我们对

这些外来者的了解远不如那些有特权的男性企业家。近年来通过对考古记录和早期文字记录的仔细审查，我们才发现外来者本身就是成功的企业家，而且他们通常是为了自己的追求而创业。少数族裔在人口中所占比例较女性更小，因此在考古记录和最早的历史记录中更难发现他们的踪迹。在公元前 500 年后，文字变得更加普及，我们由此发现了更多关于外来者创业的证据。外来者在面临诸多限制的情况下，采取了独特的创业策略，这些策略对我们来说仍有很大的启示和价值。

艾琳·哈特于 1895 年出版了著作《女人如何赚钱》，她在书中写道："现在女性的工作机会比以往任何时候都多。如今，作为一名女性是件了不起的事。"在 19 世纪，美国女性更加独立，许多女性开始进入劳动力市场，也有很多女性成为企业家，而当时其他国家女性创业现象并不普遍。但令人遗憾的是，随着财力更雄厚的男性开始模仿女性创办企业，并进一步创办规模更大的企业时，女性创业的发展势头便停滞不前了。

虽然本章中描述了女性、少数族裔和其他外来创业者所面临的波折，但重点是关注历史上这些人所面临的限制以及他们克服限制所采用的策略。外来者是创业集群中不可或缺的参与者。他们被迫以不同于特权男性创业者的方式参与创业，采用独特的方法进行创新和扩张规模，确保所投入的时间、精力和资源发挥最大效果，以规避他们所面临的种种限制。因此，外来企业家常常是创业集群中最善于利用资源、最有创新精神和最雄心勃勃的成员，尽管统治阶层常常忽视他们，或者刻意压制其财富和影响力。

在历史上，妇女、奴隶、少数族裔、底层人民和移民面临各种社会约束，但是这些约束并未完全遏止他们的创业抱负。在许多时期和国家中，法律和宗教信条禁止妇女离开家园或掌控自己的资产。通常，在没有丈夫或男性监护人陪同的情况下，妇女在公共场合露面会被视为行为不检点，威胁社会稳定。许多少数族裔群体被禁止涉足某些特定的业务，甚至不能与主流群体的成员有业务往来。这些约束和其他因素使他们的自主创业变得极为困难，无法掌握家务以外的其他技能，或很难吸引陌生人与其进行任何公开形式的交易。然而，无论是在哪个社会，总会有一些外来企业家取得了成功，无论是靠聪明才智、坚忍不拔，还是两者兼而有之。

外来者努力克服社会给他们设置的更多障碍，虽然他们克服困难的方式比特权企业家更加复杂微妙，但他们却改变了历史进程。为了实现自主创业、掌握并实践特殊技能，吸引陌生人进行互惠交易，外来者必须在融入环境的同时脱颖而出。外来者为取得成功而采取的策略具有基础性和普适性。

一、总是熠熠生辉

回想一下我们在第一章中认识的埃及朋友赫卡纳克特，他当时非常焦虑，正在口述信件，远程指导他的雇员如何开展房地产、放贷和贸易业务。他还亲自给一位名叫西特涅布塞克图的女性企业家写了一封信。她经营着一家有4名雇员的亚麻布纺织作坊。赫卡纳克特与雇员沟通时，既会动之以情，又会迫切要求他们尽快执行命令。但他写给西特涅布塞克图的信清楚地表明，他在与一位地位平等的女性商业伙伴交流。在古埃及，高质量的亚麻布是一种可以自由交换的商品，因此西特涅布塞克图提供了一项非常重要的服务——将亚麻制成类似货币功能的商品，并因此获得了丰厚的报酬。这份具有4000年历史的信件描述了男性和女性企业家之间的业务交易，其中男性表现出了对女性的信任和尊重。

在埃及墓葬壁画中，只要有男性商人的地方就有女性商人的身影，也许男女比例并不相等，但她们的确存在。除了穿着不同外，墓葬壁画中的男性商人和女性商人地位平等。画中的女性商人并不比某些乘船抵达的外国商人体型小，她们交易的商品价值也不低。

在同一时期的古代美索不达米亚，公元前2000年左右，女性商人也在文献中出现过，虽然只是稍纵即逝，但显然也与男性具有平等地位。独立的女性商人居住在卡内什（Kanesh），那是亚述帝国（Assur）在安纳托利亚（Anatolian）地区一个繁荣的贸易殖民地。虽然女性商人的数量不多，但她们确实出现在当地，并且其居住的房屋大小与其他人的相当。遗憾的是，在这些房屋中发现的楔形文字泥板尚未破译和出版。历史学家还没有给予这些文物应有的关注。

在同一时期，美索不达米亚的另一地区，《汉穆拉比法典》中明确使用了阴性词汇表述涉及酒馆业主的法律规定。虽然《汉穆拉比法典》中的许多法律明确规定涉及女性，并且对其人身伤害处以较小的赔偿，但其他涉及企业家的法律并未明确规定女性企业家应受到更严重或更轻的处罚，也没有赋予女性企业家更高或更低的价值或地位。唯一的例外是关于酒馆的法律，这一法律表明女性企业家在美索不达米亚食宿行业中占据主导地位。

我们在中国古代也发现了类似的情况。公元前200年之前的中国书面文献非常稀缺。在考古学家从墓穴中挖掘出的少量文献中，有几本是"历书"。这些历书是由专业占卜师结合黄历和占星术专门为富人编制的。这些历书用薄木条串联而成,文字刻在薄木条上,被发现时置于死者头部附近。历书似乎能帮助死者在今生和来世做出正确的决策。当时中国使用"六十甲子纪日法"[①],通常这些历书中有个部分会涉及"生育子女",对每天出生的婴孩的命运进行预测。书中的预言举例如下:

> 如果孩子在"乙亥"日出生:孩子健康,财运好。
>
> 如果孩子在"丁丑"日出生:孩子很会说话,但可能会出现眼角膜上的乳状膜(即这个孩子将来可能成为视力有障碍的吟游诗人)。
>
> 如果孩子在"庚寅"日出生:如果是女孩,她将成为商人;如果是男孩,他将穿金戴银,成为富人。
>
> ——巴比艾瑞-洛(Barbieri-Low),《中国早期帝国的工匠》
> (*Artisans: Eearly Imperial China*)

每一天的吉凶预测都结合了性别、职业、外貌特征以及财富和社会地位等多种因素。在古代中国,成为女商人或者成功的女工匠是社会所推崇的女性成就。尽管我们无法从现存的文献中轻易辨别她们的身影,但她们确实客观存在过。

[①] "六十甲子纪日法",也叫"干支纪日法",即按六十干支的顺序轮转来纪日。它是农历的一部分,也是历代历书中的重要组成部分。干支纪日法在夏朝就已经使用。《春秋》中鲁隐公三年(公元前720年)二月己巳日就已经在使用干支纪日,《春秋》中有大量干支纪日的记录。文中出现的"乙亥""丁丑""庚寅"都是干支纪日。——译者注

二、足不出户

古希腊社会中,女性的地位受到文化规范和法律法规的严格制约。通过阅读戏剧、审判记录、政治演讲以及各种书籍资料,我们可以初步了解女性在雅典社会生活中的地位,但只能通过一些间接线索了解女性企业家的私人生活。她们只能在男性监护人的陪同下才能出现在公众视野。按照法律规定,除了别人赠予的礼物,她们不得拥有任何其他财产。也不能进行任何价值超过一石大麦的交易。古雅典的文献提到在公共场合经商的女性时,往往带有一种怜悯的语气。在市场上出售蔬菜或丝带等商品被认为是卑贱的行为,但是也有一个专为女性服务的市场——"女人市场"(gynaikeia agora)。有些女性不仅成了成功的商人,而且为公共建筑和神庙提供原材料,但她们毕竟只是少数。

尽管如此,古希腊社会非常尊重在婚姻职责范围内表现出企业家精神的女性。色诺芬的著作《经济论》记录了苏格拉底的观点,苏格拉底明确说道:"我认为,一个善于合作的妻子对家庭的贡献不亚于其丈夫,因为大部分收入是丈夫的努力结果,而大部分开支则主要由妻子管理和控制。如果他们两个各司其职,财产就会增加;如果他们行为不当,财产就会减少。"

诸如此类的文献表明,希腊鼓励女性参与以家庭为单位的营利性活动。许多中产阶级和精英家庭的妻子管理、训练和组织奴隶制作服装、配饰和美食,既供给家用,也可供市场销售。因为女性不能直接出售产品,便由奴隶代劳。这些销售利润增加了家庭的财富。尽管妻子对这些收入并不具有合法控制权,但许多妻子实际决定了如何使用部分收入，甚至全部收入。

希腊的这种模式是东西方文化中女性企业家普遍采取的方式。通常，女性不得公开售卖商品，她们在家中私下运用有用的技能生产产品，然后通过间接方式将这些产品出售给陌生人。

然而，在古罗马时期，女性企业家大多突破了这种模式。随着罗马城市的空前发展，中产阶级和平民更加关注如何获得所需商品，而无暇顾及商品的来源。我们通过文献或历史记录可以找到许多在罗马及其帝国范围内成功的女性企业家的例子。例如，居住在庞贝的尤马基娅（Eumachia）是该市最成功的漂洗工，开设了洗染衣物的工场。她很富有也很成功，并出资在市政广场上修建了一座神庙，纪念所有的男性和女性漂洗工。在神庙的显著位置，一座将她塑造成女神形象的雕像矗立在那里。

三、我来为您效劳

外来企业家的创业行动受到不同的限制，这些限制因时间、地点和涉及的群体而异。例如，雅典专门设置一套法律来限制移民的创业活动。移民可以在雅典生活，但前提是他们要在政府登记并找到一个公民担保人。他们不能拥有财产，并需要支付额外的税款。他们的行动和可以从事的业务类型还受到公民担保人的监督与约束。但当他们提供了本地公民不涉足或没有能力涉足的产品和服务时，雅典则持开放态度。外来移民企业家在雅典发挥了重要作用，他们与家乡的亲戚或熟人进行长途贸易，尤其是粮食贸易。还有一些外来移民则具有锻铁工艺等宝贵的技能。做大多数人不愿意做的事情是外来企业家的共同特点。

希腊奴隶的情况则有所不同。几乎所有的希腊奴隶都是被俘的外国人,通过企业家的贸易沦为奴隶。他们几乎没有任何权利,违抗命令可能会受到体罚,而公民和移民则不会。大多数奴隶被迫从事危险、艰苦和肮脏的工作,这些是包括移民在内的任何阶层的雅典人都不愿意从事的工作。即便如此,仍有一些奴隶成了成功的企业家并青史留名。还有一些人在神庙里献上祭品,并附有简短的个人描述,展示了他们在特定事业上取得的具体成就。一些雅典公民听从色诺芬和苏格拉底的建议,激励奴隶代表他们经营业务,用所赚利润赎回自己的自由。许多奴隶说服其主人相信自己的商业能力,他们积极地经营生意,尽管面临巨大的限制,有些奴隶仍然成功地赎回了自由。例如,一位名叫帕西恩(Passion)的奴隶银行家在雅典的银行业务中发挥了至关重要的作用,甚至在获得自由后被授予了雅典公民身份。他创新的许多银行业务沿用至今。讽刺的是,尽管古代雅典的奴隶不能拥有财产,但他们在创业方面受到的限制却比女性公民少。

在历史上,外来企业家们通常会做那些富人不会做或不愿意亲自做的事。他们在精英阶层面前表现得卑屈和顺从,通过这种方式获取利益,从而帮助许多外来者,包括非常贫穷的人,都过上了更舒适的生活;那些幸运而有雄心壮志的人甚至还能变得富有起来。从古至今,许多社会都依赖企业家们提供服务,尤其是个人服务,维持公民安居乐业,从而避免造反生乱。

四、接管业务

那些在雅典市场上售卖蔬菜和丝带的妇女曾经一度引起人们的同情,但这只是一个重要故事的开端。自公元前 500 年左右的文献中首次提到中央市场以来,世界各地都发现了为下层阶级服务的女性蔬菜商贩和洗衣工。几千年来,独立自主且技艺娴熟的洗衣女工在世界各地都很常见。女性为其他女性提供服务,例如,制作和销售女性服装饰品(如丝带),除了可能遭受众人怜悯和丈夫的不满外,通常很少受到其他限制。许多企业是为了维持生计而存在,有些则不是,这种情况在所有集群中都一样。

位于西部非洲赤道地区(现今尼日利亚和贝宁)的约鲁巴族(Yoruba)拥有悠久的历史。考古学家发现了至少 2 000 年前的约鲁巴城市中心的遗址。由于该部落没有文字传承的传统,我们必须依赖代代相传的口述历史来追溯数百年前的创业实践。

约鲁巴族传统上是一个由男性主导的社会,男性控制着政治和经济的等级体系。几乎所有昂贵物品的生产和销售都由酋长和统治者控制,而企业家只能从事廉价物品的制造和贸易。普通妇女应该待在家里做饭、相夫教子、协助丈夫创业。但在约鲁巴人中,有一个重要的例外。由于烹饪传统的约鲁巴餐需要大量的燃料,而该地区的燃料相对昂贵,即使对穷人来说,购买现成食物也比购买燃料自己烹饪更便宜。据历史学家口述,约鲁巴妇女自古以来就控制着烹饪和销售食品的生意。因为女性可以保留自己的收入,这可以算是真正的创业活动。虽然男性一直主宰着约鲁巴人创业的方方面面,但是却将这项业务让给了女性。

企业家

几千年来，个人服务一直是不为社会所认可的谋生方式，因此这一领域常常被外来企业家占据。从事个人服务的企业家往往后来会创建生意兴旺的企业。威廉·约翰逊（William Johnson）是一位纳切兹（Natchez）的理发师，在密西西比州有一座专门纪念他的博物馆。纳切兹在内战爆发之前曾是南方奴隶贸易的中心。生而为奴的约翰逊在11岁时被一个亲戚买走。这个亲戚可能是约翰逊的姐夫，他在纳切兹拥有一家成功的理发店。约翰逊在他姐夫那里当学徒，并在1830年以300美元的价格从他手中买下了那家理发店。正是在这个时期，约翰逊开始写日记，这就是我们今天能全面了解他的原因。

约翰逊是一位意志坚定而有商业头脑的企业家，他迅速扩大了业务规模，并在短短几年内就成了纳切兹的杰出公民，同时受到了白人和自由黑人社区的欢迎。约翰逊以其娴熟的剪发技巧和时尚风格而闻名，他在5年内将理发店价值增长到了3 000美元。凭借他的声望和财富，他娶到了当地显赫的自由黑人家庭的女儿，他的妻子是一个漂亮的20岁女孩，在接下来的16年里，他们共生育了11个孩子。他继承传统，继续培养年轻的黑人学徒成为理发师，同时自己也购买奴隶，在他去世前已经拥有16名奴隶。在1851年的一次土地边界纠纷中，他被一位黑人邻居谋杀。令历史学家感到幸运的是，由于约翰逊积累了足够的财富，他的家人得以保住他们的住所，他的日记也在那里安全地保存到了1976年。他的故居现在是由国家公园管理局运营的博物馆①。

---

① 威廉·约翰逊故居（William Johnson House）是自由的非裔美国商人威廉·约翰逊的房子，现在是纳切兹国家历史公园的其中一个部分，他的日记讲述了战前在纳切兹的日常生活。——译者注

如今，约翰逊的日记为研究战前南方自由黑人的经历提供了重要的历史文献。然而约翰逊并非个例。我们知道许多成功的黑人理发师的名字和历史，他们在美国殖民地时期就为黑人和白人社区服务。

五、掌握潜规则

在某些社会中，使用危险工具的工作被视为卑贱的工作。了解何为卑贱工作的细微差别非常重要，但也并非易事。在南北战争前的美国，卑贱工作的定义在工业化的北部和农业化的南部是不同的。亨利·博伊德（Henry Boyd）必须自己去发现这一点。1802年他出生在肯塔基州，生来就是奴隶，但在十几岁时就学习了木工技能。这是一种被奴隶主视为低级和卑贱的技能。博伊德的木工活做得又快又好，很快便引起了主人和当地其他白人的注意。在邻居们的请求下，奴隶主同意让博伊德为他们工作。与历史上一些奴隶主的做法相似，博伊德的主人允许他保留一部分劳动报酬。如此一来，博伊德在24岁时就赎回了自己的自由，并搬到了俄亥俄河对岸，定居在一个废除了奴隶制的地方。但博伊德失望地发现，在北方"自由"的辛辛那提，没有人会雇用一个黑人木匠，因为在北方，木工被认为是工人阶级的工作。博伊德必须打破这个潜规则的限制。

几年来，博伊德一直在打零工。直到有一天，雇用博伊德做看门人的那家店里的木匠喝醉了。于是博伊德便抓住了这个机会，并很快做出了一张漂亮的新柜台，这立即引起了镇上其他白人的注意。外来企业家总是要展示出更高超的技能，才能消除当地文化对他们的歧视。博伊德即兴制作的柜台使他赢得了老板和其他人提供的更多木工活,最终他攒够了钱赎回了兄弟姐妹,使他们获得了自由。自此以后,他才开始为自己的作坊赚钱。

由于博伊德的木工活做得又快又好,很快便扩展了业务。他因制作床架而闻名于整个北方地区。为了制造不摇晃的床,他发明了一种使用左右旋木螺丝的工艺。博伊德试图为此工艺申请专利,却不幸遭到拒绝,这很可能是因为他的肤色,因为几年后,一位白人家具制造商获得了相同工艺的专利。尽管如此,博伊德的业务稳步扩大,工厂拥有四栋独立的建筑,雇用了数十名黑人和白人工人。到1844年,博伊德每年生产1 000张床。11年后,他开设了一个展厅,展示了全套客厅家具。当然,那时的企业家和其他商人都在模仿他的设计。

虽然博伊德面临着紧跟客户需求的压力,但最大的问题是工厂遭遇他人纵火。人们一直试图烧毁他的工厂,并成功了三次,那时没有任何一家保险公司愿意为博伊德的企业提供保险。1862年,他忍耐到了极限,于是决定永久关闭他的工厂和展厅。亨利·博伊德退休后依靠他的财富生活,同时专注于他的第二个职业:作为领导者活跃在地下铁路[①]中。

威廉·约翰逊和亨利·博伊德是美国南北战争前两个较为突出的黑人企业家领袖,分别代表理发师和熟练工匠这两个创业集群。在美国的南方和北方,许多黑人都是企业家,尽管他们遭受无数的社会限制,仍能自力更生地养活自己和家人。南北战争开始时,美

[①] 亨利·博伊德在废奴主义者圈子里是广为人知的领袖,一直作为领导者活跃在地下铁路中。——译者注

国有 50 万名自由黑人，其中 1/5 生活在南方，他们中大多数是企业家或企业家家庭的成员。

六、宗教赋能

在基督教和伊斯兰教国家，由于宗教教义和传统限制或禁止放贷，通常只有宗教和少数族裔群体从事高利贷业务。欧洲的犹太人和奥斯曼帝国的亚美尼亚人是主宰了高利贷行业的少数民族。拉斯科尔尼基（Raskolniki）是另一个因宗教原因而被排除在传统职业之外的群体。拉斯科尔尼基是俄罗斯一个非常传统的东正教派，因在 1655 年拒绝接受统一希腊和俄罗斯东正教教会的宗教改革，而被社会精英和宗教精英排斥在社会和商业活动之外。当时小麦是与农奴有关的廉价必需品，这些圈外人便把精力放在小麦交易上，主要与居住在伏尔加河沿岸定居点的同教信徒开展贸易。拉斯科尔尼基人利用从小麦贸易中获得的财富，创立了俄罗斯第一个大规模制造企业，而在当时城市商人阶层眼中，这也是一个低人一等的产业领域。

外来者选择从事中产阶级所回避的个人服务、手工艺或贸易业务，能够摆脱贫困和诸多限制，实现自主创业和财富积累，这是一种久经时间考验的策略。除了放贷业务外，这些企业大多能迅速实现正现金流运营，从而减少对他人提供信贷或投资资本的依赖。尽管外来企业家面临各种限制，但当他们具备娴熟的技术、发展事业的雄心，以及对待客户的体贴和热心时，这些企业家仍有可能积累起相当可观的财富。然而，这种策略有一个不可避免的重大缺陷。当外来企业家的成功威胁到特权阶层的财富或社会地位时，往往会遭受打压报复，就像亨利·博伊德和无数其他外来企业家所经历的那样。一旦主流特权阶层感到自己的根本优势受到了威胁，就会采取报复行动，而外来者很难立即采取防御行动。

七、团结合作

在历史上，民族聚居区一直是企业家开展业务的核心地带。在2 500年前的雅典，外来工人和企业家大多都居住在相邻的社区中。少数族裔和移民聚居的原因很多。移民进入新的领土后，通常不了解当地的语言或文化，他们会感受到主流群体的排外情绪，而在少数族裔和移民聚居地，外来者不会有那种强烈感受。外来企业家的另一个经典策略是为本民族的少数群体提供服务，满足独特的文化需求，从而获得财务独立。在类似唐人街、小意大利城或贫民安置区等人口密集的民族聚居地，外来企业家捕捉到大量相似的需求和欲望，并抓住商机提供相应的产品或服务。

第一波移民企业家在民族聚居区建立了餐馆、专业市场和进出口业务，以满足其移民同胞的独特需求。在某些聚居区，第一代成功的企业家常常选择将财富留在本家族内而不是重新投资到聚居区，甚至将财富分配给那些仍然在家乡生活的家族成员。长此以往，聚居区内的创业活力逐渐减弱。例如，在加州淘金热期间，许多中国移民渴望在回国前赚取一些黄金，他们通过参与淘金活动，积累了一定的财富，这使他们有财力在旧金山和纽约等地建立了唐人街，富有的第一代企业家迅速崛起。然而，由于财富主要集中在家族内部，后续几代的财富积累速度要慢得多。

第三章 ◆ 外来者

在其他情况下，第一批成功的企业家为了建立一个永久的社区，他们会将积累的财富借出或投资给非家庭成员，从而扩大了经济基础，提高了整体福祉。随后聚居区内的企业家群体不仅为自己的少数族裔群体提供服务，也开始拓展业务领域，为社区外的主流群体服务。

北卡罗来纳州的达勒姆市（Durham）是一个黑人工人和移民企业家的聚居地，经济落后。该聚居地在历史上具有重要意义，因为在吉姆·克劳①时期，生活在南方的美国黑人是历史上受限制最多的少数族裔群体之一。他们无权投票，无权使用白人控制的基础设施，白人不与他们做生意，他们被限制在指定的社区内，他们只好在那里创建自给自足的非政治性社会和经济生态系统。

南北战争之前，达勒姆市尚未存在，因此那时根本无法预料它会成为一个经济重镇。当时此地以农业为主，土地和气候都非常适合种植烟草，此地的烟草产量高，味道醇厚。在南北战争后，烟草制品成了美国的一种时尚，吸引许多白人企业家在烟草种植区域及其周边地区成立了大批生产鼻烟、嚼烟和香烟的作坊。其中一位企业家名叫华盛顿·杜克（Washington Duke），他是一位农民出身的前联盟军士兵。他住在后来的达勒姆附近，在 20 多年的时间里，他通过制造和销售香烟积累了大笔财富。杜克带着儿子们做生意，1884 年高速卷烟机问世，在这之前的几年里，杜克就将生意交给了儿子

---

① 吉姆·克劳（Jim Crow）是一个由托马斯·D. 赖斯创造并普及的戏剧角色。白人表演者扮黑脸及对黑人进行刻板描绘，体现非裔美国人懒惰、不可信、愚蠢和与白人水火不容等形象，随着黑脸杂秀的普及，"吉姆·克劳"因此成为美国黑人的贬义代名词。后来，19 世纪得克萨斯州等南方立法机构针对黑人颁布的种族隔离法案时亦因此被称为"吉姆·克劳法"。——译者注

们打理。

华盛顿的小儿子约翰·布坎南·杜克（John Buchanan Duke）雄心勃勃，迅速与机器制造商达成了一个独家协议，使用这些机器大量生产低成本香烟。随后他在全国范围内积极宣传自己的香烟品牌，进一步扩大了他的生产量和成本优势。杜克借鉴约翰·D.洛克菲勒[①]的策略，采用了类似的激进战术，收购了他的竞争对手，创建了一个名为"美国烟草公司"的庞大香烟垄断企业。在不到30年的时间里，由于烟草产品日益普及和杜克家族激进的创业野心，达勒姆从贫瘠之地发展成了一个充满活力、以白人为主的创业生态系统。（正如创业创新周期所预料的那样，其他企业家密切关注快速增长的烟草行业需求，提供了使烟草业务运营更加便捷的产品。例如，在南北战争后不久，达勒姆棉纺织公司成立，生产用于烟草袋的棉布，进而导致了这方面专业知识或技术的积累，促成了1894年达勒姆针织厂的成功建立。）

达勒姆的发展与繁荣吸引了南部各地的黑人家庭前来寻找就业机会，其中一些人甚至在寻求创业机会。他们在达勒姆的工作机会之一就是在香烟加工之前清洁烟叶。到了19世纪80年代中期，达勒姆建造了两座黑人教堂，成为社区聚会、祈祷和筹划的场所。黑人企业家蜂拥而至，为白人社区提供理发等个人服务，同时通过开设商店、酒馆和殡仪馆等场所满足了日益壮大的黑人社区的需求。达勒姆的少数族裔聚居区的独特之处在于，一代成功的黑人企业家帮助下一代人扩大了他们的财富。这个创业的"火花"由一位成功

[①] 约翰·D.洛克菲勒（John D. Rockefeller, 1839—1937）美国实业家、慈善家，埃克森美孚创始人，是19世纪第一个亿万富翁，被人称为"石油大王"。——译者注

的理发师引燃。

在南北战争结束时,约翰·梅里克(John Merrick)只有 6 岁,他和家人获得了自由,也有了上学的机会。但为了帮着养家糊口,他在 12 岁时便辍学去砖厂工作。梅里克声称,他在那份工作中学会了基本的数学和商业技能。为了多赚点钱,约翰在业余时间练习理发技巧。他最终搬到了北卡罗来纳州的罗利,在那里为一位著名的黑人理发师工作。1880 年,梅里克搬到了新兴城市达勒姆,为另一位黑人理发师工作。

1892 年,梅里克买下了那家理发店并开始扩大规模,在黑人和白人社区都开设了分店。梅里克大部分时间都在一家专为白人商界领袖服务的分店理发。他的热情待客和个人魅力,让富有的白人客户感觉如沐春风。据当地传说,1898 年,有人请求梅里克捐款以支付一名黑人的丧葬费,当时他正在为烟草企业家华盛顿·杜克理发,杜克便建议梅里克成立一家保险公司来解决这类问题。梅里克迅速召集达勒姆黑人社区最成功和最知名的人士就此进行讨论。虽然大家都很热情,但只有一位成员——该社区的医生艾伦·摩尔(Aaron Moore),主动提出帮助梅里克创办这个公司。

同年,北卡罗来纳州相互人寿保险公司的前身在摩尔医生办公室的一个角落里开始运营,起始资产只有 300 美元。1900 年,梅里克和摩尔对公司进行了重组,吸纳了第三个合伙人查尔斯·斯波尔丁(Charles Spaulding),他是该社区最成功的杂货店老板。他年富力强,雄心勃勃。从此,该公司稳步发展,起初专门服务达勒姆黑人社区的居民,后来扩展到该州其他黑人社区,最终覆盖了南卡罗来纳州、弗吉尼亚州、阿肯色州、华盛顿特区以及其他黑人社区。

企业家

尽管经历了银行挤兑、战争和经济萧条,但保险业务的资产和未完成保单都在稳步增长。到1939年,北卡罗来纳州相互人寿保险公司在达勒姆雇用了数百名黑人,每年向投保人及其受益人支付超过1830万美元的保险金。该公司至今仍在运营,为大量黑人投保人提供服务。同样重要的是,它的成功促成了一大批达勒姆黑人保险企业的成立,包括银行家火灾保险公司、互助建筑和贷款协会、联合保险与房地产公司以及南方富达互助保险公司等十几家公司。

随着保险公司的成功建立,社区领袖们讨论了开设银行的可能性。梅里克再次表示愿意提供帮助,这次他出任了银行副总裁,在总裁理查德·菲茨杰拉德(Richard Fitzgerald)手下工作。菲茨杰拉德比梅里克还富有,他子承父业,从父亲那里学到了商业技巧,他的公司为黑人社区的发展提供了房屋建造所需的所有砖块。菲茨杰拉德公司生产的砖块质量极高,甚至与白人工厂和建筑商也签订了供货合同。菲茨杰拉德和梅里克于1907年成立的农商银行至今仍在为达勒姆的黑人社区提供服务,业务蒸蒸日上。

在梅里克、摩尔、斯波尔丁和菲茨杰拉德的带领下,许多杜勒姆黑人企业家将创造社区财富置于个人财富积累之上。这四位企业家后来又继续合作创办了第三批企业,指导和帮助另一代达勒姆黑人企业家。梅里克-摩尔-斯波尔丁(Merric-Moore-Spaulding)房地产公司成立于1910年,提供房地产保险业务,这是之前当地黑人社区无法企及的。摩尔创办了林肯医院以及当地图书馆。梅里克则创办了公牛城药品公司,其宗旨之一是培训新一代黑人药剂师。他还开了两家药店,后来将其卖给了其他联合创始人。菲茨杰拉德创立了达勒姆房地产、商业和制造公司,旨在帮助黑人企业家建立此类企业，类似于如今的地区风险投资机构。

最早的少数民族或移民企业家可以为他们的社区创造一种可再生的创业文化。关键在于每一代成功的企业家都要投资于年轻的企业家群体。类似的例子还有迈阿密的古巴社区、纽约市的爱尔兰社区、旧世界犹太人的贫民区和东南亚的华人聚居区等。在吉姆·克劳时期的南部地区，很少有其他聚居区像黑人社区那样一开始就受到限制，因为他们被迫只能在自己的社区内做生意和创造财富。尽管世上存在很多少数族裔或移民企业家聚居区，但大多数并没有遭受类似 1921 年发生在俄克拉荷马州塔尔萨①的惨烈种族屠杀报复。少数民族社区内的企业只要不直接与占主导地位的民族或宗教团体的企业竞争，通常可以发展壮大，繁荣兴旺，免遭打击报复。

八、打破束缚者

做没人愿意做的事和做别人不敢做的事是两回事。一般的创业风险是指赔钱、浪费时间和精力，许多外来企业家愿意甚至渴望承担比这更大的风险。"打破束缚"的企业家是指外来者在以男性为主导的社会中，为了实现自主创业，掌握自己感兴趣的技能，冒着丢失社会地位的风险，突破社会对他们的限制。

乌米迪娅·夸德拉蒂拉（Ummidia Quadratilla）生活在公元 1 世

---

① 塔尔萨种族屠杀又被称作"塔尔萨屠杀""塔尔萨种族骚动""格林伍德屠杀"或"黑色华尔街屠杀"，是指 1921 年 5 月 31 日至 6 月 1 日，美国白人攻击俄克拉荷马州塔尔萨格林伍德的非裔美国人社区的居民和企业并屠杀非裔美国人，这一事件造成数百名黑人和数十名白人死亡，并导致成千上万的黑人无家可归。这被视为美国历史上最为严重的种族暴力事件之一。——译者注

纪末、2世纪初的罗马。不同人可能对她有不一样的看法，她可能非常有趣，也可能极其古怪，或两者兼备。然而，她的存在不容小觑，她是那个时代尽人皆知的人物。小普林尼①曾经为她写过一篇长篇人物描写。从小普林尼的描述中，我们可以感受到这个"坚韧结实"的女人所散发的活力。夸德拉蒂拉来自一个显赫的意大利家庭，但他们并非贵族（即非罗马人家族）。丧偶后她本可以依靠乌米迪娅家族的资产过上安逸的生活。事实上，凭着她的身份，她可以待在家中养尊处优，只有在成年男性直系亲属的陪伴下才能在公共场合露面。然而，夸德拉蒂拉想要的更多，而她的这些心愿只有通过创办自己的企业才能达成。

当时的罗马社会非常保守，与近代的统治者朱利安和克劳狄斯的放纵行为格格不入。然而，夸德拉蒂拉却对古罗马的粗俗哑剧有独特的鉴赏力，而当时地位尊贵的女性都不敢在公共场合观看这种戏剧。这种剧目是罗马最受欢迎的戏剧形式之一，通常在表演中男演员会穿戴有明显性暗示的道具和服装，不仅受到贵族男性的喜爱，还得到了男女平民的追捧。这些演员在整个罗马帝国都非常有名，表演报酬昂贵。当夸德拉蒂拉决定将她的收入和财富投资于制作这种粗俗哑剧，用于节日演出和私人室内演出（由政治精英赞助）时，人们将其视作一桩丑闻，引起了小小的轰动。为了加强竞争地位，夸德拉蒂拉成立了一所演员学校，如果这些演员成名了，就必须给

---

① 小普林尼（Pliny the Younger）全名为盖乌斯·普林尼·塞库努都斯（Gaius Plinius Caecilius Secundus），他是一位罗马贵族、政治家和作家，是古代罗马文学的重要代表之一，其最为著名的作品是《普林尼书信集》，以其精确的写作风格和对细节的关注而受到赞誉，他的作品对后世的文学和历史研究产生了重要影响。——译者注

她缴纳一部分费用。她的新业务还有一个额外的好处，就是直接将她与有政治野心的人联系起来，他们会雇用她的团队在他们的选举日上表演，以赢得选民的青睐。夸德拉蒂拉的行为与她培训的演员的表演一样令人不可思议，但没有人想阻止她，因为她的剧团是最好的。

玛丽·格劳舒兹（Marie Grosholz）的名字家喻户晓，作为成功的企业家之一，她克服了针对女性和移民的双重限制，但她却未能得到应有的认可。作为一位寡妇女佣的女儿，玛丽的前途黯淡无光。玛丽的母亲在一位成功的巴黎企业家菲利普·柯提斯（Philippe Curtius）家中当管家，从小便把玛丽送到他的车间工作。柯提斯来自瑞士，是一位训练有素的医生，对解剖学非常着迷，并学会了用蜡制作模型，以增加他对人体的详细了解。

人体蜡像的起源可以追溯到罗马时代，甚至可能可以追溯到古埃及时代。蜡是一种易于使用和染色的介质，可以永久保持其形状。在18世纪中期的欧洲，一大批蜡像企业家从事定制雕塑服务并有偿开放他们的工作室让人们参观。当时的贵族会付费定制具有显赫身份的亲属的蜡像，以便在家中展示。中产阶级和平民则支付一定费用，到蜡像工匠的工作室参观真人大小的名人蜡像和用于教育目的的裸体女性解剖模型。有能力支付更贵门票的客户还可以近距离触摸和仔细观赏蜡像。

柯提斯的第一家沙龙位于瑞士伯尔尼市，里面陈列着高品质的蜡像模型，吸引了法国路易十五表亲孔蒂（Conti）公爵的注意。1767年，孔蒂公爵邀请柯提斯到巴黎展览蜡像模型。孔蒂公爵向巴黎的政要名人引荐了柯提斯，柯提斯则利用这个机会邀请他们坐下

企业家

来，为他们塑造蜡像。他为伏尔泰（Voltaire）、卢梭（Rousseau）以及玛丽·安托瓦内特（Marie Antoinette）制作了真人大小的蜡像，也制作了王室家庭成员用餐的群体蜡像，这些蜡像吸引了大量游客前来参观。柯提斯喜欢这种关注，而巴黎人也喜欢他的蜡像，巴黎展览中有一个"珍奇宝殿"，其中展示着真人大小的埃及木乃伊和臭名昭著的杀人犯蜡像。柯提斯取得了巨大的成功，于是他建造了一座专门用于展示蜡像的大型建筑，公共空间的上面是住宅区，楼下的地下室是工作室。这就是年幼的玛丽长大的地方，她整天穿梭在各种正在制作、修复和展示的蜡像之间。

玛丽后来成为柯提斯的学徒，最终雕刻出了可供展览的精美而又逼真的蜡像。在动荡的法国大革命期间，玛丽在维持蜡像业务方面发挥了关键作用，而柯提斯则忙于参与各种大大小小的危险政治活动。柯提斯指挥着一支由邻里居民组成的小规模民兵队伍，在巴士底狱沦陷时，他与他的队伍都在现场。当巴士底狱的监狱长投降并被斩首后，柯提斯将其头颅迅速交给玛丽，使她立即制作出了一个头颅蜡像。当其他法国官员被暴民捕获并斩首时，玛丽继续用掠夺来的头颅制作头颅蜡像。柯提斯凭借与革命领袖的关系，能够源源不断地获得著名的政治人物的头颅，供玛丽用于制作蜡像。这些头颅蜡像以及当时政治领袖的完整蜡像，吸引了大量观众来到库提乌斯的展览馆参观。然而，有些头颅蜡像越过了鉴赏的底线。

尽管玛丽雕刻了被送上断头台的国王和王后的头像，但直到几十年后这些蜡像才得以展出。玛丽在法国大革命期间最著名的蜡像作品是浴缸中被谋杀的马拉（Marat）。马拉是柯提斯的朋友。当玛丽接到马拉被暗杀的消息时，她急忙赶到犯罪现场，在尸体被运走

第三章 ◆ 外来者

之前制作了一张死亡面具。然后玛丽用这张死亡面具制作了一个完整的蜡像，再现了她所目睹的可怕场景。雅克·路易·大卫①根据这个蜡像作品，而非真实的场景，绘制了一幅画，表现了法国恐怖统治时期的暴行。

1794 年，柯提斯去世，由于终生未婚，膝下无子，他把事业和财产全部留给了继承其衣钵的"艺术学徒"玛丽。她必须捍卫自己的继承权。不到一年，玛丽嫁给了比她小 8 岁的弗朗索瓦·杜莎（François Tussaud）。他们的婚约规定，杜莎夫人（玛丽）保留对自己财产的控制权，当时这是一项非常不寻常的做法。在接下来的 5 年里，玛丽生了 3 个孩子，而弗朗索瓦则负责经营生意。第一个女孩刚出生不久就夭折了，其他两个孩子是男孩。弗朗索瓦试图扩大业务，开设了一家剧院，但他是个糟糕的管理者，他建造的剧院因建筑质量低劣而被判定为危楼。在那些年里，蜡像生意被忽视了，玛丽不得不再次借款来维持蜡像业务的运营。1801 年，约瑟芬（Josephine，拿破仑的妻子）委托杜莎夫人为拿破仑塑像，她的生意开始大有起色。杜莎夫人机智地制作了第二个蜡像，以备将来展示。

显然，杜莎夫人并不幸福，1802 年她趁着法国与英国临时休战之机，无视所有的社会期望和约束，毅然舍下了丈夫和年幼的儿子，带着她的大儿子和最重要的蜡像作品去往英国开始新的生活。在离开之前，她让律师起草了文件，放弃她对法国财产和生意的所有权，将完全控制权交给她的丈夫。她在伦敦的新生活并不容易，身为女

---

① 雅克·路易·大卫（Jacques Louis David）是 18 世纪末和 19 世纪初法国的著名画家，在法国艺术界享有很高的声誉，他曾担任法兰西学院绘画教授和宫廷画家，其作品涵盖了历史画、肖像画和宗教画等多个题材，经常描绘重要历史事件和人物。——译者注

性移民，又不会讲英语，她只好接受柯提斯昔日好友的建议，在伦敦一家剧院展示她的蜡像作品，并同意将所得利润进行分成。英国人渴望看到法国大革命的受害者，并直视敌人拿破仑的眼睛，因此杜莎夫人的蜡像在伦敦备受欢迎。尽管如此，五五分成的利润分配方式让玛丽几乎无法维持她和儿子的生计。她花了一年多的时间才从这个合作伙伴关系中解脱出来。然后她赚了足够的钱开始巡回展出，并制作新的蜡像作品，满足观众的期待。

玛丽可能曾经犹豫过是否回国，但她当时并不能回到法国，因为英国和法国再次开战了。1803 年，她将她的展览和五岁的儿子带到了苏格兰的爱丁堡。在英国，杜莎夫人开始宣称自己曾经是路易十五妹妹的好友，在凡尔赛宫住过一段时间。虽然没有记录表明她曾在宫中居住过，但她可能曾到访那里，辅导玛丽·伊丽莎白公主（Madame Élisabeth）制作蜡像（她确实雕刻过一些宗教人物的蜡像）。

在接下来的 30 年中，杜莎夫人和她的儿子不断更新蜡像收藏品，在英国和爱尔兰各地巡回展出。他们平均每年搬迁两次。杜莎夫人总是亲自坐镇，收取每个人的门票费用，并每晚核算收支。每当有新人物引起公众关注时，她总会收集有关的画像、印刷品和第一手文字描述，接着制作蜡像来展示。她甚至会销售她的展览目录。她的蜡像收藏品包括英国皇室成员及其情妇，以及臭名昭著的英国杀人犯。在她离开法国将近 20 年后，她与小儿子在英国团聚并和解，现在她利用两个儿子的力量，在工作上投入更多的时间，从英国和欧洲大陆各地收集相关人物的资料。

至此，杜莎夫人的巡回展览已将展览时间延长到精英们闲暇的饭后时间。她聘请了一个管弦乐队在晚上演奏，并将蜡像以特定的方式进行组合展示，使得观众可以联想到相关的故事情节，例如，虚构拿破仑和惠灵顿之间的会面，或想象拿破仑或英国君主的加冕典礼。经过数十年不间断的巡回展出，杜莎夫人不断更新展出目录，她的蜡像客户名单也随之不断扩大，包括了真实存在的皇室成员和虚构的人物。杜莎夫人对铁路的发展潜力产生了浓厚兴趣，因为铁路可以将客户运送到她的展览地点，而她则无须每6个月在一个新的城市设立展览。1836年，她长期租下了伦敦贝克街上的二楼空间，这里距离3个新的火车站仅几步之遥，这些车站会给首都带来大量的新游客。在那里，杜莎夫人专门展示维多利亚女王、阿尔伯特王子和其他贵族的蜡像，让公众可以比以往更近距离地接触皇室家族。维多利亚女王和阿尔伯特本人曾多次访问这个展览地点，进一步增加了杜莎夫人的知名度。

事实证明，杜莎夫人的品牌具有持久的价值和影响力，今天的杜莎夫人蜡像馆仍是一个全球性机构。杜莎夫人于1850年去世后，这个企业在她的家族中经营了两代人，直到某个孙子选择不遵循祖母每天查账的严格规定，此举使其陷入了财务困境。杜莎夫人虽然是移民，是一位带着年幼孩子、没有其他生活来源的单身母亲，但她在蜡像博物馆行业和历史上取得了显著的成就，并留下了深刻的印记。她拥有蜡塑手艺，并选择赌上自己的一切，接受每年不断搬迁和长时间工作的生活。她甚至不得不让年幼的儿子去工作。她还得想方设法在社会上立足，为此她编造了一个在凡尔赛宫生活过的故事，以此引起公众的兴趣，并在英法两国的王室成员相继去世、无法否认她荒唐的说法时继续美化自己的故事。杜莎夫人不知疲倦地努力规避当时社会和法律对女性与移民的限制。

杜莎夫人的故事与许多外来企业家的经历相似,他们创建和经营企业的方式遭到社会的质疑或者面临特别严峻的挑战。我还有成千上万个其他例子,有些非常著名,还有一些只在其所在时代具有知名度。沃克夫人(Madame Walker)便是一位知名度当今犹存的人物。她故意以惹人注目的方式推销护发产品,并进行公开炫耀性消费,这种行为在以前被认为有损女性体面。雅诗兰黛(Esteé Lauder),原名约瑟芬·斯特拉·门策(Josephine Estella Mentzer),来自一个移民家庭,曾因是发廊女工而遭到侮辱,后来她改了名字,并根据欧洲贵族文化中的神话,建立了一个庞大的化妆品帝国。

九、持久的影响

打破束缚的另一种重要策略是选择迁移到限制较少的地方,以摆脱社会、法律和创业约束。移民企业家大胆地离开朋友和家人,前往机会更多的地方创办企业。其中许多人移民到成熟的移民聚居区,也有一些人在没有任何支持的情况下创建了新的聚居地。

外来企业家在社会中学习如何致富,打破了当前的限制,为后来的外来企业家创造了新的机会,从而改变了其所在的社会。外来企业家还将新的技能和产品带到世界各地,这种力量扩大了创业集群在全球的分布规模,进一步加速了创业创新周期。因其特权地位,社会中的特权男性更容易接触到新的重大商业创新,并从中获得相应的优势,但外来企业家能够更加迅速地传播知识和技能,将这些创新带到更广泛的群体中,从而产生更大的影响力。

第四章

风险投资家

进行长期投资并将财富翻倍的人，会获得太阳神沙玛什①的青睐，因此延年益寿。

——《古代巴比伦的沙玛什赞美诗》，公元前 1900 年

创业创新周期令人振奋，它引发了巨大的变革，并催生了颠覆性的社会创新成果，受到大众的热切追捧。创业创新不仅促进了大量价值的创造，还催生了一个充满活力的创业集群。该集群会随着竞争的加剧而快速调整方向，每个成员都会竭尽所能保持竞争力。通常，围绕这些活跃的创业集群会出现高度专业化的集群，旨在加速它们的发展速度。这个专业化的元集群为创业集群成员提供资源，帮助他们比竞争对手更快地利用创业创新周期的成果，获得更多的价值，从而实现共赢。

本章重点关注这些高度专业化的企业家。如今我们称他们为"风险投资家"，但这种类型的企业家在历史记录中早已出现，并且

---

① 沙玛什是巴比伦的太阳神和正义之神。——译者注

在所有的经济体系中都可以看到他们的身影，因此"风险投资家"这个术语或许能更准确地反映历史事实。话虽如此，在此我将用"风险资本家"①一词来强调古今实践之间的直接联系。

在扩大供给和需求以及简化运营方面投入资源可能会带来丰厚回报。当供不应求时，需要扩大供给，这会产生规模经济效益，加速利润的增长。而当供过于求时，需要扩大需求，则会导致价格、销量上涨，从而也加速了利润的增长。而简化了运营方式的企业家会比竞争对手发展得更快，消耗的资源也更少，这意味着他们在集群中享有比其他人更大的规模经济效益。因此，创业创新周期为那些在供给、需求和简化创新方面领先的企业家带来了显著的优势。

扩大规模离不开资源投入，这个过程离不开资金或资金等价物。因此，在快速发展的创业集群中，无论是基于自己的创新还是积极地模仿他人的创新，雄心勃勃的企业家往往希望与提供资源以促进业务发展的人或组织合作。他们自愿或被迫承受附加条款所带来的压力，以获得额外的资源。在过去的4000年里，风险资本家在加速许多创业创新周期方面发挥了关键作用，当他们认为某些集群成员能够利用其资源更快扩大规模时，便为他们提供融资，从而为双方创造了更大的财富。

一、公元前的风险资本家

大约公元前1900年的某天发生了一件值得庆祝的事情，有7个

---

① "风险资本家"（Venture Capitalist，简称VC）是指那些有组织地进行募集、管理风险资本，寻求、挑选投资项目，投资并监督、扶助风险企业的人。——译者注

人共同见证了某份法律文件的签署，这份文件以楔形文字的形式刻在石板上。这是一份协议，其中规定至少有14个人将黄金投资到阿穆尔 – 伊什塔尔（Amur-Ištar）经营的企业（可能还有其他一些投资人，但我们无法读懂石板后面的几行内容）。他全权负责建立一家长途贸易企业，根据需要将30多美纳（约15千克）黄金投资到企业建设中。4 000年前，人们很可能为此进行了大肆庆祝，即便到了今天，签署这样具有重大意义的协议也是值得庆祝的。

阿穆尔·伊什塔尔生活在美索不达米亚上游的亚述。他可能十分了解产品出口到土耳其的价格，因为他出身于一个商业家族，经常听到关于组建和管理商队问题的讨论。他或许曾跟随商队到过卡内什，这是一个数百名亚述商人常驻的主要贸易站点，需要6周的时间才能到达。他可能还在亚述和卡内什观看过许多关于锡、纺织品和其他稀有、贵重商品的激烈谈判。当交易完成时，他甚至可能已经亲自领导过几支商队了。

阿穆尔终于准备好成立自己的贸易公司，他需要资金购买数十匹精心培育的驴、鞍具以及准备出口的商品。当时，亚述和安纳托利亚（Anatolia）（今天的土耳其）之间的锡与纺织品贸易繁荣兴盛，其发展主要受到三个因素的制约，即周转资金（古亚述语中的"be'ulātum"）、驴子的供应和有经验的商队企业家的领导能力。有经验的亚述商人会鼓励和培训其亲戚或亲信成为独立企业家，从而分享利润。当一个人感到自己已经准备好经营贸易企业时，他或者她（占少数），可以向家人、朋友以及其他知名人士寻求投资。

在古代美索不达米亚，有限合伙企业（即合伙人的损失不会超过其投资价值）被称为"纳鲁库姆"（Naruqqum），源自"麻袋"

（sack）一词，意为"一袋贵重物品"。在亚述，这些合伙企业的合作关系一般是在 10 年左右，而阿穆尔 – 伊什塔尔将其合作期限定为 12 年。在列举完见证人和投资者之后，楔形文字协议中还明确规定，如果阿穆尔的有限合伙企业的总利润超过其投资金额一定比例时（一般为 2/3），那么阿穆尔将获得其所管理基金 1/3 的利润。协议的最后三行声明，如果任何投资者在 12 年期满前要求退还其投资资金，他们将失去其利润份额。

在许多美索不达米亚城邦国家中，这种有限合伙企业的结构都是类似的。合作期限可能更短，有限合伙人的数量有时超过 50 个。如果负责管理该基金的企业家去世，合伙企业就会解散。而纳鲁库姆的投资可以继承，这表明在投资者去世后，继承者可以继续持有投资及其权益。这种合作伙伴关系在亚述的富商中很受欢迎。例如，我们了解到有一位名叫普苏 – 肯（Pušu-ken）的知名商人，至少投资了 8 个纳鲁库姆，在他去世后资产都分配给了孩子。

纳鲁库姆和现代风险投资基金之间有着惊人的相似之处。在我们这个时代，典型的风投基金由一位一般合伙人（现代的阿穆尔 – 伊什塔尔）组建，他负责将有限合伙人的资金进行为期 10 年的投资。在有限合伙人能够获得预定最低回报的前提下，一般合伙人通常有权获得其基金利润的 20%。在基金的 10 年有效期内，一般合伙人还将每年获得 2% 的管理费用，这相当于又获得了近 1/3 的基金报酬，实现了收入翻倍。

但古今存在显著的区别：在古代美索不达米亚，总经理直接管理他所投资的企业。而今天，风险投资公司的一般合伙人通常会请别人来管理他们孵化的初创企业，尽量避免因各种盈利计划的细枝末节分散了注意力。在美索不达米亚，像阿穆尔 - 伊什塔尔这样的投资基金经理会非常注重亲力亲为，从而让普苏 - 肯这样的有限合伙人免于日常事务的烦扰。

美索不达米亚的企业家还可以通过有息贷款来筹集资金。他们利用这些贷款来筹集运营资金，购买更多的产品进行出口或者满足短期现金流需求。贷款利率很高，通常是 20% 或更高，因此企业家无法依靠贷款来创办持续一年以上的企业。自有历史记录以来，企业家一直避免依靠高利贷来创办企业。在过去的 4000 年里，主要的贸易商和商人通常倾向于以长期股权投资的形式为企业筹资，直到如今，全球各地的企业家创立了数百万家有限责任合伙公司，也多是采取这样的筹资形式。

二、可替换合伙人

在阿穆尔 - 伊什塔尔之后又过了 2000 年，罗马决定修订从美索不达米亚时代传承下来的合伙人法律。罗马希望企业家能够承担比以往更昂贵的长期项目，如运营征税系统。这种税收承包业务，即私人代表统治者和政府进行征税，在古代美索不达米亚早已存在。从古至今，许多文明都依赖于税务承包商。例如，政府通常会把汽车税的征收外包给私营企业。由于税务承包租约涉及巨额资金而备受企业家追捧。但即使你在高层有关系网，也需要有大量资本才能有机会赢得该业务。税务承包商不仅需要将大部分计划征收的税款预付给国家，还必须承担所有与收税相关的成本和风险。如果他们收税金额超过租约金额，他们便能从中获利，但如果收取的金额不足以覆盖租金，他们就得自己承担亏损。为了获利，税务承包商必须投入大量时间和资源，建立征税流程，以收集大量人口应缴税款。由于企业家必须预付大量资金，税务承包租约通常会延续多年。罗马通过拍卖其租约实现收益最大化，这表明它积极支持企业家努力筹集更多资金。

由于税务承包商对罗马财政收入贡献很大，于是立法者决定授予他们特殊的法律地位和权利。我们只是偶然了解到这些特殊法律的详细内容。1976年，在现今的土耳其境内，对古代港口城市以弗所（Ephesus）进行考古挖掘时，一块被用作古代天主教堂台座的大石头被移动，从而在其正面发现了一段模糊的铭文。这段铭文源自公元62年，内容涵盖了一部已经施行了100多年的法律，该法律详细规定了税务承包企业在港口收取进出口税的权利和义务。这块石头现被称为"艾菲索斯纪念碑"（Monumentum Ephesenum），是学者们竞相研究的对象。其中一组学者根据它研究罗马的法律和税收，另一组学者则据此研究现代公司的起源。

除了长期以来管理合伙企业的一般法律规定外，这部法律还包含两个重要条款。第一，企业的存续不与特定的个人有关，即使普通合伙人去世，税务承包企业也无须解散。投资者有权选择适合的人来承担责任。第二，由企业指定的个人可以代表企业行事，就好像企业是一个独立实体一样。因此，普通合伙人既要对投资者负责，又要对资金负责。只有直接与他签署协议才会在法庭上得到认可。

现在的罗马法庭承认代表普通合伙人行事的协议。投资者可以买卖他们的利润份额，而无须解散企业或撤回任何初始资本。

这些关于合伙企业的特别法律规定与现代公司的大多数属性相

似。这部法律似乎起到了良好的作用,因为许多富有的罗马公民建立了公司,代表政府征收巨额税款。我们怀疑,类似的法律也适用于其他资本密集型创业企业,如那些兴建大型建筑的企业。

在中世纪,中国法律允许投资者在不解散企业的情况下出售他们的利润"份额"。这些公司被称为"合本"①。它们可能最早兴起于唐代,但直到宋代才发展起来。到唐代末期,也就是纸币开始广泛流通的时期,中国的企业家和商人对货币与资本的作用有了深刻的认识。前面提到的《清明上河图》中所描述的两个企业可能就是合本企业:一家是主街上的多层客栈和酒馆;另一家则是丝绸之路进出口公司,位于城门附近,有4峰骆驼装载货物准备启程。当社会鼓励和支持大型长期企业时,合伙制就会演变成类似于公司的企业。

三、人人皆可投资

在1552年,生活在英格兰的富商们郁郁寡欢。当时的一位著名商人托马斯·埃奇(Thomas Edge)写道:"葡萄牙人和西班牙人每年都从印度带回来大量财富,享誉欧洲,(英格兰商人们)很受刺激。"

除了纯粹的忌妒之外,英格兰商人还因为其主要出口市场崩溃而感到困厄:与两年前(1500年)相比,羊毛出口减少了36%。商人们希望政府提供援助,但当时的统治者爱德华六世(Edward Ⅵ)还只是个孩子。枢密院对此非常担忧,于是任用更有决断力的约

---

① "合本"(ho-pen)是古代的一种说法,性质上属于"合伙",即一种协议形式的契约关系,唐宋时期已经盛行。唐代张建《算经》有"合本治生"的记载,宋代时,合伙往往被称为"连财合本"。——译者注

翰·达德利（John Dudley）担任王国的摄政者。达德利是第一代沃里克伯爵（First Earl of Warwick），曾在亨利八世（Henry Ⅷ）统治下担任海军上将。虽然当时长途贸易被两个伊比利亚王国垄断，但他希望英格兰商人阶层能主导远洋航海活动。

为了实现这一目标，达德利招募了塞巴斯蒂安·卡伯特（Sebastian Cabot），并请他移居到英格兰。卡伯特是西班牙海军领航长，同时也是当时最有经验、知识最渊博的水手之一。卡伯特负责组织西班牙的船队装备和海上船长的培训工作。卡伯特出生于威尼斯，但他在青少年时期大部分的时光都是在英格兰度过的。他的父亲是著名航海家约翰·卡伯特[①]，当时正效力于亨利七世（Henry Ⅶ），为英格兰探索新领土。1497年，约翰·卡伯特为英格兰占领了纽芬兰岛。塞巴斯蒂安很可能也跟随父亲参加了那次探险。

塞巴斯蒂安渴望成为比他父亲更著名的探险家（约翰·卡伯特去世后，塞巴斯蒂安声称发现纽芬兰的全部功劳都归他），但亨利八世对探险并不感兴趣。卡伯特对北大西洋"鳕鱼岛"附近的丰富渔业资源了如指掌，斐迪南对他大加赞赏。1512年，斐迪南二世（Ferdinand Ⅱ）任命塞巴斯蒂安为西班牙领航长。这位雄心勃勃的年轻人毫不犹豫地离开了英格兰，直到36年后（1548年），西班牙的政治局势对他不再有利，他才决定返回英格兰。

随着羊毛布市场的崩溃，几位英格兰知名商人找到卡伯特，希望集中商人们的资源成立一个公司，利用他的专业知识和领导力去寻找

[①] 约翰·卡伯特（John Cabot）是一位威尼斯探险家和航海家，1497年为亨利七世航行到达今天的加拿大，他却以为到了亚洲的东海岸，英国根据他的报告宣称，北美大陆属英国所有，为以后英国的殖民主义活动打下了所谓的"合法"基础。——译者注

传说中通往印度的北方航道。他们提出了一项极具雄心的创业计划，并邀请卡伯特负责管理和经营初创公司。尽管西班牙和葡萄牙拥有数十艘舰船组成的贸易船队，但这些船只的所有权和支配权都属于皇室。从亚洲或美洲运回的一切也都归国王所有，而不属于任何一个商人。国王会在每次航行结束后拍卖战利品。当英格兰商人提议成立一家国际私营企业时，卡伯特毫不犹豫地接受了这个提议。

在当时的欧洲，公司这个概念已经相当成熟。通常统治者或政府将有价资产（如矿产）的特权或贸易垄断权授予某些组织，作为交换，这些组织在行使特权时必须维护统治者的最佳利益（涉及向君主提供贷款并支付大量的税款）。在英格兰，这些公司以大型合伙企业的形式运作，其中公司的每个成员都可独立行动，但要遵守公司管理机构制定的规则。鉴于企业的规模，卡伯特及其支持者决定采用一种不同于传统合伙公司的形式组建新公司，也就是成立一家联合股份制公司。他们认为，公司需要作为一个统一的整体运作，所有成员共同拥有和分享公司的资产，为此，公司成员需要委派负责人来管理它，以实现所有成员的最佳利益。成员通过类似股东大会的方式来行使对公司的控制权，并选举代表成立董事会。负责经营的人可以是投资者，也可以是"公司雇员"——实际上相当于带薪雇员。这种联合股份制意味着投资者对公司资产拥有一定比例的所有权。通过引入联合股份制，在大量投资者参与的企业中，首次实现了部分所有权的简单便捷交易。

卡伯特招募了一位备受尊敬的将军、英格兰经验最丰富的航海家理查德·钱斯勒（Richard Chancellor），并迅速为三艘船配备了装备和物资。他们急于出发，甚至没有等到爱德华六世在皇家特许状上签字。不巧的是,年幼的爱德华六世在签署特许状之前去世了。遵照已故国王的遗愿,约翰·达德利将爱德华六世的表妹简·格雷①夫人推上了王位,取代了爱德华同父异母的妹妹玛丽②。然而,仅仅九天后,玛丽一世就废黜了简,并处决了卡伯特的资助者达德利。但卡伯特的麻烦并未就此结束。钱斯勒的船与另外两艘船失去了联系,在冬天来临之前,最终抵达了现今俄罗斯的阿尔汉格尔斯克。而另外两艘船在冰封之际停在了拉普兰(Lapland)海岸,船员们全部丧命。

在俄罗斯,钱斯勒与当地村民取得了联系,村民们将这些访客的消息上报给了伊凡四世(又称"伊凡雷帝")。钱斯勒来得正是时候,因为俄罗斯四面环敌,很难与欧洲开展贸易,尤其是军火贸易。伊凡邀请钱斯勒访问莫斯科,并表示允许英国商人在俄罗斯全境享有"自由贸易权利和所有自由权利"。

作为回报,伊凡想要英国的大炮和刀剑。冰雪一退,钱斯勒立即返回英格兰,并对寻找直接通往东印度群岛的北方航线失去了兴

---

① 简·格雷(Lady Jane Grey, 1537—1554)。都铎王朝的第四位英格兰国王及第三位爱尔兰国王,在位仅仅九天,是英国历史上首位被废黜的女王。1553 年,英格兰国王爱德华六世去世,因为政治和宗教原因,简·格雷被推上了英格兰女王的宝座。同样也是因为宗教原因,英国议会废黜了简·格雷的王位,并拥立玛丽一世为女王。最终,简·格雷在伦敦塔内被秘密处死,时年 16 岁。——译者注

② 玛丽一世(Mary I, 1516—1558),都铎王朝的第五位英格兰国王及第四位爱尔兰国王。她的父亲是亨利八世,母亲是凯瑟琳王后(阿拉贡的凯瑟琳),丈夫是西班牙国王腓力二世。玛丽一世在其同父异母弟弟爱德华六世死后,废黜并处死了继任的简·格雷。1553 年 10 月 1 日,玛丽一世正式加冕成为英格兰的女王。玛丽一世是极其虔诚的天主教徒,即位后在英格兰复辟罗马天主教(旧教),取代她父亲亨利八世提倡的英国新教。为此,她下令烧死约 300 名反对人士。于是玛丽一世被称为"血腥玛丽"(Bloody Mary)。后来,"Bloody Mary"在英语中就成了"女巫"的同义词。——译者注

趣。回到英格兰后，钱斯勒得知之前被放逐的玛丽一世重新登上了女王之位，特许状从未签署，公司的主要支持者也已被处决。

卡伯特是一位经验丰富的大洋航海家和政治家，他没有受到达德利一伙覆灭的牵连。1555 年，他与钱斯勒经过谈判获得了新的皇家特许状，玛丽准许他们的公司垄断斯堪的纳维亚半岛北部地区所有的贸易。他们同意将公司命名为"英格兰商人冒险家公司"，旨在发现不为人知的土地、领土、岛屿、领地和封地，而非之前频繁从事海上探险或航行的公司。

人们把这个公司称为"俄罗斯公司"或"莫斯科公司"。卡伯特终身担任公司领导，该公司拥有 199 名男性和 2 名女性成员，代表了当时规模最大、投资者群体最多样化的商业企业。投资者中还包括一些枢密顾问和其他贵族成员。他们并不是商人，而是纯粹的投机者，他们自己与俄罗斯没有任何贸易往来。政治家投资企业是前所未有的。自从第一批城市企业家出现以来，政治家接受企业家的"馈赠"已成了惯例，但邀请他们成为企业家联盟的一员，并明确他们将承担的投资风险却是一件新鲜事。投资者对初创企业的态度发生了变化。在股份制结构下，投资者无须亲自投入时间和精力参与企业的经营管理以获取利益，这也是政治家从不感兴趣的事情。现在，投资者可以自行决定是否积极参与企业的经营，企业也不再需要投资者亲自管理。

四、陌生人的资金

不出所料，那些创立海上贸易企业的企业家形成了一个集群。

该集群主要集中在英格兰的港口城镇和新独立的荷兰共和国的港口。英格兰的企业通常采用俄罗斯公司首创的股份制结构，并寻求皇家特许状和贸易垄断权。荷兰人则主要采用没有官方特许状或垄断特权的合伙制结构。该集群中远方公司①和新布拉班特公司②等荷兰企业的成功，证明了企业家如果能够避开西班牙和葡萄牙，就能从与亚洲和美洲的贸易中获利。弗朗西斯·德雷克爵士（Sir Francis Drake）和沃尔特·雷利爵士（Sir Walter Raleigh）等更为激进的英国企业家则以行动证明，他们可以征服西班牙和葡萄牙船队，抢夺其宝藏带回自己的国家，并为投资者带来巨大回报。德雷克的航行收益几乎产生了近50倍的投资回报。击败西班牙无敌舰队后，更多的私掠船主寻求伊丽莎白女王的许可，前往东、西印度群岛寻找满载黄金、白银和香料的西班牙与葡萄牙船只。

荷兰和英国航海企业家们蜂拥而至，并密切关注彼此的成败得失。到了1602年，荷兰共和国领导人开始担心，他们大力支持的从事东印度航海贸易的企业家如果仅仅依靠独立融资，就会在与英国皇家特许经营的东印度公司竞争时处于劣势。荷兰领导人还担心，为争取到寥寥可数的熟练船员和造船工人而采取日益激进的贸易策略，最终可能会削弱国家的综合竞争力。

在1602年，荷兰共和国的高级官员召集了从事远东海上贸易的荷兰企业家，并说服他们联合起来成立一家统一的贸易公司。为

---

① 远方公司（Long Distance Company）是荷兰最早的海外贸易公司，1595年和1598年，科内利斯·德·豪特曼先后两次率该公司船队到东印度。从而打破葡萄牙人对东方贸易的垄断。1602年并入荷兰东印度公司。——译者注

② 新布拉班特公司（New Brabant Company），也被称为"布拉班特公司"或"新公司"，是荷兰东印度公司的前身。——译者注

了激励他们，荷兰授予这家新公司在东印度群岛21年的贸易垄断地位。这家公司在荷兰以外的地区被称为"荷兰东印度公司"（Vereenigde Oostindische Compagnie），或简称为"VOC"。该公司是一家股份制公司，为了使其拥有足够的资本与英国和葡萄牙竞争，荷兰政府允许该公司接受来自"这些土地上所有居民"的投资，且不限定最低或最高投资额。由于这一开放政策，来自各行各业的1 143名投资者投资了这家政府大力支持的新公司。

VOC并非由自主决策的个体创立或经营。依据我们的定义，它不属于创业型企业。然而，它的成功却为后世开创了一个先例。这表明，普通公众是股份制初创公司良好的资金来源。这种创新得到了当时企业家们的重视，激发了一大批企业家帮助同行从公众那里筹募资金。VOC的成功也向投资者表明，公司可以成为良好的投资对象。

五、投资初创公司

到了17世纪末，英国的企业家们已经找到了在没有议会许可的情况下成立联合股份制公司的办法。除了那些需要议会特许独家贸易或制造权的企业家外，企业家只需起草类似于招股说明书的文件来描述公司的状况，并向有资本的人出售股票。这一转变的关键在于出现了一批企业家，他们致力于促进股份制公司股票的买卖，从而形成了一个专为投资者提供买卖股票服务的创业集群。在英格兰，他们被称为"套利商"（Jobbers），专指股票的"购买者和转售者"。由于买卖股票在当时并不是一个既定行业，因而不允许套利商们在新皇家交易所的场地内买卖股票。他们转而聚集在街对面，在乔纳森（Jonathan's）和加拉韦（Garraway's）两家咖啡馆内进行交易，这里后来被称为"交易巷"。交易巷并非一条狭窄的小巷，而更像是一个由通道和死胡同组成的迷宫。在某些地方，它最多只能容纳 7 个人肩并肩站立。交易巷一直存续至今，现改称为"变革巷"（Change Alley）。尽管其地理位置不起眼，但却是见证企业家创业资金筹募方式发生重大变革的核心地带。

在那个年代，5% 的投资回报率人们就可以接受，然而交易巷提供了一次机会，即投资初创企业有可能获得资产的巨幅增值，这吸引了许多人前往交易巷了解最新的创业公司，寻找投资机会。随着商人阶层的扩大以及文员、律师和医生等专业人士的增加，他们的个人资产也在不断增长。除了土地和新成立的英格兰银行发行的政府债券之外，人们希望将新增财富投资于其他资产。许多人听说过，威廉·菲普斯（William Phips）爵士的西印度群岛贸易公司的股息几乎是股票原价的 500 倍。交易巷的套利商们了解所有股份公司的最新股价，并乐于与投资者分享最新的小道消息。

在投资者乐观情绪的推动下，企业家争先恐后地成立初创公司。英国在加勒比地区和北美的殖民地发展迅猛，各种物资需求旺盛。燃煤炉子的发明使从玻璃到啤酒等各种主要商品的生产发生了革命性的变化。英格兰人口正在增长，许多家庭中的小儿子也都准备建设新农场和住宅或开设商店。人口增长的同时也有更多的人逝去，由此激发了一些企业家提供殡葬服务。房地产投机商和代理商成立公司，出售股票，进行大规模的房地产开发。当时典当行和沉船打捞公司特别兴旺，吸引了许多投资者。

其他企业家也采用了如今科技企业家常用的模式：先获得专利，然后再筹募资金来生产这些发明。许多企业家成立了创业公司，并推出了多种面向市场的创新产品，如萨维里（Savery）的蒸汽泵、泰扎克（Tyzack）的防盗报警器、普克尔（Puckle）的机关枪、奥斯汀（Austin）的防弹战车和萨顿（Sutton）的防水产品等。因为企业创始人常常将项目卖给别人，又被称为"项目推销员"（projectors）。在套利商的帮助下，项目推销员说服众人相信，投资创业公司是一个千载难逢的机会，回报远大于风险。

随着创业公司数量的不断攀升，套利商便通过雇用职员扩大企业规模。交易巷人山人海，以至于扒手猖獗。由于创业公司能快速形成、增长迅速，人们开始将其称为"泡沫"（此时还不是"泡沫易破"的贬义）。理发店和茶馆也在附近开张营业，满足女性投资者的需要。人们投资热情高涨，颇有腾云驾雾之感。其中一份招股说明书描述了一家企业"所经营业务极具竞争优势，但无人知道具体是做什么"。该公司以每股 100 英镑的价格，发行 5 000 股股票，募集 50 万英镑的投资。每股的年股息预计为股价的 100%。投资者只需要首付 2 英镑，并在一年内支付其余部分。尽管这个说明书含糊不清，但套利商第一天就收到了 1 000 笔定金。第二天，办公室就关门了。那位套利商在前一天晚上就已经逃往欧洲大陆。尽管这是一个极端的例子，但当时大多数创业公司都倒闭了，许多投资亏损的人都或多或少有上当受骗的感觉。

1697 年，一个议会委员会谴责了套利商的"恶劣"行为。但议会议员也是富人，他们也想有这样的投资机会可以赚取超过 5% 的利润，所以他们并不想完全停止新股的流通。相反，他们颁布了一项法律，要求套利商向政府注册登记，并限制他们的数量。此举使得套利商队伍更加强大，因为他们再也无须担心新业务的竞争。注册套利商因此享有更高的合法地位，投资者也更加放心。企业家们欣喜若狂。合法化的套利商维持了股票市场的稳健。到了18世纪初，英国的产品和金融创新已成为欧洲其他国家渴望效仿但无法企及的标杆。在18世纪头十年结束时，纸币只在英国（英格兰刚刚与苏格兰合并）、荷兰、瑞典、威尼斯和意大利的热那亚（Genoa）流通。在其他地方，任何有价值的东西都需要使用硬币购买。欧洲企业家需要迎头赶上英国的发展步伐。

六、法国的风险资本家

苏格兰人约翰·劳（John Law）坚信，其他国家可以在金融创新方面超越英格兰。他的父亲是一位成功的金匠和放贷人。在以贵金属为标准货币的年代，劳对价值的复杂性有着异常清晰的认识。劳在数学方面也很有天赋，十几岁时就精通代数，而当时大多数人在大学里才学习这门高级科目。劳成年后并不想继承家业，便搬到伦敦，过上了绅士的生活。他很快因"放荡不羁"而臭名昭著。

在17世纪的最后几十年，赌博是欧洲富人最喜欢的消遣方式。劳长相英俊、风度翩翩，又喜欢下大赌注，英格兰年轻的精英们便邀请他参与赌博。他吃喝嫖赌，整日无所事事，很快就输光了全部遗产，之后不得不向他的寡妇母亲求助以免遭牢狱之苦。这种个人的耻辱使劳的行为发生了转变。他既不想失去剩下的那点儿钱，又不想放弃赌博和奢华的生活，于是便想到了一种创业的方法。他开

第四章 ◆ 风险投资家

始深入研究赌博。虽然概率是崭新且鲜为人知的领域,但他的数学天赋让他觉得研究概率既有趣又有益。由于他现在知道了赔率,而那些和他一起赌博的人却不知道,他的财务状况迅速好转起来。

这是一个经济动荡的时期,议会讨论了各种减少国家战争债务的方案。这些关于彩票和银行通过提供信贷来促进经济增长的辩论吸引了劳。1694年,英格兰银行获得皇家特许,成为一家股份制银行,并在皇家财库的支持下,垄断了银行票据的发行。劳对此非常关注,他发现随着银行票据(等同于我们现在所说的纸币)的流通,伦敦的经济活动迅速增长,缓解了以前受限的货币供应。

然而,1695年,由于劳在决斗中杀死了一位年轻绅士,他的生活发生了意想不到的变化。通常,国王都会将生还决斗者的死刑改判为流放,但由于死者社会背景强大,国王并未批准对劳的减刑。幸运的是,劳也有身居高位的朋友,他们帮助他成功越狱并逃往欧洲,从而救了他一命。

在欧洲,这位相貌堂堂、和蔼可亲、豪掷千金的赌徒很快就结交了有外交关系的赌场精英,从而得以随心所欲地周游各地。他访问了阿姆斯特丹、热那亚、巴黎和威尼斯等地,了解了那些持有不同货币理念的国家的经济状况,并掌握了第一手资料。他在高层社交圈中的人脉关系还使他有机会直接与政府和银行要员讨论货币政策。

在接下来的20多年里,劳不仅通过赌博积累了财富,也积累了丰富的经济知识。他逐渐完善了自己的经济"体系"。这个体系的核心是成立银行,按固定比例发行由黄金支持的纸币。劳认为,政府发行的纸币价值是手头黄金的四倍时,持有人仍会觉得他们的纸币价值如同黄金一般。这些纸币将取代个人欠条,并自由流通,没有人会质疑或贬低它们的价值。随着更多以黄金为后盾的纸币流通起来,人们会感到更加富裕,从而促使更多地消费。劳是最早理解信贷和银行储备之间关系的人,他在几本小册子中描述了这种关系,并将其送给欧洲各国的经济部长。政府官员认为劳的想法很新颖,但过于激进,难以实施。当时大多数经济部长关注的并非整体经济繁荣,而是如何筹集资金满足皇室奢侈生活的需要。

1715年,劳的体系终于引起了一位重要人物的关注——法国国王路易十四(King Louis XIV)的侄子,奥尔良公爵(Duke d'Orleans)。路易十四去世后,其幼小的曾孙继位,奥尔良公爵便成了摄政王,面对法国国库几近空虚的尴尬窘境。摄政王试图说服大臣们接受劳的建议成立法兰西银行,但未能成功。劳是一位敢于冒险的企业家,为消除所有反对意见,他提出了自己出资成立银行的方案。法国当局最终接受了他的提案。

通用银行(The Bank Générale)很快开业,地址就设在劳的住所底层(即现在的旺多姆广场)。法国报纸对此进行挖苦讽刺,小道消息满天飞,媒体和公众都认为劳很快就会破产,但事实证明,在购买有价值的商品时,银行的纸币是风险最低、最省时、最省力的支付方式。看到政府毫不质疑地接受纸币的全部面值,商人和纳税人也开始接受用纸币付款,并开始将金银存入银行。仅一年的时间,就连怀疑论者也承认,劳的银行增加了货币流通量,促进了整体经济活动。

尽管劳的银行使法国商人情绪高涨,但它并未减轻王室的巨额债务。相对于英国和荷兰的竞争对手而言,法国的经济状况导致企业家们不愿承担风险，而且资金也相对不足。1715年底，劳提出了一个宏大的计划，旨在吸引公众投资法国的创业企业。劳预测，公众对法国创业企业的投资将给国家带来极大的繁荣。为了吸引犹豫不决的法国人投资创业企业，他提议公众可以使用濒临破产的政府发行的贬值债券购买企业股份，并按照债券实际面值认定价值。他认为此举会吸引法国中产阶级投资创业企业，同时极大地减少国家的利息负担（因为他的创业公司将以更低的利率偿还债务）。尽管遭到了忌妒的大臣和无能议会成员的反对，摄政王还是批准了这项计划。

为了推动他的风险投资计划，劳想方设法获得了一份特许状，该特许状是路易十四原本授予冒险家的，目的是探索和开发密西西比河及其周边地区的财富。这份特许状曾在三人中易手，但都没能产生任何实质性收入。就像英国人、西班牙人和葡萄牙人从美洲土地上获得了财富一样，劳坚信密西西比地区也蕴含着巨大的财富有待开发。他设法使所有者把特许状出售给他，然后重构了特许状的内容和条件，并建立了一家股份制公司——西部公司（Company of the West）。公众习惯于称其为"密西西比公司"（Mississippi Company）。为了给密西西比公司的发展筹集资金，劳提议以500里弗①的价格出售20万股公司股票，总额为1亿里弗。这是当时任何一家公司都难以想象的巨额资本（1里弗相当于1磅银，足以支付一年的非技术型劳动力的工资）。由于法国公众还不习惯于投资股票和股份制公司，对此仍心存疑虑，最终他们只购买了30%的股票。

---

① 里弗（Livre），古时的法国货币单位及其银币。

为了巩固他的政治和经济实力，1718年，劳成功地提议将他的银行出售给皇家财政部，并改名为"皇家银行"（Banque Royale）。作为一家政府银行，它可以印刷纸币，"正经八百"地支付劳出售银行的费用。该银行随后可以使用法国国库中剩余的黄金作为储备金，扩大黄金的经济影响力。劳仍然是银行的领导人，也因此正式成为政府成员。这次出售使劳能够投入更多精力，积极地推动其风险投资组合中的一家公司发展。他需要使密西西比公司更具吸引力，以便公众更愿意持有公司股份。这份固执转移了他的注意力，没有实现公司投资组合多样化，降低风险。作为一个有经验的赌徒，劳了解分散投资风险的好处。无论他是认定密西西比公司稳赚不赔，还是故意选择性忽略最优做法，结果都证实他做了一个错误的决定。

为了让密西西比公司的股票更具吸引力，劳开始疯狂地收购垄断权。他很快便购买了塞内加尔（Senegal）的产品和奴隶的垄断权，并将他们输送到法国殖民地，以换取在法国销售烟草的垄断权。尽管法国在东西印度的贸易量很少，他随后又购买了破产的法国东印度公司，以确保几乎所有法国贸易在东西印度的垄断权。为了筹集更多的资金以实现进一步扩张，他大胆地宣布，将以每股500里弗的价格向公众出售5万股股票，即使现有股票的交易价格低于此价位。新股只能用纸币或硬币购买，不能用折价的国债购买。金融界对此嗤之以鼻，再次预测劳即将面临灭顶之灾。当股票开始上市交易时，劳公布了最终的细节：投资者可以按股票10%的首付款来购买股票，剩余部分可以分期支付。实际上，任何人都可以按股票价格的90%来零利率购买股票。他们甚至可以在支付第二笔分期付款之前出售股票。唯一的限制是，每个"母股份"持有人只能购买4

股新的"子股份"。公众终于开始关注密西西比公司。在短短几个月内,股价飙升到1000里弗,密西西比公司的价值增长到了3亿多里弗。

从理论上说,如果摄政王和劳本人循规蹈矩地管理皇家银行和密西西比公司,法国有可能继续繁荣下去,劳本人也会亨通发达。但是他们两人都贪得无厌。他们心想,既然一切都如此顺利,为什么不多捞一些呢?虽然劳仍是法国皇家银行的负责人,但不再是银行的所有者,也不再严格控制纸币的印刷量。随着公众购买股票的兴趣高涨,人们竞相筹集现金。为了鼓励信贷的全面发展,劳和摄政王允许现有投资者和未来投资者依据其股票升值的价值来借款。皇家银行很乐意以比黄金储备增长速度更快的印钞速度来支持人们追求这些新财富。只要公众对银行和密西西比公司有信心,股票价格就会持续上涨,印钞机也会继续运转。

为了鼓励公众购买更多的股票,劳买下了法国皇家铸币厂和全法国的包税合同。现在,密西西比公司控制着法国的货币供应链和长途贸易。股票价格飞速上涨,人们可以借更多的钱来买更多的股票、珠宝、房产和各种奢侈品。密西西比公司还委托建造并装配了全球最大的商船队。然而,此时谣言四起,传言美洲和印度根本没有足够的货物来装满这些船只。其中一些谣言是由劳的朋友和合伙人理查德·坎蒂隆散布的。他是一位爱尔兰裔法国银行家(前面提到的"企业家"一词的创造者)。坎蒂隆的兄弟被派往密西西比流域寻找传说中的财富,并建立法国殖民地。几个月后,他遭到当地强悍土著居民的袭击,殒命他乡。坎蒂隆则在股票价格达到高峰值10000里弗时卖出了股票,赚了一大笔钱,但此举却动摇了其他投资者的信心。

由于投资者对密西西比公司失去了信心，公司股价开始下跌。成千上万的投资者，无论社会地位如何，都借钱投资于该公司，结果全部亏损。人们开始从银行中提取黄金偿还债务，导致银行储备急剧下降。劳拼命阻止人们提取黄金和白银，摧毁了公众对银行和纸币的最后一点儿信心。这也招致了公众对他的憎恶，并试图处死他。最终，在摄政王的帮助下，劳逃离了法国，但他的妻子和女儿却未能跟随他，从此再也没有见过他。8年后，孤身一人的劳在威尼斯郁郁而终。

从那以后，法国重新开始以黄金作为唯一的货币形式，并禁止成立股份公司。公众在接下来的一百年里不再信任钞票或纸币，也不再投资于创业企业。劳使法国的经济处于比路易十四时期还糟糕的状态。

劳了解储备存款和信贷，但他并不懂得如何通过投资创造价值。他渴望将密西西比公司打造成全能投资基金，但除了建造更多的船只外，他并不知道如何提高其资产的价值。他天真地把一切都押在了法国在美洲的领地上，期望能迅速建立与竞争对手实力相当的贸易。但这些竞争对手在这个领域打拼多年，对局势有着更为深刻的认识。劳的失败使欧洲大陆的经济部长和投资者失去了信心，不敢进一步利用企业家的创新和价值来刺激经济增长。事实上，在整个20世纪，欧洲大部分地区都对企业家精神持怀疑态度。虽然欧洲仍然有企业家，而且很多企业家取得了成功，但他们的规模比美国的小很多，通常只从家人、朋友和其他小范围社交圈子中筹集资金。

七、资本寻找新伙伴

在约翰·劳失败 70 年后,新独立的美国进行了一项更成功的风险投资实验。布朗家族是一个古老的新英格兰商业大家族,主要从事捕鲸业务。他们支持新生代建立独立企业。在许多方面,老一代布朗家族成员成为新生代家族成员的风险投资者。到 18 世纪 80 年代末,家族成员已经成功创建了鲸鱼蜡烛、生铁、鳕鱼捕捞和酿酒等企业。布朗家族向新生代传授了良好的财务管理、客观决策和适当培训的重要性。

1789 年,一位年长的布朗投资了两位表亲所创办的布朗 & 阿尔米公司(Brown & Almy)。他们得知英国的理查德·阿克赖特(Richard Arkwright)棉纺织厂以其高利润和高产量而闻名,因此希望在美国复制这一成功模式,建立并运营第一家美国棉纺织厂。他们购买了一些当地制造的阿克赖特水力纺纱机的复制品,但这些机器无法正常运行。布朗家族意识到他们根本不懂如何开办或管理这种企业。面对失败,他们没有放弃,而是决定投资支持那些拥有相关技能的人。于是,布朗 & 阿尔米公司请求亲戚们帮助寻找这类人才。

到了 1789 年底,他们收到了一位 21 岁英国移民塞缪尔·斯莱特(Samuel Slater)的来信,他曾为阿克赖特及其搭档斯特拉特(Strutt)工作了 8 年。阿尔米与布朗回信表示愿意资助斯莱特 6 个月,以证明他具有建造和运营水力纺纱机方面的技能。他们进一步暗示:"如果这项业务有利可图,我们会扩大它的规模。"斯莱特搬到了罗得岛州的普罗维登斯市,并在 2 个月内建造了一台运转良好的机器，展示了前所未有的纺纱速度。通过此举，这个陌生人最终证明了自己的非凡才能。

1790年4月，阿尔米、布朗和斯莱特达成了一份类似于投资合同的协议。阿尔米、布朗和他们的投资者将出资建造、装备和管理一家高产量、低成本的棉纺织厂。斯莱特会获得"充分而适当的报酬"，并且也将额外获得企业一半的利润。然而，他必须将自己所得利润进行再投资，以偿还布朗&阿尔米公司借给他购买一半股份的贷款。这种结构相当于将创始人的股权分期归属。斯莱特还同意，建设和运营纺织厂将是他唯一的工作。斯莱特在普罗维登斯附近建造了他的纺织厂，并在1793年全面投入使用。尽管他和布朗家族经常写信互相挖苦和抱怨，但事实证明，这家纺织厂取得了巨大的成功。在1835年斯莱特去世时，他早已富甲一方。他的成功吸引了一大批美国企业家效仿其模式，纷纷建立了棉纺织工厂。在不到20年的时间里，新英格兰地区就有了53家纺织厂。

从这一时期开始，构成当代企业家精神的所有重要元素都已经出现了。当时美国刚刚独立，人们抱有创业热情，摒弃了欧洲对于股份公司的偏见，为新型高度竞争性、创新性企业家群体的形成提供了肥沃的土壤。我将另起一章来讲述和探讨这些新型创业集群的行为及其带来的影响。

第五章

争夺新财富的控制权

金钱代表生命中单调的一面，很难堂而皇之地赞美它，但从它的影响力来看，又美得像玫瑰一样。

——拉尔夫·沃尔多·爱默生（Ralph Waldo Emerson），1844年

在美国建国后的100年里，随着新企业的涌现和创新财富的增加，各方势力疯狂争夺这些新财富的控制权，斗争变得更加复杂和棘手。企业家是这个新国家的主要建设者，他们离开英国是为了过上一种没有文化束缚的新生活。这些移民具有自主性，非常擅长创造价值，并积累了丰富的商业经验。在《独立宣言》的签署者中，半数以上都是这些移民商人或第一代大农场主。

美国宪法的制定者有目的地构建了一个不会干涉商业的联邦政府，既能保持州际贸易自由，又能通过颁发专利来鼓励创新和创业。各州可以自由地调节其领土内的商业活动，但由于各州的宪法也是在商人、大农场主和种植园主的帮助下起草的，所以各州宪法中增加的商业限制很少。美国这个新国家的发展主要建立在企业家精神和创新驱动的基础上，在这个过程中，美国的企业家们会制定自己的规则。

企业家

许多富有进取心和决心的人来到美国,期望在此无拘无束地进行价值创造和价值交换,而美国极具独立精神的新文化则为他们提供了温床。这种文化催生了一代擅长捕捉价值、创造财富的杰出企业家。这些完全"美国化"的企业家们还致力于与其他有野心的竞争对手展开激烈竞争,捍卫他们所建立的事业。随着第一代土生土长的美国企业家在相对自由的环境中积累了巨额财富,他们开始就美国竞争的默认规则及其实施细节展开争论。这些企业家深知彼此的贪婪和狡猾。

到19世纪下半叶,随着竞争加剧,一种新的企业形式出现了。虽然企业最初是由企业家创始的,但很快就发展成了一种不再完全受创始人的意愿和决策所左右的结构——公司。到20世纪初,由职业经理人管理并由股东控股的现代公司成为最有效的业务组织方式。虽然创始人和家族主导的公司仍然存在,但专业化管理公司成了主流。这些公司起初是为了保护像科内利厄斯·范德比尔特(Cornelius Vanderbilt)、约翰·D. 洛克菲勒(John D. Rockefeller)和约翰·皮尔庞特·摩根[①](John Pierpont Morgan)这样的企业家所创造的财富而成立,后来此类公司通过保护投资者免受风险的影响,控制了大部分市场份额。企业家设计的现代公司产生了一个始料未及的结果,即在接下来的三代人中,创业企业在融资方面面临更多困难。

---

① 约翰·皮尔庞特·摩根(John Pierpont Morgan,通常称"J. P. 摩根",1837—1913)美国著名的银行家和艺术收藏家,他参与了多家大型企业的创建,其中包括摩根商行、通用电气公司、美国钢铁公司以及AT&T等。——译者注

第五章 ◆ 争夺新财富的控制权

一、黄金法则

美国最成功的第一代本土企业家之一是科内利厄斯·范德比尔特。他因控制了纽约港口的大部分航运业务而被世人称为"船王"。范德比尔特认为，他的成功很大程度上归因于他对协议的坚定遵守。范德比尔特是一个言出必行的人，他非常注重遵守与他人的协议和约定，无论是书面约定还是口头约定。他也会惩罚任何违背协议的人。1866年底，范德比尔特的一位老对手当选为纽约中央铁路总裁，并突然取消了与范德比尔特控制的铁路公司的多项合同。范德比尔特迅速对这种背信弃义的行为做出了公开的回应，给予对手毁灭性打击，此举发出了一个明确的信号，即任何竞争对手都会因对他违约而承担失去全部生意的风险。在1867年那个寒冬，他采取了大范围的报复行动，从芝加哥到纽约，许多企业都遭到了重创，许多无辜的局外人也受到了牵连。这次报复行动巩固了范德比尔特在当时的地位，使他成为那个时代"最令人畏惧的企业家"。

当时，纽约中央铁路公司控制了五大湖区、芝加哥和纽约之间的大部分货物运输业务。它与宾夕法尼亚中央铁路公司争夺"世界最大公司"之位。当时，公司只能在其注册州内开展业务，因此纽约中央铁路的线路始于布法罗（水牛城），连接着进入大湖区的其他铁路轨道。纽约中央铁路从布法罗一直延伸到奥尔巴尼市，运往曼哈顿的货物和乘客需要在此转乘轮船或选择两条铁路线路进行换乘。这两条铁路线路都已经落入"船王"的控制之下。范德比尔特和前一任纽约中央铁路公司总裁曾商定，增加经铁路而非轮船运送至曼哈顿的货物和乘客的比例。当范德比尔特的竞争对手利用其新职位突然取消了那些既定协议时，范德比尔特意识到他的声誉受到了威胁。范德比尔特立即命令他的铁路车辆停止接载在奥尔巴尼纽约中央铁路的乘客和货物。混乱随之而来，由于冬季汽船无法运营，范德比尔特的两条铁路便成为唯一的选择。尽管乘客可以勉力拖着沉重的行李横跨哈德逊河的冰桥去购买车票，但货物的运输商却无法立即协商好将货物从纽约中央铁路的货车上卸下，并运送到对岸，更不用说协商继续运往城市的事宜了。因此，这些货物被冻结了。

范德比尔特采取封锁行动的消息迅速通过电报传播开来，纽约中央铁路的大部分业务立即转向了伊利和宾夕法尼亚铁路。如果他们不屈服的话，纽约中央铁路公司就会破产。纽约中央铁路公司新上任的总裁和支持他的董事会抛售了他们手中市值已经暴跌的股票（当然，他们可能是被迫出售股票，因为这些股票是借钱购买的）。趁此机会，范德比尔特和他的朋友买入了这些股票。到了年底，"船王"已经取代他的宿敌成为纽约中央铁路的总裁。

范德比尔特对纽约中央铁路的公然封锁行动遭到了新闻界的广泛谴责，这对他来说倒是不陌生。媒体报道了母亲带着孩子在严寒天气下穿越哈德逊河的情景，尤其是重要货物仍未妥善交付的问题，纽约州参议院委员会对此颇为震惊，于是召开会议，建议修改法律，以防止普通民众成为企业家的"人质"。范德比尔特则告诉委员会："在我看来，法律程序太慢了，我会采取自己的行动来解决问题。"在他看来，企业家利用公司所提供的"有限责任"作为防御进攻的"盾牌"，能比任何法律都更有效地遏制其他企业家的行为。由于美国当时正陷于一场总统弹劾战中，这场风波很快就平息了。国会和州政府都没有回应范德比尔特的挑战。显然，让企业家们之间自行处理问题会更加简单。

"公平竞争"的观念几乎在所有文化中都有体现。在范德比尔特之前,企业家们几乎都会遵循各自文化背景中先到先得的原则。企业家必须找到自己的定位,否则就可能会遭到同行业者的排挤。但范德比尔特不在乎他的同行怎么想。他认为金钱是权力和正义的唯一衡量标准。这个高调的"企业报复事件"巩固了他通过财务手段摧毁任何挡路竞争对手的策略。这种策略也成为其他高调企业家纷纷效仿的模板。

范德比尔特的策略更适用于持有大量现金储备的企业家,但对于那些拥有最大公司的企业家来说却如嚼鸡肋。如今的商人将这种竞争方式称为"黄金法则",也就是说,拥有最多财富的人掌控局面。这增加了企业家的整体风险。他们不仅要承担公司可能无法吸引足够的客户的风险,或遭遇外部经济或政治干扰的风险,现在他们还面临着一个非常现实的风险,即更有钱的对手随时可能咄咄逼人地扼杀他们的业务。

二、美式企业家

科内利厄斯·范德比尔特出生于1794年,当时乔治·华盛顿还是新独立的美国的总统,范德比尔特拥有独特的美国式成长经历。范德比尔特的父亲(老范德比尔特)是一名农民,与斯塔滕岛上荷兰社区的其他人并无二致。老范德比尔特发现在曼哈顿湾销售农作物的价格更高,于是他建造了一艘船,很快就比邻居们赚得更多。接着,老范德比尔特向邻居收取一定的费用,将他们的农产品一并运输到曼哈顿，为家庭创造了额外收入，缓解了恶劣天气和战争带来的冲击。与此同时，老范德比尔特的妻子菲比则通过种菜和做缝纫活儿挣了一些钱，她把赚来的钱放在家里的老壁钟底下，并把一部分钱借给家人和邻居，以收取利息。她认真地追讨欠款，甚至出售了自己女儿抵押的物品来抵欠款。

范德比尔特家族并没有把教育放在首要位置，因此范德比尔特受到的教育很少。在这个家族中，金钱才是最重要的，能赚到钱才能赢得父母的爱和尊重。在 11 岁时，范德比尔特通过勤劳地完成家务活，获得了独自驾驶父亲的船只将干草运送到曼哈顿的机会。当他 16 岁时，父亲借给他一艘船让他独自经营，并分给他一部分利润。范德比尔特很快便因坚韧而可靠的品质和专心致志赚钱而享誉四方。

23 岁时，范德比尔特已经是数艘小船的合伙人，这些小船的业务主要在纽约港和远至弗吉尼亚的沿海地区。范德比尔特雇用他人担任自己的船长，而他本人却为富可敌国的托马斯·吉本斯（Thomas Gibbons）担任船长。吉本斯拥有一艘臭名昭著的轮船，绰号为"老鼠号"，并希望利用"老鼠号"打破由新泽西州前州长艾伦·奥格登（Aaron Ogden）所占据的蒸汽船垄断地位。奥格登担任州长期间获得了在新泽西和曼哈顿之间运营蒸汽船的独家特权。奥格登和吉本斯本是商业伙伴和邻居，但由于他们之间的私人恩怨，吉本斯希望在范德比尔特掌舵"老鼠号"的情况下，挑战奥格登的垄断地位。当奥格登拒绝与吉本斯以决斗的形式解决恩怨时（之所以拒绝,也许是因为亚历山大·汉密尔顿①前不久在与奥格登的朋友亚伦·伯尔的决斗中死去),全面的商业战争便成为吉本斯唯一可行的选择。

担任"老鼠号"船长,让范德比尔特卷入了一场具有重要历史意义的争斗。这场争斗备受瞩目,并在当时的贵族圈子中掀起了轩然大波。美国的精英贵族大多是白手起家的企业家或成功企业家的直系后代。他们不希望这场争端打破绅士般的竞争平衡。当时,银行、收费公路和轮船等是最赚钱的行当,但政治关系深厚的旧家族获得特许经营权,垄断了这些业务。垄断是有利可图的,垄断地位让企业家适度地开展业务投资,而无须担心竞争者的影响。在一个百废待兴的新国家,垄断在经济上是有意义的。然而,作为一个没有政治背景的企业家,范德比尔特完全赞同吉本斯的观点,他认为由州政府赋予的"垄断权"对于像他这样既雄心勃勃又缺乏政治关系的企业家来说,实在是不公平。

十多年来,每当吉本斯的船进入纽约水域,法警便试图扣押其船只,但范德比尔特十分狡猾,总把他们搞得晕头转向,铩羽而归。为了最大限度地吸引客户,他还监督建造了速度越来越快的汽船。当他无法依靠速度吸引客户来达到渡轮满载运输时,便在吉本斯的支持下,将票价降至成本价以下,奥格登也跟着降价,结果造成了

---

① 亚历山大·汉密尔顿(Alexander Hamilton,1755或1757年1月11日—1804年7月12日),美国经济学家、开国元勋、政治哲学家,美国宪法起草人之一、第一任美国财政部长。伯尔-汉密尔顿决斗是美国政治史上最有名的恩怨冲突,主要产生于两人长期的政治意见分歧。1804年,副总统亚伦·伯尔(Aaron Burr)竞选纽约州州长,汉密尔顿表示反对。1804年7月11日,亚伦·伯尔向汉密尔顿发起决斗,在伯尔-汉密尔顿决斗中,亚伦·伯尔开枪击中了汉密尔顿,汉密尔顿受到重伤第二天去世。——译者注

巨大的经济损失。争斗进行12年后，美国最高法院在奥格登诉吉本斯案中裁定，各州无权授予限制州际贸易的垄断权。奥格登持有的许可证变得一文不值。加上吉本斯和范德比尔特给他造成的经济损失，奥格登被迫宣布破产。此时，亚伦·伯尔不得不出面调解，帮助奥格登避免因欠债而入狱。19世纪20年代中期，汽船垄断在美国风头正劲，而那个具有重要历史意义的最高法院裁决，给了范德比尔特打破垄断的机会。范德比尔特也的确准备行动，来拓展他的宏图大业。

一开始，范德比尔特集中精力扩展吉本斯的轮船业务，但吉本斯几年后去世了，他的儿子决定解散这家公司。聪明的范德比尔特从他勤俭的母亲那里学到了很多，他将在吉本斯公司赚到的钱存了起来，并出售了他所持有的帆船公司股份，开始着手创建自己的轮船公司。他从最快的轮船"公民号"开始做起。随着伊利运河的开通，纽约市繁荣起来，港口里挤满了垄断市场的蒸汽船船主。毫无疑问，对于一个有进取心、反对垄断的蒸汽船企业家来说，这里是最佳营业地点。

范德比尔特的策略是通过拥有优质的汽船和打残酷的"票价战"，来削弱效率低下的垄断者，以期收购其资产并夺取其垄断地位，或者至少迫使他们以高昂的价格买断权益，这相当于付"保护费"。他的节俭意味着他比大多数人更能经受住"票价战"。他有一种特别的眼光，非常善于发现低效和懒散的人，他将此称为"节约开支"。每次范德比尔特击败一位竞争对手并获得其利润时，他都会利用额外的财富在更大规模上再次实施类似的策略。

范德比尔特对商业利益的不懈追求在创业史上是绝无仅有的。

在本书中，我们还会看到其他极为成功的企业家。但到目前为止，几乎在所有主要文明中，每一位企业家都把"创业"作为达成目标的手段。企业家们的最终目标都是努力成为本地的精英。一旦他们积累了足够多的财富，就不再专注于业务增长或盯着日常的商业交易。因此，创业是一种获取财富和提高社会地位的方式，而不是为了证明自己可以成为最强大的竞争者。以竞争为中心的思维方式在当时被认为是粗俗的，并可能导致当事人遭到社交圈子的排斥。但是范德比尔特从未渴望表现出绅士气派，他把钱花在他想要的事物上，而不是为了"讨好"别人。他不在乎自己的社会地位和同行的意见，不懈地发展他的轮船业务，最终在国内和国际市场上取得了显著的竞争优势，成了行业中的巨头，迫使竞争对手接受规则的变化。至此，如果有能力的话，任何人都可以"反对"其他人（当时所用的词语是"竞争"），并将对方赶出市场。在1867年的封锁事件之后，没有一个企业家会对此有不同的看法。

三、"赢者通吃"

洛克菲勒比范德比尔特年轻，两个人的年龄相差了近两代人，他非常钦佩范德比尔特，但他认为自己更有智慧，更重要的是，他相信上帝站在自己这一边，认为"是上帝给了我钱"。在25岁时，洛克菲勒发现，由于新兴石油行业的竞争过于开放和自由，所有人都无法从中获得足够的利润和机会。这个经历让他深信每个行业都需要由一位企业家来协调，以确保利润的公正分配。洛克菲勒是一名虔诚而节俭的浸信会教徒，会在笔记本上记录每一笔开支，他认为自己非常适合以这种方式来协调新兴的石油业务。

洛克菲勒与范德比尔特一样,立志尽可能赚取更多的钱,但二者动机却完全不同。洛克菲勒希望通过仁慈地重新分配财富来完成上帝的使命。他的父亲是一名游走四方的专利药推销员,常常抛下家人数年不归,让家人们自谋生路。他父亲的行为使得洛克菲勒背负了太多的责任,他深刻认识到秩序、节俭和虔诚的重要性。作为一名浸信会教徒,洛克菲勒觉得有责任对需要帮助的人慷慨解囊。6岁时,他就把做挑土豆等零工挣来的一部分钱捐给了更有需要的孩子们。洛克菲勒学习会计和做慈善一样勤奋,在23岁时就已经成了一家农产品批发公司的合伙人。

石油是当时一个重要的新兴创业机会。在美国"内战"期间,洛克菲勒发现自己有幸投身于这个新兴的石油行业。当时24岁的洛克菲勒已经崭露头角,一位居住在克利夫兰的英国化学家找到他寻求风险投资,希望将其新型原油精炼工艺商业化,从而把原油转化为清洁的煤油。为了创立炼油厂,洛克菲勒和他的农产品批发业务合作伙伴各自投资了4000美元。

虽然炼油业非常有利可图,但因为石油价格波动很大,需要洛克菲勒持续关注行情,在1864年,标准42加仑①桶的石油价格在4美元到12美元之间剧烈波动。洛克菲勒深谙如何从这些波动中获益,并想借钱扩大规模,但他的合伙人并不支持他。然而,洛克菲勒从不害怕借贷,他借了足够多的钱买下了合伙人的股份。一年后,他又借了更多钱来建立第二个炼油厂,由此他成了当时克利夫兰最

---

① 1加仑≈3.785升。

第五章 ◆ 争夺新财富的控制权

大炼油厂的经营者，而他那时只有 26 岁。

尽管利润滚滚而来，但洛克菲勒仍希望提高利润，因此他变得越来越有创意。他在森林里将制桶木材晾干，从而减轻木材的重量，降低木材从森林到炼油厂的运输成本。他还想出了将炼油副产品出售给凡士林和肥料制造商的办法。他直接从抽油工人手中购买石油，省去了中间商。为了满足国外不断增长的煤油需求，他派遣弟弟威廉到纽约开展出口业务。他还让威廉寻找愿意为业务扩张提供融资的银行。洛克菲勒准确而详细的账目给银行家留下了深刻印象，从而使他们愿意把更多的钱借给这位年仅 26 岁的商人，并且贷款数额远远超过了其他人。

历史上，所有蓬勃发展的新兴企业都吸引了大批企业家，石油业的增长也不例外。许多人建立了自己的炼油厂。事实上，许多炼油厂员工学会了必要的技能后，离开了工作岗位，建立了自己的企业，进一步扩大了煤油供应。匹兹堡、纽约、巴尔的摩、费城和宾夕法尼亚州西部的石油产区都发展成了与克利夫兰一争高下的炼油中心。在洛克菲勒控制第一家炼油厂的三年内，仅克利夫兰就已经有了 50 家炼油厂。

随着煤油市场的供应过剩，油价开始下跌。到了 19 世纪 60 年代末，大多数炼油厂都难以维持生存。然而，洛克菲勒在压力下保持了清醒的头脑，自豪地宣称他擅长"在每次灾难中看到机遇"。他自信地认为上帝把他放在这个位置上，是为了理顺这个行业，消除由于大量企业家推动成本下降所造成的"破坏性竞争"。

由于洛克菲勒经营的是克利夫兰最大、最赚钱的炼油厂，他决定利用自己的规模和现金流，结合克利夫兰作为三大铁路干线交会处的战略位置，获得更好的货运协议。其中一条铁路是范德比尔特的纽约中央铁路，另一条是杰伊·古尔德的伊利铁路，还有一条是由首位大公司专业经理人约翰·汤姆森（John Thomson）经营的宾夕法尼亚铁路。在亨利·弗拉格勒（Henry Flagler）的帮助下（他是一位资深合伙人，也是一位重要的克利夫兰投资者的儿子），洛克菲勒秘密地与古尔德的伊利铁路公司谈判，获得了行业内最低的运费协议。现在，洛克菲勒比任何竞争对手赚的钱都多。他利用俄亥俄州新颁布的公司注册规则，把标准石油（Standard Oil）变成一家股份制公司而不是合伙企业。标准石油公司与其他炼油厂不同，它盈利性好，稳定性强，公司可以通过出售股份筹集资金。洛克菲勒出售了价值200万美元的股份，大部分卖给了克利夫兰商界的知名人士（尽管其中价值5万美元的股份最终落入了船王手中）。他现在拥有足够强大的经济实力，可与竞争对手开展一场新的竞争战。

1872年1月，就在范德比尔特发动"封锁行动"5年之后，洛克菲勒实施了一种遏制和控制竞争对手的新策略——合并。范德比尔特则无意中帮助触发了这个洛克菲勒的新时代。当时，范德比尔特和约翰·汤姆森（宾夕法尼亚铁路公司的首席经理）都希望停止大型铁路公司之间代价高昂的价格战。他们曾尝试联合建立一个卡特尔[①]来规范运费定价，然而由于其中一些成员的不诚实行为，这个协议最终不得不宣告终止。目前尚不清楚是谁发起了南方促进公司

---

① 卡特尔（cartel，又称"垄断利益集团""垄断联盟""企业联合""同业联盟"）是垄断组织形式之一，是为了垄断市场从中获取高额利润，生产或销售某一同类商品的厂商通过在商品价格、产量和市场份额分配等方面达成协定从而形成的垄断性组织和关系。——译者注

（SIC）的创建，但洛克菲勒显然是其中的核心人物。南方促进公司的创建是一项秘密协议，旨在与作为"诚实经纪人"的洛克菲勒组成货运卡特尔，确保每家铁路公司都以合理的价格获得其应得的货运份额。由于洛克菲勒是美国最大的货运客户，铁路公司觉得可以信任他，这笔交易对双方来说都很有利。参与的铁路公司得以维持他们想要的运费价格，俄亥俄州标准石油公司（以及它邀请加入南方促进公司的其他炼油厂）则会按照铁路公司向社会公布的高运费率获得50%的折扣，此外，不参与该协议的竞争对手在向克利夫兰运送每一桶油时，标准石油公司还可以获得40美分的额外奖励。

在南方促进公司协议的谈判与签署过程中，洛克菲勒运用了各种手段，如游说、威逼和贿赂，成功地促使克利夫兰的26家精炼厂中的22家接受了收购。他甚至直截了当地威胁，如果他们不接受他的条件，就会被消灭（这还得归因于南方促进公司）。洛克菲勒认为自己非常慷慨，提供了现金或等值的标准石油公司股票供其选择（很少有人接受股票，但那些接受并持有股票的人后来都非常富有）。他向他们描述自己如何将竞争对手挤出了市场，这一招非常奏效，以至于他能够每天收购三家炼油厂。这一时期后来被称为"克利夫兰大屠杀"。

南方促进公司的计划在实施之前便瓦解了，这场"大屠杀"也就告一段落了。当交易内幕被曝光后，石油业界、新闻界乃至宾夕法尼亚立法机构内部（该机构通常会签署宾夕法尼亚铁路要求签署的任何交易）都掀起了轩然大波。南方促进公司的特许经营权随之被吊销了。但到那时，洛克菲勒已经整合了克利夫兰90%的炼油产能。

洛克菲勒后来称他"被迫"采取了这些策略。他辩称:"我们不得不自卫,石油业混乱不堪,而且每况愈下,因而总得有人站出来。"正如范德比尔特曾公然挑战"法律能够调节企业家竞争"的观念一样,洛克菲勒也否定了"由企业家调节的自由放任资本主义可以导致合理经济体"的观点。从历史上来看,像石油行业遇到的经济"混乱",可以通过由企业家组成的行业协会来调控。垄断和价格卡特尔从来都不是非法的。自古以来,企业家们就意识到将价格竞争最小化对他们的集体最有利。价格竞争是南方促进公司1870年左右控制价格的几项尝试之一(其他更加稳定的行业也有这样的尝试,如盐业、绳索业和威士忌酒业)。

然而,当行业快速增长或当企业家之间没有紧密的社交联系时,卡特尔就会瓦解。美国本身就是一个快速增长的商业市场,而范德比尔特已经使社交关系在企业家竞争中失去了作用。一旦他让大家明白每个企业家都必须为争取业务而战斗,卡特尔模式就不再起作用了。南方促进公司试图建立一个更为复杂的卡特尔,以适应快速发展和相互依存的石油和铁路行业。这个尝试失败了,一个肆无忌惮、"赢者通吃"的企业家竞争新时代已经开始。

洛克菲勒并没有止步于控制克利夫兰的炼油业务。他的组织能力、简化能力和委托授权能力,使他的企业在财务和区域规模上都达到了前所未有的高度。即使在南方促进公司垮台后,他仍在秘密地谈判更大规模的回扣,进一步增加了他的利润,使他能够大量举债增资,购买其他城市的炼油厂。一旦他差不多控制了全国的炼油商,他就开始控制石油经销商,然后是新兴的输油管业务,最终使标准石油公司成了第一个由企业家创建的垂直整合垄断公司。

第五章 ♦ 争夺新财富的控制权

在 1880 年之前，大多数州都禁止公司在其他州拥有财产或经营业务，或者对此设置严苛条件。这种限制给标准石油公司在俄亥俄州之外拥有炼油厂带来了困难。为此，洛克菲勒利用了一种新出现的法律创新——企业信托（Trust），来协调不同法人实体董事的行动。随后，当新泽西州修改其法律以允许跨州持股时，洛克菲勒便创建了他的最终控股公司——新泽西标准石油公司。

值得注意的是，新泽西标准石油公司创建了一个全国范围内甚至部分国际范围内的垄断企业，这在一定程度上缓解了（尽管无法完全消除）"镀金时代"①中困扰企业的周期性经济波动。由于新泽西标准石油公司对煤油业务的绝对控制，员工从未经历过裁员或降薪。因此，他们从未组织工会。洛克菲勒相信上帝指引他创造了更好的商业形式，而那些抱怨其商业模式的炼油商和经销商都是傻瓜，不加入他的行列是愚蠢的行为。他认为竞争是有害的，而合作将结束利己主义和物质主义，这两者都是他和他的浸信会教友所深恶痛绝的。

尽管洛克菲勒始终认为自己在这场运动中的行动符合他的基督教伦理标准，但他不觉得有必要为他的下属制定类似的道德要求。他的下属在进行内部通信时使用密码加密，保持交易的秘密性，或者贿赂立法者，他并不需要了解这些具体细节，也不会过多干涉这些事情。但多年来浮出水面的备忘录表明，洛克菲勒并非不知内情，

---

① 镀金时代（Gilded Age），也被称为"后重建时代"或"工业化时代"，在美国历史中处于南北战争和进步时代之间，时间大概是从 1870 年到 1900 年。这个时期，表面上看，美国经济和社会出现了繁荣和富裕的迹象，但实际上也存在许多深层次的社会、经济和政治问题。——译者注

他知道的远比他透露出来的要多。

范德比尔特的"封锁行动"和南方促进公司带来的意外后果是，洛克菲勒造就了一个真正的垄断公司，其经济实力超过任何一家铁路公司。他们创造了一个他们无法控制的巨兽。洛克菲勒的策略非常有效，因此他的财富甚至超过了范德比尔特。新泽西州的标准石油公司也成为当时世界上最强大和最盈利的公司。在范德比尔特无视所有竞争约束之后不到15年的时间里，洛克菲勒证明了"赢者通吃"的策略在这个新时代中更为有效。

在19世纪末，其他企业家经常模仿洛克菲勒的策略，其中包括美国烟草公司的约翰·B. 杜克（John B. Duke），他的企业家父亲在北卡罗来纳州达勒姆周围的都市化进程中扮演了重要的角色。然而，金融企业家J. P. 摩根则开创了一种比"赢者通吃"更胜一筹的新策略，即只要其他企业家退出市场，他便能通过控制金融机构和资本流动来影响并主导整个市场。

四、企业主+金融家＞企业家

J. P. 摩根是成功的美国金融家朱尼厄斯·斯宾塞·摩根（Junius Spencer Morgan）的独生子，管理着兴旺的伦敦银行公司皮博迪摩根（Peabody，Morgan & Company）。

朱尼厄斯安排他的儿子在几家金融公司当学徒。1860年，他支持J. P. 摩根成立了自己的公司，作为朱尼厄斯在美国的代理人。

尽管J. P. 摩根为父亲工作，保证了摩根公司的成功与稳定，但他仍然在纽约市寻找自己独立开展业务的机会。当时铁路公司正在迅速扩张，并且从富有的欧洲投资者那里获得了大部分融资。J. P. 摩根在那里看到了一个机会。他寻找那些具有美国式企业家精神的客户并帮助他们融资，因为他们表现出了与范德比尔特一样对业务增长和利润的积极追求。然而，在 J. P. 摩根帮一些陷入困境的铁路公司融资后，他认为此类公司最好由宾夕法尼亚铁路公司约翰·汤姆森式的职业经理人领导，而不是由范德比尔特和洛克菲勒等创始企业家或者像杰伊·古尔德（Jay Gould）那样的股票投机者领导。J. P. 摩根坚持使用洛克菲勒的公司信托结构来为他帮助融资的公司提供支持，这确保了他可以掌控每家他帮助起死回生的公司。

范德比尔特和洛克菲勒都不需要华尔街来为他们的商业帝国融资，因为两者都有足够的利润来支持自己的增长（洛克菲勒在克利夫兰商界非常受尊重，他可以不经任何中间人，就能直接从他们那里筹集 200 万美元）。而且他们也不信任银行家。J. P. 摩根渴望创建更具优势和价值的信托，并利用他独特的筹资能力开始行动。他首先通过安排规模空前的融资来收购大型竞争对手，随后聘任职业经理人来管理这些公司。J. P. 摩根将汤姆森当作大公司首席执行官的榜样。在新合并的大公司中，职业经理人有望通过协调活动和运营以及提高生产力等方式来增加利润，从而实现所谓的"规模经济"。

J. P. 摩根认为，职业经理人不会因个人项目或股票操纵而分心。他认为为企业家和新公司筹集资金是一种"投机"，而他对"投机"从不感兴趣。他认为这太过于冒险了。他故意让他认为表现不够优秀的华尔街公司，如高盛（Goldman Sachs）和雷曼兄弟（Lehman Brothers），去与企业家直接管理的小型公司进行合作。

1901 年，J. P. 摩根说服安德鲁·卡耐基（Andrew Carnegie）将

卡耐基钢铁厂卖给他。J. P. 摩根将其与综合钢铁与线材公司以及他控制的其他 8 家公司合并，创立了美国钢铁公司，这是第一家价值超过 10 亿美元的公司。《纽约时报》报道称，新公司的"优势在于它将一大批全球装备最先进的铁矿和钢铁厂集中管理，这应该是科学的"。J. P. 摩根以同样的方式创建了通用电气公司（General Electric）。他先是将托马斯·爱迪生（Thomas Edison）的公司整合到一个管理结构下，然后将该实体与专门从事发电机和弧光照明的托马斯－休斯顿电气公司合并。J. P. 摩根还将麦考密克收割机械公司与迪尔林收割机公司合并，创立了国际收割机公司（International Harvester）。

在这个时代，很多企业家都采取了类似范德比尔特式的竞争手段和洛克菲勒的"赢者通吃"策略，而 J. P. 摩根则向投资者证明了，金融家能够比个体企业家创造更大、更盈利的企业。职业经理人在提高生产力方面比创始人更加可靠，而且他们能够更专注于履行对股东的职责。因此，一个新的理念逐渐形成，即成功的企业家最好出售他们的企业，成为更大的垄断性企业的一部分，而不要为了控制企业和家族传承与这样的机构进行斗争。

举例来说，莱特兄弟（Wright Brothers）在其成立后的 7 年内，就将业务出售给一家资金充裕、管理专业并专注于整合竞争的公司。通用汽车最大的股东皮埃尔·S. 杜邦（Pierre S. du Pont）任用专业管理人阿尔弗雷德·P. 斯隆（Alfred P. Sloan），取代了创始人威廉·杜兰特（William Durant），最终通用汽车公司超越了亨利·福特公司。福特的第一家汽车创业公司破产了，后来又被他的金融支持者踢出了第二家亨利·福特公司（该公司随后更名为"凯迪拉克汽车公司")。在那些资金充裕、管理专业的对手面前,即使是 T 型车和流水线生产这样前所未有的连续创新,也无法确保福特的企业优势地位。

范德比尔特、洛克菲勒和 J. P. 摩根为了在他们进军的市场上保持优势,无意中创造了一个极具挑战性的竞争环境,使其他企业家很难生存下来并取得成功。结果,愿意将自己的想法推向市场的个体企业家越来越少。诸如美国钢铁公司、AT&T、通用电气公司、国际收割机公司和 IBM 等新兴大型企业,在寻求垂直整合供应链时既不能容忍竞争对手,也不需要企业家的帮助。他们的管理者尽可能与其他大型专业管理企业交往,对工程师和实验室进行投资,增加专利保护,并确保持续改良的产品源源不断地流向客户(截至 1929 年,美国有 1 000 个由大公司经营的实验室)。他们通过创建完全可控的资金充裕的分销网络来巩固行业优势。许多专业管理的公司积极努力阻止其他企业创新进入他们的市场,例如,调频广播、青霉素(药品公司最初拒绝将青霉素商业化,认为其不够经济)和文档复印。

在 20 世纪初,为了监督大型企业,美国政府制定了越来越多的监管法规并设立了众多监管机构。如今,政府更倾向于与规模更大、实行专业管理的公司进行业务往来。这种倾向在早期广播和制造业中体现得尤为明显,其中一个例子就是美国无线电公司(RCA)的创立过程。美国海军担心无线电通信被外国控制,因此要求资金雄厚、管理专业的通用电气公司接管英国马可尼无线电报公司在美国的子公司。政府本可以支持马可尼在美国的子公司从英国和意大利企业家以及英国股东的控制下独立出来。然而,由于受到海军指挥官的影响，政府决定选择通用电气公司作为其赞助商。

借助通用公司本身的影响力和政府支持，通用电气能够整合由AT&T、西屋电气和联合果品公司拥有的无线电技术，创建了一个无法超越的专利组合。通用电气公司随后将这个部门独立出来，成立了美国无线电公司，以避免遭到反垄断起诉。在接下来的三代人中，在与广播设备、收音机和商业广播相关的任何领域，企业家们都很难与美国无线电公司及其授权的大公司进行竞争。事实上，在企业进一步整合的时代背景下，军方和它所关注的问题经常扮演着重要的角色。在20世纪的"冷战"和"热战"中，政府继续偏袒大型、专业化管理的大型公司，为其提供合同，促进了与军事相关的重大新业务的创建，例如，喷气式飞机、雷达、青霉素（美国政府发起并领导了该项目，并将其商业化）和计算机。

在美国工业巨头崛起之际，外国政府担心本地企业无法与之竞争，开始出手干预，企图在本国创建"赢者通吃"的龙头企业。为了确保本地企业家能够引进专业管理并扩大企业规模，同时在国内市场和出口市场上具备竞争力，这些政府采取了利润丰厚的合同、融资、保护主义关税、国有化和监管等政策措施，并在政治上给予支持。第二次世界大战（以下简称"二战"）前，德国、意大利和日本法西斯主义的主要组成部分就是政府组建和支持企业卡特尔以刺激经济活动，特别是在出口方面。在卡特尔化的市场中，本地企业家会被推向市场的边缘，被迫进入更小的市场细分领域。这些领域在政府眼中可能太小，不值得参与。

在20世纪上半叶，尽管政府更倾向于关注和支持大型企业，但对于规模较小、竞争性较弱、投资需求较少、专注于利基市场或基础业务的企业来说，企业家精神仍然是其主要的增长动力。并非所有在1900—1970年新成立的企业都是由华尔街提供资金、实行专业管理的大公司所主导。与专业管理公司不同，企业家运营的公司更愿意与供应链中的其他企业家建立良好的合作关系。例如，西尔斯公司（Sears, Roebuck and Company）在其目录中推出了压缩机制造商阿普顿兄弟（Upton Brothers）的第一台电动洗衣机［该公司最终改名为"惠而浦"（Whirlpool），路易斯·阿普顿（Louis Upton）一直担任其董事会成员，直到1975年］。在这段时间内，服装、零售、专用机器、个人服务、分销、销售公司以及汽车和机械经销商等领域的企业家群体都遵循着传统的企业家竞争规则蓬勃发展起来。这些企业的规模和盈利能力有限，因而对风险投资的需求不大，银行贷款成为这些企业家获得营运资金的首选方式。

在20世纪的大部分时间里，范德比尔特式的"黄金法则"和摩根式的金融家主导的"整合"策略导致了垄断的规模化，从而使许多企业家难以大展宏图。在这个时期，规模化成为由华尔街融资、实施专业化管理的企业的追求目标。大型企业技术人员的发明取代了"创业创新周期"带来的创新。在大型企业中，尽管他们发明了新的电气设备、材料和控制装置，但从这些发明中产生的创新并没有迅速实现，相比之下，"创业创新周期"中所孵化的创新更快。

五、再次边缘化

二战期间，许多新技术特别是电子、材料和控制领域的技术，都是由政府提供合同支持，在政府实验室和大学中进行开发的。战后，许多从事研发工作的工程师都考虑创办自己的公司，把这些技术推向市场。但由于实行专业管理的大型公司仿效了他们的创意，并且拥有善于销售新产品的庞大营销团队，这些企业家仍然很难与之抗衡。例如，宾夕法尼亚大学在战争期间签订了开发电子数字计算机（ENIAC）的政府合同后，两位项目负责人约翰·莫奇利（John Mauchly）和 J. 普雷斯珀·埃克特（J.Presper Eckert）成立了埃克特–莫奇利（Eckert-Mauchly）计算机公司。但当时的环境对创业者依然不太友好，作为一家小企业，他们努力进行设计、争取融资、申请和竞争专利，同时也想方设法销售他们计划制造的下一代计算机。4 年后，他们将公司卖给了雷明顿·兰德公司（Remington Rand），这是一家产品多元化的公司，生产武器、打字机、电动剃须刀、加法机和穿孔卡片分拣机。2 年后，雷明顿·兰德公司收购了另一家陷入困境的计算机公司工程研究协会（Engineering Research Associates），并成功地将通用电子数字计算机（UNIVAC）推向市场，这款计算机以性能优越但可靠性差而闻名。IBM 紧随其后推出了一款质量较差的计算机，但其销售团队却是当时世界上最好的。随后，UNIVAC 被边缘化，而 IBM 在新生的计算机行业占据了主导地位，在半导体、个人计算机和互联网企业家再次改变竞争规则之前，IBM 一直保持着其在商业设备领域的主导地位。

六、源自创业困境的新范式

威廉·肖克利（William Shockley）是一位工程天才，曾在 AT&T 的贝尔实验室工作。他试图创办一家晶体管制造公司，但未能成功，这最终引发了一套新的创业竞争和风险投资范式，这些范式如今在全球仍占据主导地位。晶体管在当时被广泛誉为革命性的发明，预示了电子革命的来临，肖克利是晶体管的共同发明人。他希望这项发明能够让他永载史册，因此选择了与埃克特和莫奇利不同的创业路线。他与历史上大多数企业家所做的一样——从他认识的成功企业家那里获得资金。阿诺德·贝克曼（Arnold Beckman）与肖克利同为加州理工学院校友，他曾经创立了一家成功的专业实验室设备公司。肖克利从他那里获得了一份空白支票，成立了贝克曼仪器的一个独立部门——肖克利半导体实验室（Shockley Semiconductor Laboratory），生产晶体管和相关设备。当时肖克利因晶体管发明与共同发明者巴丁（Bardeen）和布里塔因（Brattain）即将一起获得诺贝尔奖，因而贝克曼对肖克利非常支持，他甚至没有要求新部门设在其加州南部的总部附近。相反，肖克利把实验室设在了加州的帕洛阿尔托市，这里离他母亲的住处比较近（这就是硅谷设立在此的真正原因）。

为了组建这个新部门，肖克利从一份智力最出众的技术人才名单中寻找未来可能加入团队的成员。由于肖克利鼎鼎有名，晶体管的重要性也得到广泛认可，他成功地吸引到9名在大公司工作的工程师来到加利福尼亚。这些技术人员都不渴望成为企业家，而是慕名而来，希望加入新兴领域。然而遗憾的是，肖克利并不是一位出色的领导者，实际上，在仅仅一年之后，9位工程师中的7位就开始寻找新的工作机会了。因为他们喜欢一起工作，便决定寻找一家能以团队形式雇用他们的公司。其中一人的父亲认识一家小型华尔街投资银行公司，他们便联系了该公司，向其征询建议。两位银行家

企业家

巴德·考伊尔（Bud Coyle）和阿瑟·洛克（Arthur Rock）接受了这个艰巨的任务，也就是联系35家上市公司，赞助他们成立一个独立的半导体部门。但是这些公司中没有一家愿意与他们见面。作为最后一搏，考伊尔决定联系谢尔曼·费尔柴尔德（Sherman Fairchild）。此人是一位发明家兼企业家，他不仅拥有或控制着多个公司，专注于自己的发明和兴趣，而且还是IBM的最大股东（是IBM第一任总裁的唯一继承人）。

费尔柴尔德一直在寻找进入半导体新兴市场的机会。与其他人不同的是，他对那些产生于专业化管理的大公司之外的创意没有偏见。因此，他迅速抓住机会创建了仙童半导体公司[①]。虽然这几位工程师拥有1/3的公司股份，但其股权被设置为信托形式，这样一来，仙童摄影和仪器公司（Fairchild Camera and Instrument）便能投票决定每个人的股份，包括能够在3年后收购它们，后来它确实也回收了这些股份。在创建仙童半导体公司的几天内，苏联成功地将第一颗人造卫星"斯普特尼克"[②]（Sputnik）送入地球轨道，确保了新兴半导体业务的快速增长。

在接下来的10年里，仙童半导体公司通过发明集成电路等多项

[①] 仙童半导体公司（Fairchild Semiconductor Corporation）又称"飞兆半导体公司"，曾经是世界上最大、最具创新精神和最令人振奋的半导体生产企业，为硅谷的成长奠定了坚实的基础。更重要的是，这家公司还为硅谷孕育了成千上万的技术人才和管理人才，它不愧是电子、计算机业界的"西点军校"，是名副其实的"人才摇篮"。——译者注

[②] "斯普特尼克"是指1957年10月4日苏联抢先美国成功发射的"斯普特尼克1号"人造卫星，这也是人类史上第一颗进入行星轨道的人造卫星，曾令西方世界陷入恐惧和焦虑，它标志着苏联在太空领域取得了重要突破，显示了美苏之间的技术差距，该卫星的发射也促使了美国宇航局的成立和两个超级大国之间持续20多年的太空竞赛。由于半导体技术在太空应用中起着关键作用，因此美国的半导体企业迅速崛起。——译者注

新器件和新技术,取得了蓬勃的发展。然而,它面临的压力也不断加大,因为它需要生产越来越多技术复杂的产品,并且面临着激烈竞争,这些竞争者中既有一些新兴的创业公司,也有成熟的大公司。其中一些最重要的竞争对手是由仙童半导体公司的一个或多个创始人创建的。在仙童母公司完全控制了半导体部门之后,他们再也没有了留下来的主要经济动力。虽然那些有理想的工程师和销售人员已经具备了独特而宝贵的技能,但仙童半导体公司采用了传统的组织架构和汇报结构,留给他们的晋升空间非常有限。

阿瑟·洛克是当初促成仙童半导体公司交易的银行家,后来自己也成了一名企业家。1961年他从东海岸投资者和一些仙童公司创始人手中筹集了500万美元,然后搬到了旧金山。他希望投资更多这类的新公司,并成功地为投资者获取了一笔空前的财富。洛克的投资基金在1968年结束时总共赚取了超过1亿美元的收益。

随后,另外几家风险投资公司成立了,这为具有半导体经验和对新产品充满愿景的人提供了直接的创业资金支持。1968年是一个狂热的创业时期,每个月大约都会有一个新的半导体公司宣布成立。同年,仙童半导体公司剩下的两位创始人罗伯特·诺伊斯(Robert Noyce)和戈登·摩尔(Gordon Moore)最终也离开了公司,他们联系阿瑟·洛克获得了资金支持,创立了自己的半导体公司——英特尔(Intel)。

实行专业管理的大型公司试图主导半导体业务,但未能成功。在不断增长的风险投资的推动下,半导体"创业创新周期"的创新速度太快,而大公司缓慢的决策过程跟不上创新的脚步。新的创业集群崛起,催生出了手持计算器和更快、更便宜的计算机等新产品,这进一步加速了半导体的应用，并在大公司推出同等设备之前降低了价格。在随后的个人计算机、软件和游戏等新市场中的竞争将是一场竞赛，其目标是确定谁能够同时掌握技术复杂的产品开发，并将其迅速交付给消费者。风险投资家竞相为具有最大胆识、经验丰富的企业家提供资金。"创业精灵"又从瓶子里跑出来了，至少回到了帕洛阿尔托地区附近。

七、增长优先于利润

阿帕网（ARPANET）是 20 世纪 60 年代美国政府在大学研究人员的帮助下开发的一个全球计算机网络，但在 1990 年，美国政府意识到该网络的商业潜力远大于其在军事领域的用途，于是正式关闭了该网络。美国政府首先允许学术界和商业公司复制网络的协议和基础设施，从而产生了一个无主的互联网。学术界率先对全球通信网络进行实验，他们开发了超文本传输协议（HTTP）、渲染网页的代码和第一批网络浏览器等技术。意识到这些创新可能会得到广泛采用，企业家及其风险投资支持者纷纷利用这些新技术。他们模仿了苹果和微软创始人的策略：在新产品领域率先开发技术并提供可靠的支持。一个新的群体形成了，他们将利用新的互联网获取商业利益，将在每个人都可以立即复制创意的环境中，为企业家及其投资者测试一种新的战略。

网景公司（Netscape）成立于 1994 年 4 月，并于当年 10 月发布了巡航者（Navigator）网络浏览器。截至 1994 年底，已有数百万人下载并使用它。创始人之一的吉姆·克拉克（Jim Clark）曾与他人共同创立了一家成功的计算机公司——硅谷图形公司（Silicon Graphics），他熟悉硅谷大多数成功的计算机企业家和风险投资家。另一位高级文员是23岁的大学毕业生马克·安德森（Marc Andreesen），他曾在大学期间熬夜参与编写了一个非商业性的网络浏览器。为了应对巡航者网络浏览器用户数量的急剧增加，两位创始人同意邀请有经验的第三人吉姆·巴克斯代尔（Jim Barksdale）担任首席执行官，负责招募和管理公司的人员。在此之前，巴克斯代尔已经帮助两个雄心勃勃的初创公司成长为价值数十亿美元的企业。有了他的加入，克拉克和他的风险投资人——硅谷创业公司凯鹏华盈①的约翰·杜尔（John Doer）感觉时机已经成熟，可以采取一项前所未有的举措，即将这家尚未盈利、成立仅仅18个月的公司上市。网景公司以29亿美元的首次公开募股引起了轰动，股价在交易的最初几分钟就从每股28美元飙升至71美元以上。无论是专业投资者还是业余投资者，都不想错过投资这样一家快速增长的公司，许多人公开将网景公司与上市时的苹果公司和微软公司相提并论（尽管这两家公司在上市时都已经盈利并且更为成熟）。股票分析师为了证明这家尚未盈利的公司的高估值是合理的，指出了其增长和盈利潜力。

现在，增长成了企业主要的估值指标。过去6000年里风险投资的主要衡量指标"利润"，已经不再是评价快速增长公司股票的关键标准。精明的风险资本家（VCs）立刻开始寻找那些能够清楚描述其快速增长计划的企业家进行投资。尽管微软的免费浏览器网络探路者（Internet Explorer）夺取了网景公司的主导地位，但这种风险

---

① 凯鹏华盈（Kleiner Perkins）是美国硅谷的一家风险投资公司。华盛顿邮报和其他媒体称其为"最大的风险投资公司"。——译者注

投资的新范式没有改变。即使美国政府起诉微软违反《反垄断法》，盖茨也已经成功地实施了范德比尔特的"黄金法则"。

八、快速扩张

在网景公司上市前一年，华尔街对冲基金经理杰夫·贝佐斯（Jeff Bezos）分析了免费互联网带来的商业机会，并得出结论：免费互联网将通过削减实体店铺，尤其是销售图书类商品的店铺，在零售业中实现规模经济。于是，贝佐斯放弃了华尔街的高薪职位，开始了自己的创业之路，去证明消费者会为了更低的价格（由于降低了开销）和更好的选择，愿意为邮购图书等待两天的时间。在接下来的两年里，贝佐斯主要利用自己的资金，亲身证实了他的商业模式可以奏效。在网景公司浏览器上市后，贝佐斯注意到投资者的热情向增长方向转移，他便采取了一项被称为"快速扩张"（GBF）的战略。贝佐斯认为他处在一个洛克菲勒式"赢者通吃"的市场竞争中，电子商务企业也需要达到实体店铺所固有的规模经济效益。在证明了消费者会涌向他的在线商店后，他开始寻求更多的资金来扩展业务，当他注意到了风投资本家和投资者关注增长而非利润时，便想方设法尽快从投资者那里争取尽可能多的资金。

"快速扩张"战略曾差点让亚马逊公司倒闭。它的增长取决于它能筹集到多少资金，然后将资金投入在能够有效地为其创造优势的产品开发上，从而让无数受到它启发并效仿它的电子商务竞争对手望尘莫及。当互联网泡沫破灭时，几乎所有现金流不足的电商竞争对手都被淘汰了，无论其追求的是什么增长战略。亚马逊公司之所以能在泡沫中幸存下来,是因为其精明的首席财务官在泡沫破裂前筹借了 6.78 亿美元。亚马逊公司之所以幸存下来并最终占据主导地位并非纯粹的运气,但也不能证明他的策略是有绝对优势的。尽管如此,许多风险投资公司及其有限合伙人投资者还是接受了"快速扩张"战略,以亚马逊公司在互联网泡沫后的成功为榜样,而忽略了这种战略差点毁掉亚马逊公司的事实。

目前,风投界正在上演一场"军备竞赛"。越来越多的资金投向了初创公司,寄希望于初创公司能在耗尽资金之前在市场占据主导地位。优步(Uber)、爱彼迎(Airbnb)、竹尔(Juul)和众创空间(WeWork)等公司都试图获得前所未有的资金,以期主导其市场。像孙正义这样的风投家,管理着规模达 1000 亿美元的风险投资愿景基金,已经向有远大目标的企业家提供了巨额投资,以前所未有的估值来推动技术在大市场中快速扩张。但实行"快速扩张"战略公司的生存取决于他们是否有能力继续找到愿意不考虑经济条件变化而大举投资的投资者。随着这些情况变得越来越不稳定,目前还难以确定这一策略是否可行。

九、视角的转变

在过去的 6500 年里,企业家精神的结构并没有太大的改变。企业家蜂拥而至,他们必须不断创新才能取得成功并保持竞争力。无论面临多少限制条件,不同性别、种族、社会阶层的成功企业家,甚至是奴隶,都会自行找到创新的方向,提供创新产品(即使只是针对小众的创新),吸引客户并使他们心甘情愿地给予更有价值的回报。市场中充斥着大量的竞争者，因此企业家必须不断创新才能获得成功并保持竞争力。这种创新动态在创业创新周期中持续循环，推动着市场的变革，并迫使周围的人们也随之改变。在接下来的三章中，我们将探讨扩大供给、扩大需求和扩大简约这三个方面是如何改变我们的生活、爱情、工作和休闲方式，以及这些因素对我们的心情和健康的影响。这些因素对我们产生了深远的影响，甚至已经扩大到了危及整个星球生存的程度。

第六章

扩大供给

> 哪里有盈利的可能，哪里就会有舰队。
>
> ——朱维纳（Juvenal），《讽刺诗》(*Satires*)，公元 2 世纪初

一直以来，掌握了独特技能和理想技能的企业家们始终面临着生产更多产品的压力。由于企业家具有自主性，他们可以自行选择是否面对这种压力。大多数人选择只生产或提供必要的产品或服务，获得足够的利润来满足个人的需求和欲望。他们满足于现状，不去积极满足市场需求，反而选择让其他企业家生产类似的产品去满足更多客户的需求。

然而，有些企业家则追求在自己的生产领域占据主导地位。一旦他们确定社会对此类产品的需求增多，他们就会积极主动投入生产，力求提供尽可能多的产品。这类企业家在考古记录中出现的频率最高。企业生产规模越大，留下的文物也就越多。

这种扩大产品供应规模的强烈愿望，促使这些雄心勃勃的企业家不断进行创新。他们全力克服一切限制扩大生产规模的障碍，如原材料不足、空间有限、时间紧迫、能源短缺或人手不足，以及无

法及时将产品送到有紧急需求的客户手中的问题。他们开发出的巧妙方法随后会被其他企业家效仿。这个模仿过程也是创新传播的一个重要途径。通过扩大供应,创业创新的传播改变了历史进程。

一、甜蜜与巴巴里①

同大多数成功的企业家一样,詹姆斯·德拉克斯(James Drax)本人并没有发明什么新的产品或技术,而是借鉴了他人的创新成果,并通过扩大生产规模和加强管理,将这些创新方法应用到自己的业务中去。到1645年,德拉克斯拥有了全球生产规模最大、效率最高且成本最低的糖制品生产企业。由于此后几代人都依赖于他完善的糖生产技术,如今人们对这些技术已经司空见惯,很少有人意识到它们最初是由德拉克斯等先驱所开发和完善的。实际上,德拉克斯的贡献是人类迈向工业革命的重要一步。他在控制糖生产这一复杂过程中采取了各种技术和策略,克服了先前制约劳动力和机器有效使用的难题,这些创新成为现今许多生产过程的基础。从那时起,德拉克斯创造的过程管理和组织结构对扩大产量至关重要。

德拉克斯渴望冒险和发财,因此,作为一个英国小镇牧师的次子,他对自己的人生前景并不满意。1627年,18岁的他和其他49人一起出海,前往人迹罕至的巴巴多斯岛定居。该岛位于加勒

---

① 巴巴里(Barbary)或巴巴里海岸,是16世纪至19世纪的欧洲人对马格里布的称呼,即北非的中西部沿海地区,相当于今天的摩洛哥、阿尔及利亚、突尼斯及利比亚。在西方,"巴巴里"一词常使人想起那些以海岸为基地的巴巴里海盗及奴隶贩子,他们袭击地中海及北大西洋的船只和沿海居民,又从欧洲及撒哈拉以南的非洲掳走居民,进行贩卖。——译者注

比海南部,是由一位在风暴中偏离航线的海盗意外发现,并宣称该岛归英格兰所有。巴巴多斯岛很小,你可以在一天之内绕岛一周或从岛的一边走到另一边。德拉克斯及其同伴们是由库廷贸易公司(Courteen Company)用船送到岛上的,公司给他们配备了几个月的生活用品,希望他们能在岛上种植出热带经济作物,这样一来,公司就可以在英国出售这些作物。

德拉克斯和那些在航行中幸存的乘客被送到了一片沙滩上,沙滩旁边就是一片茂密的森林,而森林几乎覆盖了整个岛屿。岛上的一切都令他们措手不及:阳光炙烤、狂风大作、暴雨倾盆、昆虫无情叮咬以及空气闷热潮湿。他们起初住在海滩边的一个山洞里。

大多数幸存者都难以维持生计,身体羸弱不堪,无法抵抗疾病,最终只能悲惨死去。但少数人成功种出了烟草,德拉克斯就是其中之一。不幸的是,这里的土壤并不适合种植烟草。与弗吉尼亚殖民地生产的烟草相比,他们种植的烟草质量较差。因此,在最初的十年里,岛上的幸存者只能勉强维持生计。

德拉克斯是一个雄心勃勃且十分务实的行动派,他敢于面对变化,并在同伴中广受赞誉,认识他的人都称他具有"独创精神"。他勤奋地在自己的耕地上尽可能多地种植烟草,利用超出基本需求的产量,从越来越多的失败者那里购买土地。到了17世纪30年代中期,德拉克斯和其他成功的幸存者得到荷兰商人的帮助和来自伦敦的资金支持,开始转向种植棉花。棉花是一种更优质的出口产品,因而,德拉克斯和其他几位原始定居者的收入增加了,生活水平也随之提高了。

企业家

到1640年，尽管德拉克斯已拥有近400英亩[①]土地，土地面积在岛上位列第二，他还拥有20多名奴隶，但他对自己获得的利润仍不满意。棉花价格在持续下跌。他渴望拥有更大的经营规模，生产价值更高的产品。于是，他登上了一艘驶往荷兰在巴西西部建立的前哨站累西腓（Recife）的过往船只，踏上了掌握制糖技术的征程。

糖是一种产品，而非作物。它源自甘蔗（糖的来源之一）中提取的汁液，然后经过一系列提纯和结晶过程，最终精炼成糖。因为甘蔗汁中的糖分很快会变酸，这些步骤必须一气呵成。在整个提纯过程中，必须精准控制温度，同时还要控制好时间。初次提炼后，得到的红糖饼需要用黏土包裹，并根据气候和甘蔗质量进行数周甚至数月的脱水沥干。即使是生产有限数量的结晶糖，也需要使用专门的设备、进行严格的生产控制以及熟练掌握多种特有技能。

当时，荷兰为了摆脱西班牙的统治争取独立，从葡萄牙手里夺得了巴西一个大型产糖区的控制权（当时西班牙和葡萄牙是共主邦联）。荷兰西印度公司公开觊觎糖贸易，并渴望从精炼红糖饼中获得额外利润。由于他们对种植和初期生产并不感兴趣，控制累西腓的荷兰商人非常愿意向德拉克斯展示糖的生产过程，然后他们就可以将其出口到欧洲。

尽管当时巴西的糖产量超过了全球其他地区的总和，但其生产方法与500年前十字军从穆斯林那里学到的方法类似。在整个圣地，糖是在大面积的土地上生产的，土地所有者在那里建造了一个碾压甘蔗的磨坊，附近还设了煮糖房和晾晒棚。这些磨坊主要由奴隶和

---

① 1英亩≈4046.86平方米。

牲畜提供动力，有时是靠水力驱动。在巴西，甘蔗通常是由住在附近小块租赁地上的佃农种植的，有时会有一两名奴隶来帮忙。每个佃农都在特定的日子将甘蔗送到磨坊，磨坊主人会迅速将其加工成红糖和糖蜜。这就是德拉克斯在累西腓学到的先进技术。

回到巴巴多斯岛后，德拉克斯用了几年时间改进他所学到的糖生产工艺的各个环节，从种植甘蔗到运输成品的物流。通过实验和不懈努力，他开发出了世界上最大、最高效的制糖工艺。他首先在山顶上建立磨坊，在海拔稍低的地方建立煮糖房，这样重力就可以将汁液直接导入管道，最终进入准备好的热锅里，开始提炼。在随后的精炼过程中，他们会使用大小不一的锅，并且这些锅也通过重力输送的管道依次相连。虽然我们在巴西没有找到他的6步精炼装置的证据，但德拉克斯可能后来增加了其他精炼步骤。该装置使用数量较多、大小递减的铜锅进行精炼，保证每一步的加热温度都更加精确。这使德拉克斯的糖因始终如一的高质量而闻名于世。理查德·里根①曾在巴巴多斯短暂居住，并于1657年撰写了《巴巴多斯岛真实而准确的历史》(*The True and Exact History of the Island of Barbadoes*)，他在书中写道："那些使用这种方法的人，在买家那里享有很高的信誉，他们很少打开桶检测；他们对自己所制的糖的质量非常有信心，就像信赖德拉克斯那样。"

德拉克斯最重要的决定是聘请一位荷兰工程师来监督风车的建造，荷兰人在这方面已经到了炉火纯青的地步。由于巴巴多斯没有河流，动物是提供动力的唯一选择，而德拉克斯在岛上的风车毫无

---

① 理查德·里根（Richard Ligon, 1585—1662），英国作家，曾于1647—1650年在巴巴多斯生活并考察了早期加勒比地区的制糖业。——译者注

遮挡，效能很高，提供的能源比其他人多5倍。这意味着他的磨坊可以处理的甘蔗也比其他人多5倍。德拉克斯没有采用巴西雇用佃农的做法，而是控制了他400英亩土地上甘蔗的种植和收割，确保了甘蔗的持续供应。他还调整了种植顺序，保持每周成熟的作物面积与磨坊产能相等。德拉克斯将煮沸和精炼流程规模化，增加到每天24小时、每周6天持续运营，这也许是有史以来首个以这种规模进行全天候作业的企业。

  德拉克斯的生产规模需要数百名额外的奴隶，他们负责种植、除草和收割甘蔗，在数十个糖锅前24小时不分昼夜地工作，此外，他们还需要储存和包装每天生产出来的几十吨糖。德拉克斯与荷兰奴隶贩子签订合同，购买了整船的奴隶，他手下的奴隶人口超过了500人。他无情地驱使奴隶们在恶劣的条件下不停工作。奴隶们用锋利的刀片切割甘蔗，往压榨机里塞甘蔗，压碎甘蔗的同时有时也会压碎自己的手。此外他们还需要在沉闷的煮糖作坊里进行长达12小时的轮班煮糖。德拉克斯每年需要几十名新奴隶来取代那些死亡或伤残的奴隶（关于企业家扩大奴隶贸易规模的后果，将在随后的章节中详细介绍）。

  德拉克斯的业务规模非常复杂，有史以来首次采用了三级制的企业监管等级制度。他雇用了一名监工以及多名主管，分别负责田间工人、磨坊、煮糖房、烘干房、包装房、港口仓库和运输大量物料所需的驴车和马车。在港口附近的一个独立的建筑里，德拉克斯经营着一个"蒸馏房"，将糖沫发酵成烈性朗姆酒。他还有一个由高级文员领导的文员团队，该团队负责与英国和荷兰糖商的当地代理商洽谈销售，缴纳税款，并负责材料和奴隶的进口事宜。高级文员和监工直接向德拉克斯汇报。主管和其他负责人则向所属的高级文员和监工汇报工作。

虽然罗马军队也有多层级的专业人员分配体系,但在德拉克斯之前的企业家,多选择将土地租给自负盈亏的个体来扩大生产规模,以此降低直接成本,实现对生产的直接控制。德拉克斯知道巴西的糖生产商是雇用佃农来种植甘蔗,但他大胆地决定自己直面挑战,直接管理甘蔗的大规模耕作和大规模糖生产的整个流程。这需要更复杂的组织结构和更严格的流程控制,从而形成了他的三层管理等级体系。

在德拉克斯从棉花产业转向糖业的 5 年内,巴巴多斯岛上的人们纷纷效仿他的管理方法,很快该岛就变成了一个繁荣热闹的飞地,并迅速成为英国最富庶的海外殖民地。1647 年,当理查德·里根抵达该岛时,他对港口的繁忙景象感到惊讶:"我们发现,有 22 艘好船停泊在锚地,船只不断穿梭往来,风帆扬起、船桨划动,将各种商品从一处运往另一处。这一热闹繁忙的景象,就像我在伦敦桥下看到的一样。"

在之前提到的他的那本书中,里根详细地描述了威廉·希利亚德(William Hilliard)所拥有和经营的糖厂的运作情况。希利亚德是德拉克斯的朋友,也是第一批定居者和洞穴居民,他效仿了德拉克斯的"独创"技术。里根的书广为传播,并进行了二次印刷。里根对糖厂运作的描述后来几乎被一字不落地抄下来,制成了糖厂管理手册,并在接下来的 200 年里得到了广泛传播。到 1660 年,德拉克斯的体系在整个加勒比地区得到了广泛应用。他成了各种大规模生产的行业标杆。到 1750 年,大批企业家的加入使糖成为欧洲最重要的贸易商品。

大家都注意到了糖业的生产规模和它所带来的财富,特别是其他产业集群的企业家。在1721年,丝绸商人托马斯(Thomas)和约翰·隆贝(John Lombe)兄弟设计并建造了第一家机械化丝线生产工厂。他们肯定已经了解了德拉克斯的糖厂管理体系,作为纺织品商人,他们特别希望在纺织业中采用最先进的生产技术。在隆贝兄弟之前,纺织生产通常是以家庭为单位,一个家庭投资购买一个纺车,当地的纺织品商人企业家会将原材料送到几十户家庭,让每个家庭纺线(或编织),几天后再回来收取成品线(或织布)。几个世纪以来,这种"外包"系统一直运作良好,就像德拉克斯之前的糖厂主们将甘蔗种植外包给小土地所有者一样。

约翰·隆贝听说意大利有了新丝绸机器,便立即动身前往意大利,他在那里看到了多轴纺织机。回到英国后,他仿制了这台机器,并采取了截然不同的纺织品生产管理方式。隆贝兄弟的厂房是栋简单的5层建筑,这样的高度便于23英尺高的水车为每台纺纱机提供动力。厂房的每层都摆满了间隔均匀的纺纱机,这些机器大多由儿童操作。这种有条不紊的生产方式易于监督,原材料和成品线也易于分发与收集。这样做有一个额外重要的好处,竞争对手很难窥探到整个生产过程。

当然,即便如此,还是有其他企业家掌握了工厂的情况,约翰·隆贝的生产理念随后就被韦奇伍德和阿克赖特效仿,他们都是工业革命的关键推动者。如今,每个工厂都遵循了类似的生产流程,设计了流水生产线,由专门技术人员按既定的节奏反复操作核心步骤,确保整个生产过程的连续性。

尽管德拉克斯很残忍，但他的成功点燃了企业家和经理们的创业激情，他们渴望扩大生产规模以满足日益增长的公众需求。在德拉克斯之后，企业家们对大规模生产充满信心，他们将扩大工人规模与多层监督体系结合起来，建立了专门的厂房，配备了专用设备，确保了原材料的稳定供应，并保证了产品质量。

二、循环往复

格兰姆斯燧石矿井（Grimes Graves）是一个阴森恐怖的地方。这里有近百英亩森林环绕的土地，土壤上布满了不同寻常的凹陷。当地的盎格鲁 - 撒克逊（Anglo-Saxon）部落将其描述成蒙面神格林（Grim）的领地，19世纪的历史学家试图将这一地形解释为撒克逊人和丹麦人古老战场的遗址。由于此处地形非同寻常，吸引了很多考古人员来此发掘，是除埃及、希腊和罗马以外最早进行的发掘。但直到20世纪70年代，人们才确定这个地方是新石器时代的一个燧石工厂。

在新石器时代及其之后的时期，人们对燧石工具的需求量增大，交易范围也很广泛。世界各地的燧石产地都生产燧石工具。大约在6 000年前，我们发现当时人们急需燧石，甚至不惜以身犯险，从悬崖边或几十英尺深的地下获取燧石。公元前4 000年左右，燧石打制技术已经十分成熟，经验丰富的打制者可以在短短几分钟内制作出形状和大小各异的耐用切割工具——斧头、箭头、锥子、刀具等。在第一章中，我们介绍过一位特别的客户——奥兹，他在5 300年前被谋杀时，身上携带了一套精心制作的燧石刀。从奥兹的时代开始，我们便发现在有些地方，一些小团体会控制一个富含优质燧石的区域，并建立大规模的采矿和燧石工具生产基地。格兰姆斯燧石矿井就是这样一个遗址，至今人们仍然可以自由进出。如果你不怕下降到40英尺的黑暗中，爬过几乎挤不过去的岩石通道，你甚至可以进入其中一个矿井。但我是不打算再去第二次了。

控制格兰姆斯燧石矿井的部落每年生产数万件工具。英格兰各地，甚至远至现今的马赛都发现过这些工具。他们使用牛肩胛骨作铲子，红鹿角作挖掘用的凿子，因为红鹿角比燧石还坚硬。有了这些工具，20个人可以在大约3个月内挖出一个30英尺深的坑。他们挖开厚厚的白垩层后，终于找到了比橄榄球略大、略重的燧石矿脉。这些燧石块非常纯净，是3亿年前自然形成的。

这些燧石非常适合制作大型优质斧头。为了获得纯净的燧石层，格兰姆斯燧石矿井的矿工们必须先挖穿两层质量较差的燧石，这些燧石可以用于制作小型工具，如箭头和刀具等。随着挖掘的深入，他们搭建木梯和脚手架，以便充分开采已挖出的两层燧石。矿坑在地表的宽度约为30英尺，能为地下40英尺的作业提供足够的光线。当他们到达纯净的燧石层时，他们会在主坑外沿着燧石脉络挖出一条狭窄的小通道，每隔6—8英尺埋下支柱以防坍塌。幸运的是，格兰姆斯燧石矿井的矿工对这里的地质情况十分了解。

这个部落的首领不同于其他部落的首领，很可能并未强迫部落成员去做规定的工作。部落中有些成员在采矿和打制燧石方面技艺高超。他们生产的工具在做工和材质方面都是品质最好的，而且生产的数量远远超过了个人所需或赠送礼品的需求。他们通常会在耗尽前一个矿坑的高品质燧石后，立即挖掘新坑来满足人们对产品的极大需求。此时,耗尽的矿坑则用来储存从新坑中挖出的碎石。为了实现这一切,部落制定了一套可循环的流程,并借助专门的工具(如红鹿角、木梯、脚手架)来加速这一流程。由此可见,自新石器时代以来,企业家们通过设计高效的系统并不断循环利用,从而扩大了供应规模。

三、雨后春笋

大约 4000 年前,一位名叫沙利姆-亚述(Shalim-Assur)的企业家就如何处理最新一批纺织品做出了明确的决定。他的指示被制作成几份楔形文字泥板。一份由商队携带,另一份则由信使提前送出。根据这些指示,这批货物包括以下内容:

- 714 卷不同类型和质量等级的纺织品。
- 约 600 千克密封的锡,外加用于支付沿途费用的锡。
- 34 头驴及其挽具。
- 约 30 千克的废金属。
- 600 个钉子。
- 37.5 升两种不同品质的油。
- 22 谢克尔(约 175 克)的红玛瑙石头。
- 100 颗宝石。
- 60 升藏红花。
- 14 千克雪松香料。
- 其他较小的物品。

企业家

　　根据沙利姆－亚述的指示,有181卷纺织品将被走私到提梅尔基亚(Timelkiya)镇。显然他的商队首领很有经验,知道该怎么做。其余的货物将被运到卡内什,在那里要进行正常的海关清关,包括缴纳5%纺织品税和3%锡税。他住在卡内什的两个儿子,埃纳姆－亚述(Ennam-Assur)和阿里－阿胡姆(Ali-ahum)会把剩下的货物拿到安纳托利亚另外三个繁荣的城镇出售,那里的价格比卡内什更高。沙利姆－亚述明确指示这些商品只能用银子(当时的货币)交换,在任何情况下都不接受赊账。

　　沙利姆－亚述只是当时众多从事类似贸易的成功长途贸易商之一。所有位于贸易路线枢纽上的美索不达米亚主要城镇都是贸易商的聚集地。他住在位于今天伊拉克摩苏尔以南约40英里的亚述镇。当时,亚述镇是通往小亚细亚中部的门户,该地区对纺织品和宝石的需求量很大,由于本地有丰富的铜矿,对合成青铜器所需的锡也有很大的需求。小亚细亚还蕴藏着大量的银矿,这也是沙利姆－亚述愿意将货物销往此地的原因。

　　为了扩大与小亚细亚贸易的商品种类,亚述镇吸引了来自美索不达米亚南部的商人,他们带来了羊毛纺织品和篮子,以换取亚述商人手中大量的银和铜。从东方来的商人带来了锡和宝石,如备受追捧的深蓝色天青石。亚述国王与控制卡内什周边地区的当地小亚细亚统治者签订贸易条约并维持贸易关系。亚述国王还与其他地方统治者签订了条约,以确保商人能沿着亚述和卡内什之间700英里的商队路线安全通行。在这一支持下,亚述的企业家在卡内什建立了一个广泛的贸易殖民地,以控制美索不达米亚利润丰厚的白银贸易。

商队每次运输纺织品、锡和宝石都能获得约 50% 的利润,因此亚述商人在扩大这些商品的出口贸易方面有很强的动力。实际上,这些企业家掌握了商队运输的技巧,并开发了各种技术和工艺,大大增加了他们单次运输的白银和纺织品的数量。商队通常由一位有经验的商队经理和几个助手以及二三十头驴子组成。每头驴都配备了一副皮革挽具、两个鞍袋和一个顶包,总载重约为 160 磅[①]。由于国王制定了安全通行条约,他们似乎不需要武装护送。这种安全通行的特权使得亚述商人在与小亚细亚进行贸易时具有显著优势,并有助于不断扩大贸易规模。

因为商人从卡内什带回的白银比他们出口的纺织品重量轻,他们在小亚细亚卖掉了大部分驴子和挽具,这促使亚述周围的企业家养殖起了商队所需的驴子,而其他规模较小的企业家则生产皮革挽具和袋子。当时亚述的人口在 5 000—7 000 人,所以很大一部分家庭的户主都是独立企业家,从事长途贸易相关的业务。整个社区都致力于发展驴车技术和工艺,以提高他们的贸易优势和贸易成交量。如前文所述,亚述成功的企业家们成立了有限责任合伙企业来资助新的贸易商,因此人才源源不断,帮助这个城市保持了优势。这是繁荣的专业化企业家社区的典范。

亚述的商业活动由商人组成的城市议会进行管理。议会制定规则、设定税收并裁决纠纷。为了吸引美索不达米亚其他地区的商人到亚述城市广场交换商品,他们给其他城邦写信,宣称它在该地区征收的进出口税最低。虽然亚述有自己的国王,但在已经恢复和翻

---

① 1 磅 = 453.6 克。

译的数千块泥板文献中很少提到他，只在与其他城邦的贸易条约谈判中提到了他。显然，他将商业和贸易的监管权交给了市议会。

亚述企业家使用了"利润"这个词，并认识到如果他们专注于某个领域，他们就会获得更多利润。这种专业化赋予了他们洞察力和专业知识，从而能够开发新技术，在每次交易时交付更多的产品。他们领导自己的社群专注于特定领域的经营，保持了自己的竞争优势，与成千上万涌入美索不达米亚的其他商人相比，他们确信自己的竞争优势能帮助他们获得支持，并在经营过程中取得成功。几百年来，他们一直繁荣发展，而其他人望尘莫及，渴望效仿他们的模式。

至少在过去的4000年里，企业家通过组建专业社群来实现规模扩张，每位社群成员都独立地开发或尝试各种方法，以促进整个社群的繁荣。无论是在巴巴多斯、文艺复兴时期的佛罗伦萨还是在硅谷，当社群主要由生活在那里的专业人员管理时，他们的经营就具有明显的区域优势。

四、兴如云涌

企业供应规模的扩大对罗马的生存至关重要。在罗马帝国的鼎盛时期，帝国人口至少有6500万人，其中100万人生活在城市。所有这些人都需要食物、衣物、灯具和盘子等日常用品以及住房。尽管政府管理人员监管供养罗马的粮食进口，监督道路和港口等关键基础设施的建设，但帝国的大部分实际生产、物流和商业都交给企业家来管理。

奥斯提亚（Ostia）是罗马保存最完好的城市之一，位于台伯河口，距离上游的罗马市中心30英里。克劳狄乌斯皇帝（Emperor Claudius）建造了一个港口综合体，使船只更容易、更安全地卸载前往罗马的大量物资，因而奥斯提亚迅速发展起来。企业家开始主宰这座城市的日常生活，他们拥有公寓楼，出租给大多数人；他们经营着商店，为居民以及在该市做生意的水手和商人提供服务；他们管理着仓库、速食快餐店，还雇用了清洁工和送货员等服务人员，为城市提供清洁和货物运输等服务。

在奥斯提亚出入口1/4英里的地方，道路两旁都是塔贝纳（tabernas，古罗马词汇，表示街边小店）。这样的商店有数百家，每家都在为这个熙熙攘攘的城市及来来往往的游客提供商品。塔贝纳只是小规模的创业经营，奥斯提亚也有大型企业。面包是古罗马人的主食。为了扩大面包的供应规模，该市最大的面包店有10台以骡子为动力的磨粉机和5台以动物为动力的和面机。建筑布局采用了高效的物流设计，使得材料能够顺畅地从一个区域移动到另一个区域，然后再回到原始位置。一位非常成功的罗马面包师傅——欧里萨斯（Eurysaces），为了炫耀自己设计的圆柱形和面机，竟将自己的墓碑设计成圆柱形。直到今天，欧里萨斯三层高的圆柱形纪念碑仍然矗立在罗马城墙外，紧挨着一条城市出入的主干道。这位面包师傅想通过这座纪念碑向世人展示他在扩大面包生产方面所做出的巨大贡献。

在奥斯蒂亚大剧院后面，有一座面积达数英亩、绿树成荫的露天广场，名为"企业广场"（Piazzale delle Corporazioni）。广场周围共有61个企业办事处。在大多数办事处门前的人行道上，都镶嵌着马赛克瓷砖，它们介绍了企业的服务性质，例如，从突尼斯进口粮食、从西班牙进口鱼油，甚至还有从非洲进口珍禽异兽。站在今天的遗址上，你会感觉到当时奥斯蒂亚的企业家可以满足有钱人的所有需要和欲望。

在整个奥斯蒂亚，遍布着名为"霍雷亚"（Horrea）的罗马仓库。霍雷亚有两层楼高，属于私人所有，专门设计用来存储运往罗马或帝国各地的食物和产品。每年仅运往奥斯蒂亚的货物量就非常大：超过400万瓶葡萄酒、500万袋小麦，以及数万吨石头和其他建筑材料。几乎所有的进口业务都分包给了企业家，他们还生产了所有的葡萄酒、橄榄油，以及大部分的建筑材料。只有小麦和之后运往罗马的橄榄油归皇帝及其管理者控制。

罗马作为一个创新之地常常被忽视，然而雄心勃勃的罗马企业家在扩大业务规模方面展现出极高的创新能力，他们为了生产和交付大量的产品，必须不断创新。尽管和面机可能不会被列入重要创新的名录，但如果没有这项技术，罗马可能就无法满足城市居民的食物供应，而且很可能是由一位有企业家精神的面包师，甚至可能是欧里萨斯本人，推动了这项技术的发展和应用。

古罗马的陶罐和餐具生产设施规模也相当可观。地方企业家目标远大，他们建造了大型窑炉和工场，个体工匠可以在那里租用陶轮，并购买由企业家采购和准备的陶土，生产标准化的产品，然后交由企业家分销和出售。最大工场的窑炉每批可以生产35 000个盘子，这一产量在当时世界上首屈一指。一个工厂场地上可以有多达10个这样的窑炉，每个窑炉的烧制周期长达两周，一个地方一年内就可能生产超过1000万块盘子。已经发掘出的类似大型工厂还生产了标准化砖块、油灯，甚至大理石石棺，每个石棺都已经制作完毕，只需当地的石匠再完善面部和手部的细节。

罗马在创新方面非常注重实用性且致力于满足供应需求。载量高达千吨的大型船只，高效的绞盘和滑轮、水力发动机、混凝土技术、防水技术以及大规模干仓存储等创新技术在货物运输过程中起到了至关重要的作用，确保货物安全、高效地从产地运输到消费地。罗马的激励制度促使企业家专注于生产越来越多的物品。尽管罗马贵族认为亲自负责工作和生产是自降身份，但他们很乐意指派奴隶来管理庄园和酿造优质葡萄酒等重要业务。能力出众的奴隶有时可以说服主人给予他们自由，以便利用专长经营有利可图的业务，而前主人则可从中分一杯羹。这些企业可能盈利丰厚，甚至前主人还会提供创业资本。像欧里萨斯这样的获释奴隶为自己的创业成就感到自豪，并在数百座精美的墓葬纪念碑和纪念物中记录了他们的贡献，这些纪念碑和纪念物至今保存完好。

即使皇帝的行政官员控制了小麦的采购和分配，罗马皇帝仍然颁布法律激励企业家为罗马提供小麦。负责运送小麦的船只可以免除大部分税收。希望开展小麦运输业务的奴隶可以获得罗马公民身份。如第四章所述，罗马制定法律，允许企业家投资和合作，以完成需要大规模投资和规模化运作的项目，如大型私人和公共建筑的建设。只有鼓励企业家扩大供应以满足其需求，罗马才能保持其最强大的世界帝国地位。

正如前文所述，德拉克斯和其他糖业大亨在推动供应规模化方面做出了重要贡献，然而，除了建造的豪华宅邸和庄园外，他们并没有引起太大轰动。尽管如此，实际上，他们的创新实践和成果并没有被忽视，几乎各地都在效仿他们的创新技术，从而建立了工厂、管理体系和流程控制，为实现前所未有的供应规模奠定了基础。

五、超级供给

英国制造商马修·博尔顿（Matthew Boulton）有很多值得骄傲的成就，其中包括瓦特蒸汽机的商业化，但他个人成就中的最高荣誉是创建了第一个商业铸币厂。博尔顿的铸币厂每年可以生产数亿枚精美的硬币和奖章。正如他所写的那样："在我涉足的所有机械领域中，没有哪一个能让我像追求完美铸币艺术那样充满激情。"

在他事业的巅峰时期，凭借卓越的金属加工知识，博尔顿设计并制造了一台蒸汽动力铸币机，每秒能冲压一枚硬币，同时还能自动装卸。与手工敲打相比，这台机器制造出的硬币更精确、更均匀，产量也达到了原来的数十倍。一夜之间，这台铸币机取代了自公元前6世纪以来的标准铸币方法。

在博尔顿之前，可能从未有人考虑过这样大规模地供应产品。与所有类似的企业一样，快速制造质地均匀的硬币不仅需要技术的创新，还需要一套完整的流程。博尔顿必须先采购和提炼适当纯度的铜，然后将其压制成特定厚度的薄片，之后再使用特制的钢模具对铜片进行冲压。这些钢模具经过特殊硬化和设计，牢牢地固定在他的新型高速冲床中。除此之外，产品销售也同样不易。因为自古以来就有伪造货币者，统治者对独立企业家参与货币生产持怀疑态度。幸运的是，英国东印度公司恰好需要为印度新殖民地制造硬币，所以在博尔顿展示了他的高质量硬币后，很快就获得了大量订单。不久之后，印度、爱尔兰、俄罗斯、美洲、非洲新的殖民地塞拉利昂等地都订购和使用他的硬币,最终在英国本土也得到了大量推广使用。

博尔顿不仅属于那个时代,而且还创造了那个时代。博尔顿出生在一个成功的手工艺企业家家庭,他们专门制作"玩具"——如纽扣、手表链和搭扣等小型钢制品。1759 年博尔顿在父亲去世后接管了家族生意。由于一心想着扩展业务,31 岁的博尔顿前往伦敦推销自己的产品,并成功托一位朋友将他制作的一把剑送给爱德华王子(Prince Edward)。这把剑的剑柄制作得极其精美,爱德华的哥哥也就是未来的乔治国王(King George)对此赞赏有加,也为自己买了一把,这顿时让博尔顿在银器和钢铁加工领域声名鹊起。在成功扩大产品的需求后,博尔顿回到伯明翰,大规模扩展"玩具"生产。博尔顿还与一位在欧洲销售奢侈品方面经验丰富的合作伙伴携手合作,共同创办了一家企业,经营采用机器成型但手工精加工的银镀蜡烛台、酒壶和其他奢侈品。

博尔顿租了 13 英亩土地,建造了一个足够大的工厂,来保证已有企业的生产和运营。该厂址很重要的一点是附近有一条流动的小溪,可以为车床和冲压工具提供动力。他坚持使用质量最好的机器、工具和上乘工艺。因此,工厂及其基本设备的成本比预期高出 5 倍,导致博尔顿和他的合伙人大举借债。幸运的是,这些企业获得了快速的增长,足以偿清债务,尽管镀银业务从未成为盈利丰厚的项目。

几年后,博尔顿工厂的发展受到了附近小溪所产生动能的限制。他将注意力转向了用于从矿井中抽水的新型蒸汽机。博尔顿联系了詹姆斯·瓦特(James Watt),后者发明了一种改进的蒸汽机。瓦特是一位发明家,并不擅长经商。他曾与人合作,试图将他的发明商业化，但在他们尚未取得较大进展时，这位合伙人就陷入了财务困境。在1775年，经瓦特同意，博尔顿买断了那位合伙人的股份，并说服瓦特搬到了伯明翰，全身心地投入改进蒸汽机性能的研究中。几乎是在第一时间，博尔顿就发现了瓦特的专利冷凝器中存在汽缸钻孔精度不足的问题。于是，他说服一位擅长炮筒镗孔的铁匠为他们制作冷凝器，使瓦特蒸汽机的性能提高了一倍多，而且显然比老式的纽科门蒸汽机更经济。

有了这一终极创新，博尔顿和瓦特开始向煤矿和铜矿产业大量供应蒸汽机，业务取得迅猛发展。因此，直到1780年，博尔顿才能让瓦特转移注意力，集中精力解决"玩具制造机"生产从水力驱动转向蒸汽驱动所产生的问题。真正的挑战不在于蒸汽机能否提供更多动力，而在于如何将蒸汽机的上下往复运动转换为持续供能的圆周运动，来驱动机器上的轮子，进而为大多数机器提供持续的动力。许多人曾尝试用纽科门蒸汽机实现这一点，但都徒劳无功。经过多年的试验，瓦特、博尔顿以及他们经验丰富、才华横溢的团队终于开发出了他们的动力转换器（被称为"太阳与行星齿轮传动装置"，与一个由双作用式汽缸驱动的离心调速器相连接）。有了这一突破性的创新，蒸汽机现在成了工厂和加勒比种植园甘蔗研磨的首选动力来源。

这时，博尔顿想到了应用这种方法铸币。当时新兴工人阶层开始出现，博尔顿和其他企业家正把机器制造出得更便宜、质量更高的商品推向市场，为了支付工人工资，也为了让所有阶层的人都能买得起这些商品，整个世界需要数以亿计的低面额硬币。博尔顿为自己的成就感到自豪，邀请各界政要和其他人参观他的工厂——当然，除了铸币厂。这种参观传播了他创新的消息，激励并鞭策其他企业家实现工厂的自动化生产。在博尔顿之前，人们设计的机器只能在某个特定步骤上表现得比手工更出色。还没有人尝试过将多个步骤连续自动化，即使是哈格里夫斯（Hargreaves）或阿克赖特新近发明的棉纺纱机也没有实现这一点。企业家们现在看到了博尔顿的蒸汽动力铸币机可以自动执行装载、压印、卸载等多个步骤。此后，蒸汽动力机器变得更加复杂、更加专业化，不仅让许多采用机械化生产的企业家发财致富，也进一步提高了生产力。

在博尔顿和瓦特开发出适合为机器提供动力的蒸汽机之前，企业家空有扩张规模的雄心壮志，但发展一直受到限制。正如我们在本章所看到的，企业家们使用奴隶、牲畜、流动的河流和风力为扩大生产规模提供充足动力，但所有这些形式的动力都有局限性。瓦特和博尔顿非常清楚他们创新的意义。瓦特甚至在1782年申请了蒸汽动力马车的专利。但他忙于为工厂提供动力，没有时间完善或落实他的创意，只好由他人推动蒸汽动力在运输领域的应用。

其他企业家数次尝试将纽科门蒸汽机应用到船上，但屡试屡败，1807年，企业家罗伯特·富尔顿（Robert Fulton）在此基础上进行了改进，将博尔顿和瓦特蒸汽机安装到了一艘专门设计的螺旋桨船上，创建了第一个商业化的蒸汽船服务，即在纽约市和奥尔巴尼之间运行的"北河号蒸汽船"（The North River Steamboat，后来改名为"克莱蒙特号"。纽约州为了吸引富尔顿尽快扩大业务规模，授予他在该州的蒸汽船服务垄断权。正如我们在上一章中所看到的，随后企业家们纷纷看好蒸汽船的发展潜力，一拥而上，激发了新的竞争方式和竞争策略的产生。

六、漫漫长路

蒸汽机一旦可以提供无限动力，扩大供应规模就会考验企业家在维持自身创意、志向和个性化经营方式等方面的能力。铁路规模化的高昂费用和复杂性最终表明，与全新的职业经理人管理模式相比，个性化经营模式费时费钱。

铁路是当时世界上最复杂的业务。当时的大企业主要是由政府控制的组织结构高度分散且沟通协调比较灵活的贸易公司，如荷兰和英国东印度公司。这些贸易公司经手大量资金，雇用数千人，但他们的运营时间通常仅有几个月，而且往往给予船长和港口经理完全的自主权。当时的纺织厂和糖厂需要严密监管，以确保机器和人员协同工作，每个人都住在附近，可以随时召集起来决定和协调需要进行的工作。运河公司需要大量投资，但他们并不经营船只，只收取通行费。铁路公司与这些大型企业都不同，它需要同时协调许多不同的功能：铺设铁轨、运行火车、招揽乘客和货物、雇用和培训专业人员来操作昂贵且有潜在危险的设备，并且需要同步安排不断变化的时间表，这些变化可能源于天气、故障、商业条件和其他未知因素。

事实证明，没有哪位企业家能够挑战比运营短程铁路更复杂的项目。他们意识到自己面临很多挑战，便聘请了擅长技术和组织的助手来帮助规划和扩大业务。与此同时，铁路企业家还需要筹集大量资金，这意味着他们需要吸引来自陌生人的投资，因此他们采用了股份有限公司的融资结构。最终，投资者们对他们支持的铁路企业家失去了信心，并将控制权交给了企业家聘请的技术和组织能力出色的专业经理人。投资者在巴尔的摩和俄亥俄铁路公司（B&O）建设中获得了经验，他们认识到，职业经理人比企业家更有能力扩大企业规模。从那时起，如果企业家在扩大供应规模方面出现失误，投资者就会毫不犹豫地把他们赶出创建的股份公司，以职业经理人取而代之。

1820年，纽约州设计、资助并实施了一个大胆的项目，建设伊利运河，将哈德逊河与五大湖连接起来，使纽约州及其主要港口城市纽约在与迅速扩张的西部之间的往来货运方面占据重大成本优势。运河对东海岸其他主要港口城镇的商人构成了生存威胁。为了竞争，一些人游说州立法者资助运河项目，将他们的城镇与阿巴拉契亚山以西的主要河流连接起来。

银行家和商人菲利普·托马斯（Philip Thomas）被任命为刚刚成立的切萨皮克和俄亥俄运河系统（Chesapeake and Ohio Canal System）专员，不久之后他就对帮助巴尔的摩商人与纽约市商人竞争的前景感到失望。1826年，当他听说英国的煤炭企业家使用移动的高压蒸汽机将成吨的煤炭从开采地运输到数英里外的驳船上后，他便和另一位巴尔的摩商人兼银行家乔治·布朗（George Brown）前往英国了解这些创新。布朗的兄弟威廉协助他们进行调查。几年前，威廉移居利物浦，靠经商和银行业务发家致富。乔治和威廉的父亲亚历克斯曾从爱尔兰来到巴尔的摩，与他的5个儿子一起创立了亚历克斯·布朗父子公司（Alex Brown & Sons）。威廉在利物浦开设了一家分公司，然后创建了自己的银行公司布朗·希普利有限公司（Brown Shipley & Co），由于威廉是利物浦—曼彻斯特铁路的杰出投资者，他在帮助兄弟调查蒸汽机方面有着得天独厚的条件。在他们访问此地 4 年后，也就是 1830 年，这条铁路成了世界上第一条客运铁路。

菲利普·托马斯和乔治·布朗了解了英国铁路发展的潜力后感到非常兴奋。他们回国后，在 1827 年 1 月与其他 25 位巴尔的摩企业家召开了会议，希望说服他们修建一条连接该市与俄亥俄河的铁路。与会的企业家们一致同意着手进行修建。不到一周，他们就起草了一份章程草案，赋予了拟议公司适当的通行权、相邻土地所有权和免税地位。商人们还设计了一种资本结构，其中拟通过向公众出售股份募集 300 万美元，从巴尔的摩市和马里兰州筹集 100 万美元。马里兰州和弗吉尼亚州都看好"将一个帝国带到我们门前"的发展前景，迅速批准成立了巴尔的摩和俄亥俄铁路公司（Baltimore & Ohio Railroad）。在接下来的 11 天里，2.3 万人以分期付款的方式认购了这家新公司 417.8 万美元的股份。马里兰州和弗吉尼亚州的民众已经深陷铁路狂热之中。

巴尔的摩和俄亥俄铁路公司成立后，托马斯被任命为总裁，布朗担任财务主管，但他们俩在创立或运营规模庞大的企业方面都没有任何经验。

他们根据马萨诸塞州一条短途马拉铁路线的已知成本进行简单推算，估计每英里铁路最高造价为 2 万美元。当时，利物浦—曼彻斯特铁路正在建设中，全长 31 英里，穿越了一片起伏不平的地形，并与多年前早已修建完成的运河相交。

相比之下，巴尔的摩和俄亥俄铁路计划铺设至少 10 倍于此的铁轨，穿越森林茂密、地形崎岖的阿巴拉契亚山脉，才能到达俄亥俄河。为了获得帮助，托马斯和布朗向美国陆军求助，原因是全国为数不多的工程师都是西点军校（West Point）培训的。约翰·昆

第六章 ◆ 扩大供给

西·亚当斯（John Quincy Adams）总统认为，穿越阿巴拉契亚山脉的铁路是一个有价值的项目，遂命令军队进行勘测以确定最佳路线。巴尔的摩和俄亥俄铁路公司最终聘请了几名陆军的建筑与勘测官员，但铁路公司雇用的桥梁建造者和铁轨工人都是自学成才的本地人，他们在做事风格和流程上产生了分歧和冲突。这些冲突导致了工程延误、人工浪费、效率低下和成本超支，而托马斯和布朗甚至都没有尝试去解决这些问题。

1830年5月，尽管公司已经悄然陷入财务困境，巴尔的摩和俄亥俄铁路公司还是正式开始营业：一辆由马匹牵引的客车行驶了13英里，抵达了帕塔普斯科河的一处风景如画的地方。几个月后，美国第一辆蒸汽机车"大拇指汤姆"（Tom Thumb）开始在这条线路上运行，代替了马拉车厢。为了筹集建设资金，巴尔的摩和俄亥俄铁路向州和市出售了更多的股份，让政府官员加入了董事会。到1836年，这条铁路已经穿越马里兰州80英里，到达波托马克河上的哈珀斯渡口，但其线路终点仍然距离俄亥俄河很远。

经历了长达9年的持续危机后，菲利普·托马斯辞职了。董事会急需资金，便聘请了安德鲁·杰克逊[①]执政时期的财政部部长、前政治家路易斯·麦克莱恩（Louis McLane）担任新总裁。麦克莱恩是一位果断且经验丰富的管理者，曾把一家濒临破产的运河公司扭亏为盈。他一上任就开始调查巴尔的摩和俄亥俄铁路公司的运营情况和各种铁路铺设项目，并宣布公司在运营和财务方面都是"一团糟"，完成主线铺设的可能性很小。他的声誉和经验给马里兰州和英

[①] 安德鲁·杰克逊（Andrew Jackson，1767年3月15日—1845年6月8日），美国律师、军人、政治家，1829—1837年当选美国第七任总统。——译者注

国投资者带来信心，他们愿意提供资金继续完成这条铁路线的建设。但麦克莱恩对参与铁路的运营和项目并不感兴趣，他致力于寻求使铁路运营专业化的方法。在这一过程中，他得到了首席工程师本杰明·拉特罗布二世（Benjamin Latrobe II）的热情支持（拉特罗布的父亲是一位著名的建筑师，曾设计了华盛顿纪念碑，并在英国人焚烧华盛顿特区后对其进行了重新规划）。

在接下来的10年里，麦克莱恩和拉特罗布二世对铁路公司的组织结构和报告程序进行了正式的规范，按照运营和财务的分工进行职责划分（回想一下，德拉克斯也是用同样的方式划分了他的报告结构）。他们对关键职位和关键部门的职责进行了详细描述，而董事会则没有任何运营职能。他们规定了每个部门在每周、每月和每季度的报告内容。这是第一份关于如何运营和管理大型企业的正式书面说明。到1848年，巴尔的摩和俄亥俄铁路公司的组织描述与操作手册已经扩充成一份400页的文件：《巴尔的摩和俄亥俄铁路的服务组织》（*Organization of the Service of the Baltimore & Ohio Railroad*）。其中没有提到企业家，也并不需要有远见和动力的个体来推动企业的发展。根据麦克莱恩和拉特罗布二世的观点，发展规模巨大的复杂企业，实现企业利润最大化方面已不再需要企业家，或者说企业家是可以取代的。具有高度专业化技能的技术专家和具备良好组织能力且愿意接受监督的职业经理人，才是企业的最佳选择。他们含蓄地提出，一旦企业开始扩大规模，企业家就应该被解雇。

当麦克莱恩和拉特罗布二世成功地使巴尔的摩和俄亥俄铁路公司盈利，并在穿越山区的轨道铺设方面取得高效进展时，其他铁路公司的管理者也注意到了这一点。7年后，纽约伊利铁路公司的运营总监丹尼尔·麦卡勒姆（Daniel McCallum）在他们的基础上进行了扩展，制定了自己的管理手册，并设计了世界上第一个组织结构图。宾夕法尼亚中央铁路公司的董事会最初由州政府创建和资助，并聘请了经验丰富的铁路工程师来组织领导。金融家在为铁路提供资金、支持其扩大规模等方面起到了至关重要的作用，巴尔的摩和俄亥俄铁路公司、伊利铁路公司和宾夕法尼亚中央铁路公司的成功，使他们开始质疑创始人在公司运营中所扮演的角色。在上一章中，我们看到了摩根公司利用职业经理人管理公司的方式，将企业家从当时最大的公司中淘汰出局，从而导致在20世纪的大部分时间里，企业家的规模急剧下降。

七、全面控制

许多企业家认识到麦克莱恩、拉特罗布和麦卡勒姆的经验对他们非常重要，可以帮助他们有效地管理企业，确保企业未来的持续增长，并在企业扩大规模的同时保持对企业的控制权。安德鲁·卡耐基通过担任铁路专业人士托马斯·斯科特（Thomas Scott）的私人助理，了解到了良好组织结构对企业发展的益处。1853年，斯科特担任扩建的宾夕法尼亚铁路公司部分工程的总监，并很快成为该公司第一副总裁。斯科特指引卡耐基投资于铁路建设会用到的铁、车厢和服务供应商。虽然在当时这并不违法，但是利用内幕消息从中获利是铁路高管们秘而不宣的特权。让卡耐基参与这些交易体现了斯科特对其能力的欣赏和尊重。

在"内战"期间，卡耐基跟随斯科特来到华盛顿特区，斯科特

企业家

负责监督军方的铁路运营,卡耐基则负责其电报业务。到战争结束时,卡耐基通过各种投资赚得了足够的财富,创办了基石桥梁公司(Keystone Bridge Company),并在密西西比河上建造了第一座钢铁大桥。他在从事钢结构相关工作时了解到一项名为"贝塞尔法"(Bessemer process)的新技术,可以将原始铸铁转化为钢,从而能够生产出更加坚固耐用且价格合理的铁轨。卡耐基随即创立了卡耐基钢铁公司,很快便控制了铁轨的生产。在斯科特的影响下,他意识到严密控制的组织和经验丰富的部门经理的重要性,因此他创立了第一个完全纵向整合的规模化运营模式,掌控了从煤矿和矿石采掘到钢铁产品最终交付的整个供应链。卡耐基的纵向整合、多层次的组织架构,甚至每小时都要报告的频繁机制,是许多企业家渴望效仿的典范模式。

亨利·福特(Henry Ford)一直渴望掌握企业控制权,他把大规模纵向整合发挥到了极致,创建了胭脂河工业综合体[①](River Rouge Complex)。福特在卡耐基的组织控制和纵向整合理念的基础上,增加了流水线的概念,这个想法是由他的工程师和生产主管团队根据大规模肉类加工业的启示提出的。流水线需要人和机器同步协作才能高效运作,它至今仍是以最低成本生产实物产品的基准。

如今,亚洲企业家拥有和掌控了最大的工厂,一些大工厂的员工多达10万名。他们采用了德雷克斯、拉特罗布、卡耐基和福特开

---

① 胭脂河工业综合体建于20世纪20年代,是福特公司设计的自给自足的综合制造设施,可以生产汽车所需的一切。设施包括钢铁厂、发电厂、铸造厂和化工厂。它还拥有自己的码头和铁路系统,可以将材料运输进来,并将成品运送给客户。该建筑群占地超过1200英亩,巅峰时期雇用了超过10万名工人。——译者注

创的理念和方法，实行严格组织控制和高频报告制度，对供应链进行垂直整合，并使用流水线组织生产，生产出了数十亿部廉价的智能手机和大批运动鞋，来满足我们所有人的需求。

八、兆亿字节

今天的先锋企业家利用电子技术实现前所未有的数字规模，但他们仍然依赖本章所讨论的策略。他们主要从事数字领域的业务，创造和传递我们渴望的信息和娱乐，而不是生产传统的实物产品。科技企业家为我们提供兆字节的信息，其规模超出了任何个人处理或控制的能力。企业家们正竞相开发专门的软件应用，以便在尽可能少的人工干预下，创造和消费兆字节的信息。如今企业家扩大规模带来的挑战，集中在如何最高效地监管同时为数千万用户提供服务的数百万台计算机，这是一项前所未有的复杂任务。

几千年来，企业家们一直在应对各种复杂的挑战，但大多只是借鉴了其他企业家创造和管理的专门方法，这些方法侧重于全面掌握信息，增强对企业的掌控权。随着专业化和工具的发展，企业管理和运营的复杂程度也在不断增加。在日益复杂的商业环境中，人类个体如何能够有效地掌控和处理复杂情况是企业家创新故事中的另一个关键维度，我们将在第八章重点讨论。首先，我们需要研究企业家如何通过创新营销方式增加客户对产品的需求，从而避免因生产过剩而导致的后果。

第七章

扩大需求

供给必须积极创造与其对应的需求。

——爱德华·伯纳斯（Edward Bernays），1928 年

实际上，人类为了生存真正所需的东西并不多，无非食物、水、住所以及御寒的衣物。然而，如果加以适当的引导，我们对物质的需求可能是永无止境的。只有当有充足的需求时，扩大供给才会奏效。这一点始终为企业家们提供了强大的动力，激励他们想方设法地创造更多的市场需求。

但是首先会遇到一个问题，人们认为自己已经拥有了所需的一切，那么如何才能让他们需要更多的东西呢？你需要说服他们，让他们还想要一些自己尚未意识到的东西。或者，更有趣的是，让他们相信自己有着一个先前没有意识到的问题。乔治·兰伯特（George Lambert）正是这么做的，他从 19 世纪的医学教科书中挑选了一个鲜为人知的术语"口臭"（halitosis），将其用到李施德林漱口水的营销中。这种产品最初是作为外科手术消毒剂设计的，后来被当作地板清洁剂进行销售，甚至在兰伯特想到将其用作漱口水之前，

还被用于治疗淋病。自古埃及以来，人们就一直在尝试治疗口臭，但兰伯特的创新之处是将其定义为一种独立的医学病症。这个创意确实奏效，在不到 7 年的时间里，李施德林漱口水的营收从 115 000 美元增加到了 800 万美元。虽然扩大市场需求可能是一种人为的努力，但它往往能带来丰厚的利润。

事实证明，扩大需求对工业革命至关重要。我们通常认为工业革命时期是企业快速增长的时代，但实际上，对当时的企业家来说，起步阶段并不顺利。从 18 世纪中叶开始，少数富有创新精神的企业家利用新技术大规模生产皮带扣、纺织品以及陶瓷等生活必需品，并以低廉的价格进行销售。随着他们的生产方法被争相模仿，这些相互竞争的"制造商"（manufacturers）（当时的称呼）纷纷通过降价来争夺市场份额。然而，即便价格降低，消费者仍然不习惯于购买超出自己刚需的物品。很快，大量未售产品堆积如山，导致当时许多企业家都破产了。生产过剩成了一个长期的问题，直到一位有抱负的年轻陶艺家将注意力从扩大供给转向了扩大需求。

一、第一个品牌

乔赛亚·韦奇伍德（Josiah Wedgwood）出身于英国陶艺世家，家中排行第 12，自幼体弱多病。韦奇伍德家族是斯塔福德郡陶瓷贸易的先驱，该郡盛产优质黏土。韦奇伍德 9 岁时，他的父亲突然离世。大哥托马斯（Thomas）继承了家族的陶瓷事业和宅地。尽管韦奇伍德儿时因疾病导致腿脚不便，但他仍然帮助大哥托马斯工作，将煤运往窑炉。14 岁时，韦奇伍德成为大哥托马斯的无薪学徒，努力钻研家族手艺，并凭借精湛的技艺、敬业精神和创造力赢得了良好的声誉。随后，他继续为当地其他陶匠工作，逐渐承担了更多的责任并最终监督陶瓷生产。

韦奇伍德具有敏锐的观察力，他发现无论成功的创新多么微小，很快就会被他人模仿。如果一位陶艺师设计出迷人的卷心菜形茶壶并畅销，第二年便会有许多其他陶艺师推出类似的卷心菜形茶壶。再过一年，大家的仓库货架上都会堆满滞销的陶瓷卷心菜茶壶。这些早期经验教训将为韦奇伍德日后成为创新大师，制定发展策略提供宝贵的参考。

韦奇伍德 29 岁时获得了第一个机遇。当时，他设法说服了事业有成的堂兄托马斯（在韦奇伍德家族中有许多托马斯，这是另一个）和朗·约翰（Long John），将一个旧的废弃陶器厂租给他。尽管韦奇伍德仍需要支付一大笔租金，但这位年轻的创业者在业余时间研发出了光彩夺目的龟甲绿釉面产品，他对产品的销售力非常有信心。后来事实证明，他的确是成功的。

韦奇伍德的第二个机遇来自他的婚姻。他说服了另一个财力雄厚的远房表亲同意将女儿嫁给他。通过这次联姻，韦奇伍德迎娶了一位体贴的妻子萨拉·韦奇伍德。后来，萨拉不仅成了他事业中的得力助手，还成了他的资金赞助人，为他筹备新设备提供了资金支持。借助这些新设备，韦奇伍德更稳健地扩大了畅销尖端产品的生产规模。

尽管韦奇伍德取得了巨大的成功，他所面临的市场竞争仍然十分激烈。当时，英格兰拥有很多陶艺师，其中一部分人技艺娴熟，能迅速复制韦奇伍德的设计，并以更低的价格进行销售。为了保持市场领先地位，这位年轻的企业家经常工作到深夜，发明新的釉料，做出新的设计。

韦奇伍德的第三个机遇是其作品引起了夏洛特王后侍从的关注。当时，英国国王乔治三世的妻子正在寻找一套新的茶具，韦奇伍德便抓住这次机会展示了他对当时流行的奶油色陶器的创新设计。奶油色陶器以光滑的铅釉为特色，通常呈奶油色，这也是其名称的由来。韦奇伍德在新型釉料中加入了钴来创造出引人注目的蓝白色，使其色泽更明亮、更轻盈。王后从未见过如此独特的产品，对此赞赏不已，于是她便收下了这套新茶具。

假如当时这次机会给到了一个普通陶工，他大概率会利用王后的青睐，将陶器卖给其他贵族成员。商人们长期以来都是通过这种方式刺激贵族精英的需求。韦奇伍德确实也这样做了，但他从中看到了更大的商机。由于他有新设备，并开发出了配套的更高效的生产方法，他现在可以生产出质量可与王后御用陶器相媲美的陶器，而且价格适中，日益壮大的中产阶级也能负担得起。他真正的挑战是让这些潜在客户相信，他们确实也需要一套王后御用品质的茶具。

韦奇伍德采用了三管齐下的战略来创造这一新需求。首先，他请求王后允许将这种新款式命名为"王后御用陶器"。王后同意了，这成了第一套茶具的品牌，而且还是皇家品牌。其次，韦奇伍德和他的商业伙伴托马斯·本特利（Thomas Bentley）在伦敦时尚区考文特花园南部开设了一家商店。韦奇伍德特意参与了这家商店的设计工作，使其既可以作为购物场所，也可以作为吸引女性的社交场所。最后，他安排商店展出他的优质茶具作品，包括王后御用茶具和他后来为俄国女皇叶卡捷琳娜大帝（Catherine the Great）制作的茶具。他的销售人员利用这些展示来给消费者进行观念灌输，他们当中绝大多数人可能永远都不会受邀到皇宫里参加茶会。韦奇伍德认为，如果人们从未亲眼见过某样东西，又怎么会知道自己想不想要它呢？

韦奇伍德的茶具销量激增。事实上，茶具需求量超过了他新扩大的供应量。他无法在短期内再扩大生产。他甚至购买那些曾让他心烦意乱的山寨茶具，充当自己的产品出售。英国乃至全欧洲的富人都希望获得优雅、高品质的韦奇伍德茶具和花瓶，他们将其视为品位的象征。

韦奇伍德前所未有地扩大了需求。他通过向消费者介绍他的产品，让消费者相信他们是想要那些非刚需产品的。重要的是我们要认识到这种方法的创新性。当时的广告和标牌只是向那些已经想要该产品的人宣传产品的实用性。而韦奇伍德开拓了市场需求。他还通过我们现在所称的"品牌营销"策略，成功占据了市场的绝大部分份额。他以著名客户的名字命名他的产品，例如白金汉勋爵（Lord Buckingham）或法国国王亨利四世（King Henry IV）。他还花钱在报纸上刊登文章来宣传他的产品，引起人们对其业务的关注。随着时间的推移，人们想要拥有的是"韦奇伍德"这个品牌，而不只是一个盘子、杯子或花瓶。

如今人们仍在研究和模仿韦奇伍德的商品营销和品牌塑造技巧，将其视作创造需求的典范实践案例。出于许多相似的战略考量，史蒂夫·乔布斯（Steve Jobs）采用了几乎相同的零售策略，创建了极为成功的苹果专营店（Apple Store）概念。如今，所有主流零售商都认识到引导消费者了解其需求的重要性，而不是被动等待消费者自己意识到自己的喜好。

随着韦奇伍德的策略扩展到陶瓷以外的领域，各种产品的需求量也随之增加，与此同时，新的机械化生产也扩大了产品的供应量，两者最终达到了平衡。在很大程度上，多亏了韦奇伍德的创新，工业革命才全面蓬勃发展起来。在这个过程中，"购物"这个词也开始普及，用来描述采买东西的愉快时光。

在这个伟大的创新和扩张时期，韦奇伍德可能是最具雄心的企业家。他开创了我们现在所称的"品牌理念"，把自己的名字塑造成了举世公认的品质、品位和尊贵的象征。此外，他还催生出了现代购物体验。他在64岁去世时，已经是英国最富有的人之一。

二、激发购买欲的奇珍异宝

一些最早期的企业家通过奇珍异宝的贸易来积累财富，这些物品的产地非常遥远，尚未被人占领。当权者可以展示这些物品，以彰显其崇高地位。一旦某位皇室成员拥有了某种具有异国风情的珍品，这些企业家便能向其他贵族出售类似的近乎惊艳的物品（这便是最早的名人营销活动）。

1960年，以色列还是一个新成立不久的国家，一心想要证明其在世界上的地位。前不久他们发现了《死海古卷》[①]，以色列国家领导层把找到的更多类似古老的犹太文献作为国家优先事项。于是，以

---

① 《死海古卷》(*Dead Sea Scrolls*，又称为《死海文书》《死海经卷》《死海书卷》)，是目前最古老的希伯来文圣经抄本（旧约）。该古卷于1947年的死海附近的库姆兰出土，故名为《死海古卷》。——译者注

色列军队与考古学家合作，对该地区周围的全部洞穴进行了系统搜索。1961年3月，一个炎热的日子里，考古学家佩萨·巴尔－阿东（Pessah Bar-Adon）沿着100多英尺的绳索下降，来到悬崖边的洞穴入口处，该洞穴入口距离下方干涸河谷650英尺。在一块倾斜的石头后面有一个隐匿的坑，一名学生志愿者和一名士兵在坑中发现了金属物体。在接下来的两天里，巴尔－阿东的团队发现了430多件可追溯到公元前3500年之前的物品。

如今这些物品被称为"纳哈尔·米什马尔宝藏"（Nahal Mishmar Treasure），其中包括权杖、狼牙棒、花瓶和象牙，以及一些我们无法分类的金属物品，因为我们以前从未见过类似的东西（以后也不会见到了）。其中有些珍品的工艺极为精湛。

旗帜和狼牙棒在当时象征着权力，是那些希望获得尊重和敬畏的人梦寐以求的东西。它们也是考古学家从那个时期发现的最美丽、最精致的文物之一。分析显示，这些文物是由多位工匠在不同地点制作的，他们各自独立施展了自己的技能。在制作过程中，他们使用了多种冶金工艺和铜合金材料。

这些发现表明，虽然当时铜的生产仍然具有很强的保密性和专业性，并且只有少数地方掌握了制铜技术，但有些工匠已经致力于创新冶金技术。有些物品是用精细的失蜡铸造法制作的。为了生产这些物品，工匠会将蜡模型紧密地封装在沙子中，在顶部和底部各开一个孔。当铜熔液从模型顶部倒入时，蜡便会熔化并从底部滴出，留下完美的铜复制品。

考古分析表明，这些工匠的生产没有受到领导和监管。富有创意的工匠们独立开展工作，各自尝试实现竞争对手无法企及的技壮举。简而言之，我们有充足的理由相信他们就是企业家。由于发现地附近并未找到铜作坊，我们可以合理推测，至少有一部分物品来自位于西南方向60英里处的西克敏（本书第二章中提到过）。贸易活动需要与冶金技术完全不同的一套技能，因此，这些从事铜制品生产的企业家不太可能花时间四处游走，吸引富人用有价值的物品来交换他们制作的珍奇宝物。同样，藏品的主人也不太可能让中介去收购这些物品。独立的商人，也就是其他企业家，最有可能获得这些物品，然后沿着特定的商业路径向贵族客户出售。

我们不清楚这批宝藏的具体所有者是谁，但从这些藏品的数量和质量来看，可以推断出他们应该属于黎凡特①地区的贵族群体。他们的财富是来自政治活动、商业交易还是宗教活动，我们也无从得知。然而，他们显然认为投入大量资源采购这些奇珍异宝是有必要的。即使在今天，其中一些物品也仍让人惊叹不已。无论是谁拥有这些物品，无疑都会得到极大的尊重并惹人羡慕。显然，其他贵族看到这些精美物品，也会渴望拥有。经验丰富的交易商了解这些贵族的需求，知道他们愿意为此付出什么代价。那些早期的商人企业家发现，需求具有传染性，也就是说我们总是渴望拥有那些社会地位高的人所拥有的东西。

在数个世纪之后，大多数这类金属器具都会因为人们需要铜材料而被熔化重铸，但我们在近东和东地中海地区的其他地方也发现

---

① 黎凡特（Levantine）是一个历史和地理区域，位于古代叙利亚地区，包括现代以色列、黎巴嫩、叙利亚、约旦和巴勒斯坦地区。在这个区域，有许多古代文明，如迦南人、亚述人、巴比伦人、埃及人、以色列人、腓尼基人等。这个地区也是许多重要宗教的起源地，如犹太教、基督教和伊斯兰教。——译者注

了同一时期的旗帜和狼牙棒。在公元前 4000 年,那些想要彰显自身权力和地位的贵族们,需要吸引一位熟练的铜匠加入他们的大家族,或者邀请一位擅长此类物品交易的商人来访。

随着城市化的发展,借助奇珍异宝来刺激需求变得越发困难。当时,美索不达米亚平原的城市化进程正在加速,此后不久,印度河流域也是如此。在人口高达 5 万的大城市中,商人们对贵族们的居所和需求了如指掌,并且他们也清楚地知道只有统治者才能拥有真正的奇珍异宝。而贵族的其他成员则只能接受设计相似但工艺和材料较次的物品。实际上,我们从美索不达米亚的楔形文字泥板中了解到,在公元前 3000 年,商人们必须先将最好的商品献给城邦的统治者。如我们所见,尽管成功的美索不达米亚商人积累了大量财富,但他们仍未进入最高的社会阶层,该阶层主要由统治者的家族、高级神庙祭司以及行政官员组成。居住在城市中的商人清楚地认识到,如果他们想要继续获得贸易许可,就不能将最精致的奇珍异宝卖给一般的贵族精英,也不能据为己有。

由于奇珍异宝可以提升地位,它们刺激了人们需求的增长。然而,地位不是永恒的,必须通过仪式、联姻及结盟等活动定期重新确认,而这些活动每一次都需要新的奇珍异宝作为赠礼或作为权力象征来展示。因此,对这些物品的需求不仅随着有购买能力的人数的增长而增长,也随着需要展示的场合数量的增加而增加。这种需求增长极快,即使在古代,对某种产品的热衷也可能"像病毒一样"快速传播开来。

当然,有些贵族,尤其是大片领土的统治者,并未依赖企业家,而是直接制造出自己维护地位和权力所需的奇珍异宝。例如,埃及的法老们建立了大规模的作坊和工匠村，这些工匠们被雇用来制作墓葬用品以及赠送给其他贵族的礼物。中国的古代帝王和诸侯也采取了同样的方式，生产大量的青铜器，以供自己、家族成员及忠臣陪葬使用。

统治者所拥有和掌控的作坊生产的物品同样展示了惊人的工艺，因此创业型工匠并没有垄断技术。这些统治者通常会制定"禁奢法令"，以防止在他们统治之下的任何人拥有超过规定质量和工艺标准的物品，实际上，通过此举，他们为自己垄断了高质量的产品。尽管如此，这些统治者仍然会从商人那里采购奇珍异宝，因为这些物品是他们自家工匠尚且无法生产的。这确保了没有任何新贵能够与他们的地位或权力相提并论。

利用奇珍异宝引发富人羡慕并激发其需求的做法并不受时空限制。即使在中世纪早期的欧洲，当封建王权和教会统治着几乎自给自足的领地时，奇珍异宝仍然备受追捧。它们也是这个经济停滞时期仍在交易的稀有商品。

为了满足那些渴望更高地位和权力的人们展示需要，企业家们推出的奇珍异宝种类很多，包括武器、纺织品、珠宝，以及装饰性的容器、礼器，以及动物雕像或神话雕塑。实际上，奇珍异宝并不总是物品。长期以来，企业家们一直以贩卖珍稀生物获利，既包括品种精良和训练有素的外来动物，又包括异常强壮或美丽的奴隶。

在博物馆和当代精英的私人收藏中，我们能看到人类历史各个阶段的奇珍异宝。虽然其中并非所有物品都是出自手工艺企业家之手，也并不都是源自商业企业家的交易，但大多确实是企业家精神的产物。自15世纪中叶以来，创业型画家们便把肖像画变成了一种珍品,而他们在画中的人像旁边放置的又是什么呢?依然是各种奇珍异宝。

三、热情款待的诱惑

本书"前言"中提到的《清明上河图》为我们提供了另一个扩大需求的创新范例。这幅作品描绘的酒肆和餐馆数量、种类繁多,使其在创业史上独具一格,引人注目。热情款待——提供美食、美酒、舒适的环境以及娱乐活动,被证实是一种创新的经营理念,它激发了人们的消费欲望,成功地引导各个阶层的人花钱购买他们实际上并不需要的东西。中国的企业家们深谙积极情绪在扩大需求中的重要作用。

如同《清明上河图》所描绘的那样,宋朝的热情待客之道并不只局限于特定社会阶层,而是面向社会各个阶层,从普通百姓到"士子"(正在准备科举的士人或书院先生),乃至贵胄商贾等。一些餐馆,特别是那些不太正式的餐馆,吸引着社会各个阶层的客户,而坐落于奢华建筑中的高档餐馆则只招待较为富裕的客户。尽管如此,所有阶层都在闲暇时间享受生活,把钱花在食品、酒水和娱乐上。从叠放的空盘子数量来看,有些客户已经吃了很长时间,花费的数额较大,看来并不只是为了填饱肚子。

在此之前,人们难以有机会走出家门去享受休闲娱乐活动,当时的社会也无法接受这种行为。然而,到了唐朝和宋朝,中国开始受益于新的农业技术,这些技术使得更多的地方适宜种植水稻,从而降低了粮食成本,增加了很多小地主的财富。中国企业家手中有

企业家

了更多的余粮可供销售,促使他们开始创新扩大客户饮食消费需求的策略。

普通百姓在保障家人衣食无忧的基础上,通过织布和制作手工艺品来赚取额外收入。正是这些有闲钱消费的普通百姓,促使中国的企业家们创造出一些专门鼓励人们享受美酒佳肴的场所。由于有更多的客户消费大量的美酒佳肴,企业家们便积累了一定的财富,变得更有投资勇气,他们争相打造最奢华、最吸引人的餐馆酒肆。最终,甚至连权贵们都发现,比起在自己豪华的府邸招待客人,带客人去外面的餐馆招待更能彰显他们的社会地位。

在古罗马时期,向非贵族阶层的陌生人提供餐食的方式受到了严格的限制。许多罗马底层的民众没有自己的厨房,因此他们大部分的餐食都是在当地的路边摊上购买的。然而,这种做法在罗马贵族们看来却是不体面的。如果一个人声称他在外面看到元老院成员或皇室家族在进餐,这便是对他们声誉的一种侮辱。然而,克劳狄乌斯(Claudius)[①]却公开承认他年轻时常常光顾波皮纳(popinae,也就是餐酒馆。有些摊位设有桌椅,客户可以在那里坐下和陌生人共同进餐,但需要额外付费才能使用这个座位,饭后,除非客户额外付费去后面的房间赌博或去楼上进行性交易,否则他需要马上离开。

这些罗马的餐饮场所并不能为人们提供轻松愉悦的氛围,只有精英阶层才能在自家这种私密环境中享受到这种体验。因此,热情

[①] Claudius 常译作"克劳狄乌斯""克劳狄",或模仿后来欧洲君主习惯冠以数字称为"克劳狄一世",他是罗马帝国朱里亚·克劳狄王朝的第四任皇帝,公元41—公元54年在位。——译者注

的待客之道在中国早已发展成熟，而后很长一段时间，才在欧洲逐渐兴起。在锡耶纳的九人会议厅中，有一幅与《清明上河图》有类似之处的画作。这幅名为《正义与公共利益的寓言》的画作是由安布罗吉奥·洛伦泽蒂①于1337—1340年创作的，它描绘了这样一幕城市生活：驴子驮着装满货物的麻袋，工匠和商人在售卖货物的路边摊位和商店里忙碌着。然而，画中并未出现餐馆，也没有人在购买非生活必需品。锡耶纳也有旅馆，但我们并未在画中看到它们，因为它们专门为外来人提供服务。当时的旅馆店主为来往的商人和外来人提供餐饮和住宿，但他们并没有吸引本地人来这里消费。

在意大利北部的一座城堡里，有一幅大约创作于公元1500年的壁画，描绘了几个当地人在一个酒馆里消磨时光的情景。在一张长桌的一端，有几个男子正在玩棋盘游戏和纸牌；而在桌子的另一端，一个妓女正在用刀袭击一个男人，另外一个男士举起一只金属酒杯，我们无法判断他是想攻击那个妓女，还是想攻击那个被妓女袭击的男人。这幅壁画位于城堡内部，守卫和侍从会经常路过那里，它可能是为了提醒人们防备酒馆里可能遇到的麻烦。

16世纪末，或许是受到曾访问过中国商人的启发，伊斯兰商人开始热情招待客户，以此来激发人们对商品的需求。早在16世纪初，当苏菲派教徒开始利用咖啡保持冥想和祷告的清醒状态时，咖啡就在伊斯兰国家颇受欢迎。由于这些咖啡豆是在邻近的也门和埃塞俄比亚采摘的，所以喝咖啡也在开罗成为一种物美价廉的享受。为了满足日益增长的需求，咖啡商们开设了既舒适又方便的咖啡馆，

---

① 安布罗吉奥·洛伦泽蒂（Ambrogio Lorenzetti）是14世纪意大利锡耶纳画派的重要代表人物之一，以其细腻的绘画技巧和对社会政治主题的描绘而闻名。——译者注

以供人们聚会和放松。大约在公元 1600 年，开罗最富有的企业家伊斯梅尔·阿布·塔奇亚（Isma'il Abu Taqiyya）开始进口咖啡，并拥有了许多家广受欢迎的咖啡馆。

17 世纪初，旅居开罗的欧洲人接纳了新兴的咖啡饮用习惯。部分富有创业慧眼的人带着咖啡豆回到英国和欧洲，并自己创立咖啡馆。他们看到了热情待客之道的重要性，努力让自家的咖啡馆与他们在开罗体验到的那种餐饮服务相匹配。18 世纪的欧洲咖啡馆功能有了新的演进。它们不仅成了购买股份公司股票的地点，同时也成了讨论新思想的场所。这些新思想最终酝酿形成了欧洲启蒙运动。只有在欧洲企业家学会热情好客之后，普通民众才开始愿意花钱，购买他们原本不会购买的商品。

四、购物与款待相结合

乔赛亚·韦奇伍德开创了许多现代购物体验，但哈里·塞尔弗里奇（Harry Selfridge）将其进一步提升，把热情待客变成了一种标准化的商业模式。1909 年，塞尔弗里奇在伦敦创办了一家百货商店。那时，全球的百货商店都在产品种类和店面的大小上相互攀比，而塞尔弗里奇却专注于提升客户体验。

塞尔弗里奇在芝加哥的马歇尔·菲尔德百货公司工作了 25 年，他深知购买诸如丝巾之类的非必需品完全是出于主观意愿和情绪影响。如果能以某种方式激发购买欲，那么产品的需求潜力将是巨大的。塞尔弗里奇坚信这种独特方法具有潜在效益，于是他决定前往伦敦开设一家商店来证明自己的观点。

塞尔弗里奇委托他人编制了人口统计报告，从中了解到在过去的半个世纪里，新的就业机会吸引了大量人口涌入伦敦。这些报告揭示了他们的居住地、阅读偏好以及他们打发有限闲暇时间的场所。为了扩大客户对其众多产品的需求，塞尔弗里奇必须吸引这些新客户，激发他们尚未意识到的购买欲。

这个吸引客户的过程从商店的一楼就开始了。塞尔弗里奇为面向过往行人的12扇橱窗安装了最大的玻璃窗板。然后，他不像竞争对手那样简单地展示产品，而是聘请了一位专业的展览经理来为每个橱窗设计场景。这些优雅的静物摆设（有时塞尔弗里奇也使用真人模特）显示了他的产品改善客户生活的场景。它们用来营造客户的积极情感共鸣，将这些情感与场景中的产品联系起来，从而让客户更愿意购买这些产品。

当客户们进入商店时，塞尔弗里奇将他最精美的产品直接摆放在客户们触手可及之处。客户们可以亲手触摸产品，这可能是他们人生中第一次沉浸在丝绸的质感或香水的香气中。这些都是他们在那一刻才发现的新奇愉悦体验，他们之前根本不知道自己会渴望拥有这些东西。为了进一步提升这种能够感知到的购物体验，塞尔弗里奇的销售人员接受了大量的培训，从而能向客户提供有关产品的详细信息和建议，而不是简单直接地向他们推销产品。塞尔弗里奇意识到，要促使客户购买产品，首先要激起他们的兴趣和欲望。

热情待客是指人们为满足他人的欲望而提供产品或服务，目的是让客户与所提供的产品或服务产生正向情感联系，以便留下深刻的印象。尽管专注于提供热情服务的企业已通过整合扩大规模，如希尔顿和万豪集团等酒店业巨头，但是企业家仍然是推动热情待客之道的创新力量。由于热情服务的体验极其个人化和主观化，因此企业家们需要不断创新，提供新的热情服务体验，包括餐饮、住宿及零售领域。企业家们创造了像 Yelp 之类的用户评价平台，以及像 Instagram 之类的用户分享平台，来增强热情服务体验的交互性和社交性。

如今，新一代企业家热衷于让客户体验自动化购物，在此冲击下，韦奇伍德和塞尔弗里奇引入零售业的一些热情待客之道正在逐渐消失。自动化是我们将在下一章讨论的经典创业技术。在零售领域，自动化购物使客户体验不到以往的热情服务，但为新一代企业家提供新的热情服务方式创造了机会。即使在今天，曾经只在网络上销售的品牌如瓦尔比·派克眼镜（Warby Parker）和格罗斯沃美妆（Glossier）等，也开始意识到韦奇伍德和塞尔弗里奇等企业家所倡导的实体店购物体验的独特价值。

五、大众追捧之物

在约瑟夫·普利策（Joseph Pulitzer）和威廉·伦道夫·赫斯特（William Randolph Hearst）的时代到来之前，报纸的主要受众是有文化、受过教育的人。然而，由于新闻纸降价及印刷技术的发展降低了报纸的成本，普利策和赫斯特试图扩大报纸的受众群体规模，使其超越传统的纸媒读者数量。

首先，他们为只具备基础读写能力的读者提供配有插图的文章，使报纸变得更加容易阅读。其次，他们设立了各种特色专栏，即便读者只对其中一个特别引人入胜的专栏感兴趣，也足以吸引他们买下整份报纸。价格亲民却内容丰富的周日版报纸,包含了政治、艺术、娱乐以及连环画等各种内容,足够供一个家庭消磨几小时的休闲时光。这些创新举措极大地提升了读者数量,一些报纸的日读者量甚至激增至50多万人。

在这个时期,一个全新的商业领域——公共关系(以下简称"公关"),悄然崭露头角。公关的主要职能是利用报纸等大众媒体,转变公众对产品的认知,从而协助各类企业为他们的产品创造更大的需求。爱德华·伯纳斯(Edward Bernays)被誉为公关行业的奠基人——实际上,"公关"这个词就是由他首创的。他曾在第一次世界大战(以下简称"一战")期间,为美国公共信息委员会设计宣传策略,那段经历对他产生了深远影响。伯纳斯意识到,"在战乱中为国家所做的事情,在和平时期也可以为这个国家的组织和人民所用"。因此,战时的宣传策略就此演变成了现代的公共关系模式。战后,伯纳斯成立了自己的公司,这家公司以其在刺激消费者欲望和促进需求增长方面的出色表现而成了业界的传奇。

早些时候,比奇纳特包装公司(Beechnut Packing Company)聘请伯纳斯来提高人们对公司培根产品的需求。伯纳斯向医生们征询健康饮食习惯的意见,从中他发现许多医生都认为丰盛的早餐对健康有益。他便把这一非正式调研结果表述为一项完整的医学建议,即每天早上食用培根和鸡蛋有益健康。比奇纳特公司据此进行了广告宣传,结果,公司的生意兴隆起来,培根从此就成了美国早餐中的主食。

美国烟草公司找到伯纳斯,请他帮助刺激女性对香烟的需求。当时抽烟被认为是男性特有的行为。如果他们能让女性也开始抽烟,那么香烟的需求量将会翻倍。伯纳斯创建了一个名为"放下甜点,抽根好彩烟"的宣传活动,营造出抽烟有助于减肥的印象。这个活动展示了苗条女性抽烟的形象。尽管这对未来一个世纪的公众健康造成了巨大的损害,但女性对香烟的需求确实大幅度增加了。

伯纳斯并未就此结束与香烟公司的合作。一位著名的精神分析家告诉他,一些女性开始将香烟视为自由的象征。因此,伯纳斯安排了10位知名的社交名媛,在纽约第五大道复活节游行新闻发布区同步点燃香烟。当记者询问她们在做什么时,这些名媛回答说,她们正在点燃自己的"自由火炬",以抗议女性的不平等待遇。这个噱头引发了一场大讨论,立即将女性抽烟合法化为一种政治抗议行为。多年来,伯纳斯一直在吹嘘他是如何让"全国的女性在公共场所点燃香烟"的。然而,到了晚年,伯纳斯就其加剧大众健康问题的做法,公开表达了忏悔。

伯纳斯并不隐瞒他所用的营销手段就是宣传造势,并且坦然承认这具有操纵消费者的性质。他运用营销手段将产品与华丽的外表、愉悦的感觉和性欲联系起来。多年来人们一直在研究、复制和扩大他的这些营销手段。如今,大多数广告都会讲述一个故事,即某个特定产品将如何让我们的生活更加愉悦、更加成功。这种对"更多和更好"的不断追求正是伯纳斯留下的真正遗产。

六、从"需要"到"上瘾"

最新的需求创造浪潮是由计算能力的相应丰富推动的。如今,企业家们正极力地塑造更具吸引力的数字产品,他们尽其所能地运

第七章 ◆ 扩大需求

用行为心理学和博彩业的精妙设计来使人们对其产品欲罢不能。

游戏领域的企业家开发各种算法，增加其游戏作品的吸引力。例如，他们会精准地决定何时给予玩家"奖励"，也就是在大多数玩家可能结束游戏的时候，玩家们便会获得等级的提升或者得到虚拟奖品。这些算法是商业机密，不会拿出来公开讨论，但其商业价值却是不言而喻的。通过引导玩家投入足够的时间来熟练掌握一个游戏，这样会确保他们继续购买该游戏的新版本或者保持对该游戏在线增值服务的订阅。事实上，令人惊讶的是，游戏行业的绝大部分利润源自原有游戏的版本更替。在短短十几年时间里，电子游戏已成了比电影规模更大的娱乐形式。一些电子游戏非常受欢迎，能够吸引数万名玩家同时观看现场比赛。体育馆里座无虚席，人们聚精会神地观察着座位上职业玩家的每一个细微动作，这展示出了如今这些游戏的巨大影响力。

类似的技术也被用于提升社交媒体的"参与度"（这实际上是对"成瘾程度"的委婉表达）。在我们浏览网络过程中，企业家们还运用数字技术向我们推送最可能产生购买欲望的商品。无论是在线还是离线，广告科技公司都会跟踪我们生活的各个环节，甚至像谷歌这样的公司会利用手机追踪你的实际位置，以判断数字广告是否能够诱使你前往实体店铺。算法会根据广告的投放时间、地点和形式以及用户的特定浏览记录，推算出用户购买产品的概率。基于这些概率，营销人员会立刻抓住机会，争取在最能诱导用户点击的时机和位置投放他们的数字广告。

广告的追踪和投放是否能够真正极大地刺激需求，还是仅仅让某个品牌捕捉到一个已经打算购买新鞋的客户，这两种情况目前仍无定论。毕竟，那些围着你转的网络广告，往往是由于你最初对鞋子感兴趣，进而点击鼠标触发的。

然而，无论如何，有一点很明显，企业家们会借助新技术，继续利用普利策、赫斯特、伯纳斯和其他创新者所创立的营销手段，诱导我们想要拥有更多其实并不需要的东西。

第八章

扩大简约

> 对于一个企业家来说，成功可能是最糟糕的问题。
>
> ——肯·奥尔森（Ken Olsen），美国数字设备公司（DEC）创始人

企业家热衷于扩大规模。他们会从生产更多的产品或提供更多的服务中获得满足感。与此同时，利润和财富也会随之水涨船高，通常声望和权力也会随之而来。争强好胜的企业家们渴望超越其他人，拥有或取得更多的成就，当他们没有达到自己设定的目标时，便会心有不甘。企业家对规模化的渴求，驱动他们达到创新的新高度。在前几章我们已经了解了雄心勃勃的企业家如何扩大供给，提供大量的产品和服务。我们还了解到他们创新了扩大产品市场的方法，诱导人们购买了他们根本不需要的东西。长久以来，心怀壮志的企业家们无所不用其极，利用各种科学技术，千方百计寻求扩大企业规模的途径。

然而，随着企业规模的扩大，矛盾也随之而来。实现雄心壮志的同时，也需要权衡紧随其后的管理压力。

企业家

随着时间的推移,我们发现企业家们开始感到困惑:扩大规模是值得的吗?我为什么不满足于已经取得的成功呢?纵观历史,这就是为什么简化规模管理成为其他企业家的发展机遇。B2B(Business to Business,即企业对企业的商业交易)是非常古老的商业模式,一直以来都有一些企业在为其他企业提供简化管理的产品和服务,旨在减少管理大量人员和复杂流程所需的时间和精力,或者帮助对方完成超出个体能力范围的困难任务。帮助企业家更轻松地扩大供应和需求,可以被看作增强了企业管理的简约性,这是创业创新的第三大动力。

一、见端知末,先行一着

让事情变得更容易是企业家的天性,他们首先想到的是用更少的原材料和劳动力生产更多的产品,并为此开发了各种工具。最初的工具相对简单,比如专门的切割工具和夹具,其具体起源已经无法考证,湮灭在历史长河中。随着时间的推移,企业家们开发了各种机器来提高工作效率。在有正式历史记载之前,人类就已经发明了许多提供机械优势的简单机械和工具,手推车和灌溉杠杆就是其中典型的例子。从那之后,企业家们为了扩大规模,提高利润研发了许多机器。

随着机器的操作和监管变得越来越复杂,生产过程也变得更加复杂。复杂的机器需要操作人员掌握特殊技能和接受专门培训,如果机器发生故障或需要维修,也需要专业的维修人员进行修理。它们需要额外的步骤和新工艺,比如必须添加专用润滑剂以防止零件发生故障。复杂的机器通常还有操作限制,例如为了实现关键部件受潮受损,往往需要昂贵的外包装和稳妥的存放点,而这些限制条件的实现和维护需要投入大量时间和金钱。在很长的一段历史时期内,复杂的机器并没有简化工作步骤;相反,它们增加了企业管理的压力。因此,只有希望扩大生产的企业家才愿意使用它们。当企业家们想方设法将机器变得更加智能化时,复杂机器带来的挑战便转化成了机遇。

一位业余企业家创造了使用机器来简化复杂任务的现代方法。约瑟夫·玛丽·查尔斯(Joseph Marie Charles),又名雅卡尔(Jacquard),出生于法国里昂,该地区长期以来以最精美的丝绸纺织品闻名于世(路易十四坚持只使用里昂的丝绸装饰凡尔赛宫)。雅卡尔的父亲是一位丝绸纺织大师。雅卡尔从小就梦想成为一名绅士,摆脱迫于生计而工作的压力。1772年父亲去世后,他变卖了遗产,搬到城里一个高档区域,试图通过投资房地产赚钱。不幸的是,他并没有因此过上幸福生活。相反,他损失惨重,多亏新婚妻子变卖了嫁妆,才使其逃过了破产的命运。躲过了财务危机后,他们搬到了更为简陋的住所,雅卡尔开始自称"丝绸商人"。然而,根据历史记录,当时居住在里昂附近的丝绸商人达数百名,但他的名字从未出现在任何官方或非官方名单上。看来,他在这行也没有取得成功。

接下来,雅卡尔开始改造织布机。虽然他可能是一个平庸的丝绸商人,但或许是在他父亲的熏陶之下,他对丝绸织造的机械原理有着深刻的理解。1800年,雅卡尔申请了一种脚踏式织布机专利,但几年后因其性能不可靠而被弃用了。然而,他一直不断地进行尝试和改进。1803年,雅卡尔设计的自动渔网织机在巴黎的一次工业博览会上荣获铜奖。虽然这台织机的性能也不可靠，但它引起了巴黎实业家和里昂丝绸商人的注意。几十年来，法国丝绸行业一直在努力实现复杂丝绸织造工艺的自动化，以期使用不同颜色的线编织出复杂的图案。然而，在过去的几十年里，几个备受瞩目的原型机相继面世，但都没有达到可靠和实用的水平。

纺织技术的发展历史可以追溯到新石器时代甚至更早，早期的纺织工艺相对简单，人们主要依靠手工编织一些篮子和席子。后来，人们逐渐开发出各种纺织技术和工具，使纺织品的精细程度不断提高。适合穿着的服装面料就是在这一时期被生产出来的。精细的纺织工艺涉及将两种纱线纵横交织，纺织成布。其中一组纱线比另一组更结实、更细，被称为"经线"，用于稳定和排列其他纱线，从而使纺织品具有特定的外观和手感。由此产生的面料很耐用，摸起来也很柔软。纺织品的价值历来与纱线材料、每英寸[①]经线中交织的线数以及使用不同颜色或质地的线交织出的创意图案的美感有关。纺织品越精细、颜色越鲜艳、图案越漂亮，价格也就越昂贵，但也意味着需要投入的时间和设计也就更多。

在里昂附近，纺织品的制作由一名编织师傅和一名助手共同完成，助手负责按照编织师傅设定的顺序升降经线，随之便将不同颜色和纹理的纱线编织成复杂图案。一卷纺织品可能需要经过数千次纵横交错，而每次都需要助手升降一组不同的经线。这些是当时最复杂的纺织工艺。

雅卡尔的自动渔网织机重新激起了人们对纺织自动化的研究兴

---

① 1英寸 = 0.025 4米。

趣。里昂市政府给了他一笔津贴，让他去巴黎研究当地传奇发明家雅克·德·沃康松①设计的自动织布机。沃康松以其发明的自动机械而闻名，这种自动机械能模仿动物和人类的行为，他的贵族赞助人纷纷对此惊叹不已。沃康松的自动机械曾在法国各地巡回展出，吸引了大批观众。他还有一些更引人注目的作品，包括一只实物大小的"消化鸭"，它会嘎嘎叫、进食和排便，还有一个能够演奏12首曲子的"吹笛手"。60年前，沃康松曾制造过一台自动织布机，在他之前，还有两位法国织工发明家尝试发明自动织布机，虽然沃康松的织布机是在这两位科学家的研发基础上改进而来的，但他的织布机仍不可靠，产出的产品质地也太粗糙，无法满足商业需要。

在雅卡尔熟悉了沃康松的机器后，他便回到里昂进行自己的设计。他首先设计了一种稳固的机械装置，即用穿孔卡存储升降经线的完整序列信息。卡片上的孔指示了哪些丝线应该何时升起。装有弹簧的针会沿着这些穿孔卡片滑动，当遇到孔时，针就会与连接在特定经线上的金属丝啮合，将其提升。然后，雅卡尔完善了一个滚轮装置，它可以一次推进一张打孔卡，与织工或助手将适当颜色的纱线"穿梭"于经线保持同步。

使用雅卡尔的织机时，织工师傅和助理都不必去看或记住经线的顺序，可以不假思索地穿梭纱线。这是简化生产流程方面的重大

---

① 雅克·德·沃康松（Jacques de Vaucanson，1709年2月24日—1782年11月21日）是一位法国发明家与艺术家。他的著名自动机械作品包括"吹笛手""铃鼓手"与"消化鸭"等。1745年，沃康松发明世界上第一台以打孔卡运作的完全自动纺织机，试图实现法国纺织业的自动化。然而他的想法引起纺织劳工的愤怒与反对，使得这项改革"胎死腹中"。虽然沃康松在有生之年无缘见证法国纺织业的自动化，但他的技术经过约瑟夫·玛丽·雅卡尔的改进，得到充分的完善与实施。——译者注

突破。用打孔卡来指示哪根针提起哪根经线是雅卡尔从早期发明失败中借鉴的一个想法，他首创了用稳定的弹簧激活装置来读取打卡孔。他的滚轮装置也非常新颖，可以按所需顺序移动打孔卡片。由于这两项创新，他的自动织布机运行良好，足以按需生产大卷图案精美的丝绸布料。

雅卡尔的织布机立即被誉为一项突破性发明。拿破仑亲自访问了雅卡尔并参观了他的机器。为了保持法国丝绸纺织品生产的优势，拿破仑下令里昂拥有该设备的专利，雅卡尔则从每台织布机上获得专利税，同时他还能享受丰厚的终身养老金。雅卡尔从未渴望自己建造和经营工厂，他对自己能够领取丰厚的养老金和专利收入，过上他一直想要的绅士生活而感到心满意足。事实证明，雅卡尔的织布机在工业应用中是可靠的，尤其是在让·布雷顿（Jean Breton）对织布机进行改进后，雅卡尔的织布机迅速在整个法国推广开来。英国的企业家们也复制了雅卡尔的发明，进而推出了蒸汽动力织布机，最终导致许多里昂高级织工的失业。

雅卡尔织布机的研发和使用需要投入大量时间和精力。相比传统织布机，它在安装上更加复杂，并且需要接受专门的培训才能操作。但这些努力没有白费，织布机能避免出错，织工也可以更快地切换不同的图案。织布机也大大简化了高级织工的生产工艺。他们可以将自己设计的图案智能地转换为打孔卡上的孔洞组合，并将其保存起来，以便需要时重复使用。

随后，其他机器的设计中也采用打孔卡来存储和实施详细的流程和工序，其中最广为人知的是用于统计和会计的制表机以及早期的计算机。在接下来的200年里，人们使用雅卡尔织布机生产了大部分有图案的纺织品,直到硅存储芯片取代了穿孔卡片,电动机取代了蒸汽机。与以往相比,雅卡尔的创新帮助纺织工人对织布机进行编程,这不仅简化了更高价值商品的生产工艺流程,还提高了企业的营利能力。

二、术业专攻,专事简化

古代企业家开发产品和服务,以简化其他企业家的工作流程。早在4000年前就有一则典型例子,一位专业人士为另一位企业家提供服务,减轻了他的工作负担:我们那位古埃及企业家朋友赫卡纳克特在疲惫不堪之际,雇用了一位名叫西特涅布赛克图的女士来为他纺织亚麻布。尽管赫卡纳克特的家庭中有23人,但他们没有一个人能把亚麻织成亚麻布,用来换钱。埃及统治者和高级官员有成群的织工在皇家作坊工作,将从田地里收获的亚麻纺成高质量的亚麻布,但像赫卡纳克特这样的人负担不起全职专业人员的工资,所以他将这项工作外包出去。第六章中提到的长途贸易商沙利姆,并没有亲自饲养商队中所需的驴。因为他需要大量的马具来运送前往卡内什的所有货物,所以我们也不认为他或他手下的人制造了他所需要的所有马具。就连第一章中提到的石器时代的特罗布里恩酋长们,也把他们进行库拉交易所需的远洋独木舟的建造和装备业务承包了出去,因为他们不想和村民们一起淹死在一艘不结实的独木舟里。

罗马企业家建立了许多专门的企业来简化其他企业家的任务。企业家在扩大供应过程中建造了小镇奥斯蒂亚,那里有一家规模庞大、蓬勃发展的海运航会。它有自己的办公大楼,看起来非常气派。

企业家

这座建筑的地板上镶嵌着昂贵的马赛克拼图,上面描绘了男子驾驶马车,四周有神兽守护。正在等候贵重货物运抵奥斯蒂亚的罗马企业家需要了解货物抵达的时间,以便及时安排将其运往罗马,并进行随后的配送。他们并不愿意雇用奴隶住在那里,专门观察货物的运输情况,所以有位企业家开拓了托运服务业务,以消除他们对货物到达情况的担心。

各种类型的建造商通过为商人服务在整个罗马帝国蓬勃发展起来。他们建造了高效而坚固的驳船、货船、公寓楼和仓库。有些商人专门设计并制作商家和手工艺人使用的标识和马赛克,以宣传他们的位置或商品,从而帮助他们吸引更多的客户;其他人则制造专业的运输工具。生产储存大量谷物、石油和其他食品的大型陶瓷器皿(被称为"杜力姆大陶罐")需要高度专业的技能和经验。如果每个企业家都自己制造所需的专业工具和机器,那么罗马的供应链就不可能以如此高效的方式运作。在罗马,这类企业家因满足其他企业家的需求而壮大起来。

在《清明上河图》的中心位置,我们看到一座横跨河流两岸的桥,桥附近停靠了十几艘货船和客船,每艘驳船都代表着不同的企业。这些驳船是在企业家创办的造船厂建造的。在桥下,我们看到一个小贩在出售各种各样的专门工具,包括类似钳子和拖网的铁制工具。桥的左边有一条街,制轮匠就在那条街上营业。如果工匠和商人需要亲自制作手推车,他们就无法高效地开展业务,而制轮匠的存在大大减轻了他们的负担。从卷轴中我们可以看到,制轮匠已经把车轮的部分零件放在了店前的地面上。我们看到他和他的助手使用专门的工具和夹具制造出坚固且完美圆滑的车轮。街道上到处都是手推车，工匠和商人用它们来运送计划出售的产品。在中国宋朝，一些企业家在为其他企业家服务的过程中走向了繁荣兴盛。

三、信任为基，简化资产管理

企业家们一直为如何处理他们所积累的贵重资产（如银和金）以便进行长途贸易而感到困扰。准确追踪贵重资产在交易中的流动情况并加以妥善保管也一直是企业家面临的一个关键且复杂的问题。一些统治者和政府允许企业家将商品和金钱储存在神庙的金库或其他安全的地方，以确保统治者能够获得相应的商业税。如今，在许多国家，国有银行仍然在支持商业发展方面发挥着重要作用。

根据历史记录，在希腊城邦开始铸造硬币的一个世纪后，也就是雅典实行民主制度的 60 年后，企业家创办的私人银行出现了。虽然早在公元前 2400 年，企业家就开始提供贷款，但直到公元前 450 年左右，既吸收存款又提供贷款的私人银行才出现。铸币技术和民主发展的里程碑使得存款业务变得切实可行。货币标准化推动了贸易活动的繁荣，为通过保护他人资金安全来获利的业务创造了条件。此外，雅典民主制度为企业家提供了相对宽松的监管环境，创造了以贸易为中心的文化氛围，因此也为存款业务创造了有利的条件。

帕西翁（Pasion，约公元前 430—公元前 370 年）可能是最著名的雅典私人银行家之一。帕西翁曾是安提斯提尼（Antisthenes）和阿奇斯特拉托斯（Archestratos）的奴隶，他们是雅典最早的一所私人银行的合伙人，该银行位于比雷埃夫斯（Piraeus）古城邦的港口码头上。私人银行被称为"钱铺"（trapeza①，这个词来自希腊语，原意是桌子）。银行家们坐在码头的遮阳篷下，向来往的外国和本地交易商提供服务。他们面前专用的算桌上刻有刻度和凹槽，银行家将算珠放在刻槽里，以此在客户面前进行算术计算。

到公元前394年，帕西翁获得了自由。他很快就成了城里最富有的人之一。为了维持雅典市民的好感，他出资支持城市的防御体系建设，购买了一家盾牌制造厂并捐赠了至少1 000个盾牌，他还建造和装备了一艘三列桨战船，并支付船员工资。尽管帕西翁曾是一名获释奴隶，雅典人为了表彰他的慷慨贡献，还是授予了他完全公民身份。为了确保在他死后银行仍能持续运营和盈利，帕西翁将银行、他的遗孀和一大笔遗产都留给了他释放的奴隶福密俄（Phormio）。

四、告别大宗硬币交易

虽然在罗马时代，银行业以各种形式继续存在，但随着罗马的衰落，西方的银行业进入了一段长时间的休眠期。由于当时的地方统治者很少能够保护民众在城堡外的财产权，金属货币反而成了一种沉重的负担。到了12世纪，一些地方统治者的领地上生产出的粮食过剩，他们才开始有足够的安全感，建造舒适性更强、不偏重防

---

① trapeza，希腊语，原指设在希腊各大港口、为往来的商旅兑换当地钱币用的桌子，本书将其译作"钱铺"。从事这一行业的经营者称作"钱铺主"。关于希腊钱铺主的资料主要见于公元前4世纪德莫斯提尼的演讲词，从中可以看出古代希腊钱铺的功能一是兑换钱币，二是存款，三就是向商旅放贷。——译者注

御性能的宫殿。他们鼓励所辖城镇的商人扩大剩余产品的销售范围，以获得更高的价格。随着当地商人旅行范围的扩大，他们也开始带回奇珍异宝，然后将其出售给贵族用于展示地位和财富，继而进一步激励了皇家贵族对商人的资助。

香槟伯爵亨利，绰号"解放者"，他的妻子是阿基坦公爵埃莉诺的女儿玛丽。因为当时香槟地区粮食充裕，葡萄酒业尚未发展起来，所以他们得以尽情满足自己对各种奇珍异宝的需求，并展示自己的精致品味。他们和下级贵族、孩子、亲戚和其他宫廷随从对精美服饰和陈列品的需求吸引了手艺精良的工匠来到宫廷周围的城镇。为了生产源源不断的精品，工匠对奢侈材料的需求逐渐增大，因此成功地吸引了佛兰德布商跋涉一周前往香槟地区。消息传开后，到了12世纪末，来自意大利北部城邦的布商也不惜长途跋涉一个月，前往香槟地区展示他们的货物。商人们开始进行奢侈品交易。在亨利伯爵的支持下，他们开始在每年的同一时间出现在城里进行贸易往来。很快，来自欧洲各地的布商蜂拥而至，前来参加呢绒集市活动。亨利伯爵对由此带来的税收增长感到满意，他鼓励香槟地区的其他城镇定期举办更多的集市活动。为了促使这些集市蓬勃发展，他铸造了自己的金属货币，建立了一个标准化的砝码系统，部署了法官和武装警卫来监督集会，并为商人安排了通过周围郡县和公国的安全通道。

对意大利商人来说，去远离库存的地方集中进行数周的布料交易，是一项特别复杂的业务，他们不仅要长途跋涉，还需要提前几个月做准备，从威尼斯或其他国家进口珍稀布料然后再转售。为了参加香槟集市活动，商人们往往需要离家三个半月。规划行程和筹备库存所涉及的物流组织工作非常繁重，需要耗费大量精力和资金。金属货币短缺、携带大袋金属货币的不便以及沿途遭遇抢劫的风险使他们面临的挑战更加严峻。因此，商人往往缺乏货币来支付所需服务或打算购买的产品。为了应对长途贸易，一些最成功的意大利布商在香槟地区提供银行服务。商人可以在集市上贷款和存款，然后在回家时取出资金或偿还债务。最有声誉的意大利富商很快就通过发行可转让的汇票来推广城际银行业务，这种汇票可以作为小商人间债务的书面担保。信贷不再是双方的私下交易，它已经具备流通性，并且在任何时候和任何地方都可以得到保障。

商人发行汇票获取溢价，因此他们从城市中心创造的贸易财富中积累了可观的财富。银行业务成了许多成功商人利润最高的业务，因此，最雄心勃勃的商人也就华丽转身，成了商业银行家。他们与富有的亲友建立伙伴关系，向贵族和当地富商募集存款，进一步扩大了银行业务。

五、复式记账法，事半功倍

许多企业家争相成为银行家——仅在 13 世纪的佛罗伦萨就有数百个银行家。一些企业家进行创新或采用其他人开发的技术，面向更广泛的客户群体提供更多资金管理服务。1202 年前后，比萨的斐波那契（Fibonacci）将阿拉伯数字引入欧洲，一些意大利商人开始使用这种新的会计系统（直到 18 世纪早期，罗马数字才在会计中消失）。为了确保培养出足够的簿记员，一些城镇的商人资助学校用阿拉伯数字教授数学。

第八章 ◆ 扩大简约

随着银行业务向其他城市扩张，雄心勃勃的银行家需要更细致地了解自己的业务状况，包括每一笔交易的利润情况。单纯罗列收据清单太过原始，已经无法满足他们进行复杂分析的需求。在商业银行扩张的同时，通过多家银行的合作努力，逐渐发展起来更为复杂的控制系统，也就是我们现在所称的"复式记账法"。从1211年的一家无名银行的会计分类账目上可见，账簿一面记录的是贷项，另一面记录的是借项。13世纪其他银行账簿的部分记录为意大利商人使用复式记账法提供了一些相关证据。而一份保存至今的13世纪末账本则表明，当时所使用的复式记账系统与现代惯例一致。

乔瓦尼·法罗菲公司（Giovanni Farolfi & Co）是一家创业型商业银行，主要侧重于现代法国普罗旺斯及其周边地区的货物进出口和融资。1299—1300年该公司位于萨隆的办事处由合伙人阿马特诺·马努奇（Amatino Manucci）管理，其保管的会计账簿几乎有一半保存了下来。这些账簿展示了一个成熟的复式记账系统。该分支机构的业务多种多样、非常复杂，以至于马努奇同时保留了五套账簿。总账记录了所有账户的总览，并对来自子分类账中的资产和负债的变动进行了整合和调整，从而可以确定该办事处管理的特定业务的盈利能力。总账还记录了贷款情况——包括一笔给地区大主教的利率为15%的贷款，尽管教会禁止收取利息。其中一个子分类账簿记录了与法罗菲公司买卖橄榄油和小麦等大宗商品相关的借方和贷方。而另一本子账簿记录了其布料生意的借贷记录。另外两本账簿中记录了办公室的开支及现金收入。账簿显示，公司定期平衡资产负债，确认盈利以及汇总未偿还票据和贷款的总额。公司还将现金或存货转移到其他法罗菲办事处的情况记录在案，如此一来，每个办事处的财务状况和业绩都能一目了然。如果马努奇还活着，他会成为一名伟大的会计软件企业家。

复式记账的实行进一步扩大了银行业务和融资规模。自此，商业银行家简化了商人和长途贸易商的资金转移和信贷管理过程。

六、值得信赖的机器

在上一章中，我们看到了宋朝以来的企业家如何创建了餐饮企业并提供有趣和舒适的环境。餐饮企业从早到忙到晚，为数十名客户提供服务，由于规模较大、经营复杂，餐饮企业的拥有者和经营者都备感压力。

美国内战结束后，退伍军人纷纷开设酒馆赚钱。詹姆斯·里蒂（James Ritty）上尉在俄亥俄州代顿市经营的酒吧就是其中之一。他的酒吧颇受欢迎，到了1878年，里蒂决定从经营酒吧的压力中喘口气，于是他把酒吧交给信任的人打理，自己踏上了欧洲之旅。由于他掌握不了代理人约束其他员工的情况，经常担心员工可能会从他那里小偷小摸。当他参观乘坐的一艘蒸汽船的引擎室时，被一种计算螺旋桨转数的装置吸引住了。这个计数装置启发他想到了解决问题的办法。在回程的路上，他勾勒出了一幅机器的设计图，这种机器可以计算出每笔交易的价值。回来后，他请孪生兄弟约翰帮助他制作了一个原型机。机器的功能符合他的预期，他们便立即申请了专利。他们将这个机器称为"里蒂的廉洁收银员"。

收银机由一个标有数字1到100的圆形表盘和一个类似手表秒针的指针组成。当按下对应销售金额的按钮时，指针就会在表盘周围按需要的数量移动。通过观察指针的位置和计数器显示的已经完成的旋转次数，店主可以快速掌握已经售出的商品数量。当里蒂开始使用这台机器后，员工的盗窃行为明显减少了。里蒂和他的兄弟并不满足于仅仅提高自己酒吧的利润，他们开始批量生产收银机。在接下来的几年里，他们做出了关键的改进，将最早的转盘改造成一个板型显示器，同时增加了一个简单的打印机，用于把当天的每一笔成交金额记录在一个纸卷上。然而，他们最终只卖出了几台机器，1882年，里蒂以1 000美元的价格卖掉了公司和专利。他用得到的那笔钱开了一个更大的酒馆。

其中两台机器卖给了一位从事煤炭生意的企业家，他也曾遭受员工偷窃问题的困扰。约翰·帕特森（John Patterson）在他经营困难的矿工用品店安装了这两台机器，此后商店开始盈利。帕特森意识到里蒂的收银机在简化会计和现金出纳监管方面具有很大潜力，于是他卖掉了自己的煤炭公司，并找到了现在拥有里蒂业务和专利的公司，以6 500美元的价格买下了它们。然后他创办了全美现金出纳机公司（National Cash Register Company）。

帕特森确信，其他企业家也需要他人帮助经营企业，即使他们尚未意识到这一点。他积极推销自己的机器，宣传收银机能够解决盗窃问题，但很少有人买账。如果你信任你的员工，而且办公桌的抽屉就可以存放钱，为什么还要花50美元买收银机呢？帕特森尝试了邮寄宣传材料、广告宣传、推荐信和销售代理等营销方式，但机器仍没有卖出去。帕特森注意到他的一个销售代理人约瑟夫·克兰（Joseph Crane）的销售业绩明显高于其他人，他便请约瑟夫传授他销售的技巧。

克兰与当时典型的旅行推销员截然相反。他穿着保守，看起来更像一个富裕的会计师。他还对每个潜在客户都使用同一套推销话术。在与克兰的交谈中，帕特森意识到使用一套基于最佳实践总结出来的系统销售方法的重要性，而不是让每个销售人员即兴发挥。背诵式演讲和标准式问答的方式立即提升了销售额。于是，帕特森满腔热忱地去创造完美的销售方法。在克兰销售技巧基础上，他又加入了自己的创新，这些营销方法一直沿用至今，包括安排定期销售会议，划分销售区域，设立销售人员的目标和任务，以及给超额完成销售配额的销售人员（当时只有男性）提供高额奖金等手段，来促进销售人员的工作效率和业绩提升。到1892年，全美现金出纳机公司每年销售1.5万台收银机；到1900年，每年的销售量达到10万台。一战时期，收银机已经成为所有现金交易的标配。收银机简化了销售记录，可以防止收银员盗窃现金，商家使用收银机也会给人留下一个重视业务、经营专业的印象。

帕特森创办全美现金出纳机公司（NCR）的成功让其他企业家发现了商机，他们意识到通过设计设备来协助企业管理具有很大的市场潜力。1888年，亚历山大·德伊（Alexander Dey）发明了一种计时器，并与其兄弟创建了一家公司，生产记录员工上下班时间的时钟。他们的出勤记录钟使企业家和所有企业都能按小时支付员工工资，这大大简化了企业对大批员工的管理和监督。这种做法流行起来，其他企业家也开始制造计时器。与此同时，一些企业家将自动秤与计算机制结合起来，简化了肉店的操作流程，也使那些按重量销售商品的企业运营变得更加简单。

七、简化计算

1890年，美国人口普查办公室聘请了一位杰出的发明家，并使用了他发明的一种机器，简化了大量人口统计工作。这个人便是发明家赫尔曼·霍尔瑞斯（Herman Hollerith），他发明的机器非常高效，但也非常复杂，因而人口普查项目经理觉得有必要请他来培训和监督那些操作机器的人。霍尔瑞斯的发明结合了电报的设计理念与雅卡尔织机中穿孔卡片的操作原理。他的机器对打孔卡进行计数和分类，打孔卡的特定位置代表人口普查中个人的多种属性。通过使用他的机器，1890年的人口普查数据比以往任何一次都更详细。1896年，他离开人口普查办公室，创立了自己的制表机器公司（Tabulating Machine Company），向其他进行人口普查的国家出售他的机器，他的用户还包括像马歇尔·菲尔兹[①]和托马斯·爱迪生这样雄心勃勃的企业家，他们利用霍尔瑞斯的机器来简化和加快销售数据的分析。

提供商业设备的企业家通常很难说服企业家和职业经理人投资他们的产品。将这种设备算作投资而非成本费用的想法在19世纪末才逐渐发展起来。然而，当时大多数企业家都没有接受过簿记或财务培训。他们认为在设备上的任何投入都只会减少银行账户上的余额。向犹疑不定的企业家销售简化业务流程的设备需要一支训练有

[①] 马歇尔·菲尔兹（Marshall Fields）是19世纪末和20世纪初美国的著名商人、企业家。最著名的成就是创建和发展了芝加哥的著名百货公司马歇尔·菲尔兹公司，并将其打造成了一家具有巨大影响力和声誉的百货公司。马歇尔·菲尔兹引入了无条件退货政策和价格标签等创新手段，为他赢得了客户的忠诚和赞誉。——译者注

素的销售团队，而 NCR 公司是数年来唯一做到这一点的企业。约翰·帕特森才华横溢，但也独断专行，狂妄自大，他招募并培训了数百名销售人员和主管，但又解雇了其中的大多数人，即使是表现最好的人，只要做了他不喜欢的事情，也会遭到解雇。这从全局来看，并不是坏事。许多被解雇的 NCR 公司销售人员和主管后来成了企业家，他们深谙技术创新在简化业务挑战方面的巨大潜力。他们收购或接管了陷入困境的商业设备制造商，并将其扭亏为盈。

托马斯·沃森（Thomas Watson）是帕特森解雇的人之一。在加入纽约州布法罗市 NCR 公司之前，沃森经历过一次创业失败，并且还失去过一份销售员的工作。这次，他下定决心一定要取得成功，成为帕特森销售系统的典范。他后来成为罗切斯特办事处的负责人并在该地区建立了实质上的垄断地位，之后沃森被调到位于代顿的 NCR 公司总部，负责销售和运营特殊项目。其中一个项目需要沃森搬到纽约市，成立一家表面上独立的公司，收购市场上所有的二手收银机。当时二手收银机开始大量涌入市场，NCR 公司则通过购买二手收银机来进行价格保护。

不幸的是，帕特森的计划引起了联邦检察官的注意，他们根据《谢尔曼反托拉斯法》指控帕特森、沃森和其他 11 名 NCR 公司高管从事反竞争行为。他们均被定罪并被判处一年监禁。虽然最终联邦上诉法院取消了对他们的指控，但帕特森不想再与这些有过污点的高管合作，就将他们全部解雇了，这其中就包括沃森。

到 1912 年沃森被解雇时，他已经成为 NCR 公司的销售主管，在业内享有极高的声誉。当时，NCR 公司高管在合并形成的大型新公司中备受青睐。然而，沃森却选择在一家相对较小的公司任职，他的同事和家人都备感震惊,这家公司是由一位被人们称为"信托之父"的金融企业家创办的。查尔斯·弗林特(Charles Flint)模仿约翰·戴维森·洛克菲勒和 J. P. 摩根的商业模式,通过收购市场上最成功的创业公司,形成了一系列垄断。在 19 世纪 90 年代初,他收购了几家橡胶公司,创办了他的首家公司——美国橡胶公司,随后便在市场上占据了主导地位。随后,他又以同样的方法,创建了美国口香糖公司和美国毛织品公司,并在市场上占据了主导地位。

1911 年,为了控制新兴的商用机器市场,弗林特收购了 6 家经营不善的小型商用设备公司,创建了计算制表记录公司(Computing-Tabulating-Recording Company,CTR)。这 6 家公司中包括德伊的钟表公司和霍尔瑞斯的制表机公司。但弗林特对如何整合两家公司还没有任何想法,所以他向沃森提供了这个职位。沃森的经验使他成为领导公司的不二人选。为了让他接受这份工作,弗林特给了他近乎完全的自主权,于是双方达成了协议。沃森用他在 NCR 学到的业务方式和经营理念来管理公司,并立即组建一支专业销售队伍。公司的销售额开始增长。1924 年,沃森将公司更名为"国际商业机器公司"①。

在接下来的 40 年里,沃森和他的儿子小托马斯·沃森都不再为企业家设计商业机器。相反,他们的关注点放在了 20 世纪初开始主宰全球市场的大型专业管理公司上,而这些公司的兴起是以牺牲若干个体企业家利益为代价的(详见第五章)。沃森父子认为,相比于

---

① "国际商业机器公司"或"万国商业机器公司"(International Business Machines,简称 IBM)由托马斯·沃森于 1911 年创立于美国,是全球最大的信息技术和业务解决方案公司,拥有全球雇员 31 万人,业务遍及 160 多个国家和地区。——译者注

满足各类中小企业的各种需求，设计能够简化政府机构（包括纳粹德国）、大型银行、保险公司、大型工业和消费品公司等机构内烦琐复杂流程的设备，更有利可图。尽管二战后，他们的大型计算机取得成功并占据市场主导地位，但他们的侧重点并没有改变。商业设备公司生产的第一代商用计算机，如 1951 年雷明顿·兰德公司生产的 UNIVAC 计算机和 1953 年 IBM 公司出产的 IBM702 计算机，售价都非常昂贵，初创企业根本买不起，也超出了当时 95% 以上公司的购买力。企业家们最初无法充分利用这项新技术来优化业务流程并增加利润。随着时间的推移，他们纷纷开始尝试突破 IBM 的市场垄断。

八、控制计算机市场

乔治·多里奥（Georges Doriot）是哈佛商学院的一位教授，写过大量文章支持企业家创办技术驱动型公司。早在 20 世纪 30 年代末，他就担忧大公司会垄断技术，减缓创新。当时的麻省理工学院院长卡尔·康普顿（Karl Compton）也有类似的感受。二战结束后，他们二人游说新英格兰杰出的金融和商业领袖投资建立美国研究与发展公司（American Research and Development Corporation，简称 ARDC），该公司在投资者和希望将其发明商业化的工程师之间充当中介，并对许多新电子技术领域的工程师进行了小额投资。ARDC 取得了一定的成功，但它所投资的许多发明家无法扩大企业规模，实现预期盈利。事实上，投资者对于 ARDC 在为他们创造投资回报方面的表现持保留态度。

第八章 ◆ 扩大简约

1957年，经过数月的会面，肯·奥尔森和哈兰·安德森（Harlan Andersen）最终说服多里奥投资他们的初创公司——数字设备公司（Digital Equipment Corporation，简称DEC），多里奥出资70 000美元获得公司70%的股份。当时，奥尔森和安德森正在麻省理工学院为政府资助项目开展合作研究，将最新发明的晶体管应用于计算机。他们研制出了一个可商业化的晶体管计算机工作模型，并且售价会远低于IBM或UNIVAC大型计算机。他们认为价格更实惠的计算机前景光明，于是满怀憧憬，愿意出售公司70%的股份以换取实现这个计划的机会。

1960年DEC推出了他们的第一台计算机PDP-1。这台机器售价相当于现在的100万美元，除了政府之外，任何人都买不起。他们又花了5年时间才推出PDP-8，当时的售价仅为18 500美元，不到最便宜的大型计算机价格的1/10。当DEC于1968年上市时，ARDC的股票价值是其股本的500倍。DEC是ARDC投资的重大成功案例。

由于PDP-8价格低廉，初创企业家可以购买和使用这些计算机来发展他们的业务。计算机价格降低带来的利润前景，促进了三个创业集群的涌现：第一个集群开发出半导体技术，使计算机功能更强大，成本更低廉；第二个集群开始设计计算机软件，以简化使用计算机运营业务的流程；第三个集群则模仿DEC的模式，制造更好、更便宜的计算机。尽管IBM雇用成千上万名工程师，每年投入数千万美元用于研究和开发，以维持其在计算机领域的垄断地位，但仍无法跟上这三个集群带来的创业创新周期的步伐。

九、用硅芯片简化计算机

在奥尔森和安德森设计出第一台晶体管计算机原型之前，半导体产业集群就已经出现了。尽管晶体管比其所取代的电子管更小、更可靠，但它们的使用仍然复杂而棘手，尤其是在计算机中使用时更棘手（晶体管收音机是第一个应用晶体管的产品）。一批新兴的半导体工程师竞相开发一些元器件，模仿DEC及其竞争对手设计的计算机中的所有或部分电子元件。

引领这场竞赛的是仙童半导体公司的创始人之一罗伯特·诺伊斯（Robert Noyce）。1959年，他发明了实用集成电路，实现了可用于计算机的相连微型晶体管的量产。1961年，仙童公司推出了第一个商用集成电路，为精通半导体的企业家和他们合作的金融家提供了一个开发集成电路的模板。这些集成电路可以模仿和替代已经投入使用的更大、更重和更昂贵的电子电路。

1968年，诺伊斯和仙童的联合创始人之一戈登·摩尔（Gordon Moore）离开仙童并创立了英特尔（摩尔因1965年问世的摩尔定律而声名鹊起，该定律预测，在可预见的未来，技术进步将使集成电路的数目和性能每两年翻一番，而这一趋势在50年后才逐渐消失）。他们的目标是制造集成电路计算机存储芯片，以进一步降低计算机的成本和复杂性。诺伊斯和摩尔当时已经是硅谷（后来得名）的传奇人物，他们很快成功地生产出了第一批可以存储和检索信息的硅芯片。英特尔公司成立三年后，为了响应一位客户为复杂计算机定制芯片的要求，一个直接为诺伊斯工作的工程团队开发了英特尔4004微处理器，这是第一个邮票大小的集成电路，可以模拟每台计算机中心鞋盒大小的电子电路的性能——这也是第一台真正意义上的芯片计算机。

十、简化业务流程

第二个创业集群围绕设计和销售简化企业运营的软件而形成。20 世纪 70 年代中期，随着价格更低廉的小型计算机的出现，被称为"制造资源计划"（MRP）的库存管理程序开始流行起来。MRP 程序可以模拟原材料进入公司的流程以及在工厂内被转化和组合成其他部件的流程，直到成品发货给客户为止。这些非常复杂的程序最初是由 IBM 为其主要工业客户开发的，用于在大型计算机上运行，但随后被其他企业家效仿，可以在较便宜的计算机上运行。在恰当地实施 MRP 程序后，MRP 程序会输出一系列指令，告诉管理者订购多少产品或下一步要处理哪些有待完成的产品。如此一来，经理无须花费大量时间和精力来思考如何管理库存和生产流程，就像雅卡尔织机对织工的作用一样。

同以往一样，创业集群开始致力于将这些程序的功能提供给其他企业家使用。但是，由于经理们之前没有学习或使用过软件，经常发生不能正确启用程序的情况，因此混乱频发，利润减少。因此，MRP 和商业软件企业家专门为此编写了程序，以便其他企业家可以将它们与小型计算机、咨询服务和培训捆绑销售。新的计算机咨询顾问集群应运而生。

随着 MRP 系统在减少库存方面取得成功，新的船业集群开始开发程序，用来指导客户运营材料和制造以外的其他业务。20 世纪 80

年代，用于模拟"最佳实践管理"的软件几乎开始用于所有其他业务流程，例如人力资源、设施设备、客户关系、产品销售和市场营销。新的咨询顾问队伍，包括成立专业咨询公司的企业家，帮助大公司和企业家实施这些程序，以确保达到预期效果。到20世纪90年代末，随着高速互联网在世界各地商业中心的普及，又有新的集群提供通过互联网交付的业务优化软件，这种模式被称为"软件即服务"①。

十一、人人适用的简化程序

在英特尔4004推出6年后，史蒂夫·沃兹尼亚克（Steve Wozniak）使用竞争对手的微处理器芯片设计了第一台实用、经济、友好（在当时）的个人计算机——二代苹果计算机。其他企业家，连同DEC、西门子和IBM等老牌公司，也竞相生产个人计算机，这进一步激励精通半导体的高管和工程师创立了更多的公司，致力于生产能够提高计算机性能和降低成本的新型集成电路。

另一批企业家开始编写计算机程序，使个人计算机更容易用于写作、计算和会计等特定的商业应用。丹·布里克林（Dan Bricklin）就是其中之一。他的父亲是一位企业家，拥有一家成功的印刷企业。丹一直希望有一天能成为一名企业家，因为要想过上随心所欲的生活，创业对他来说似乎是一个不错的选择。20世纪60年代末，布

---

① 软件即服务（Software as a Service，简称SaaS），也可称为"按需即用软件"，是一种软件交付模式。在这种交付模式中，软件仅需通过网络，无须经过传统的安装步骤即可使用，软件及其相关的数据集中托管于云端服务。——译者注

第八章 ◆ 扩大简约

里克林在高中很幸运地接触到计算机,并学会了编程。在麻省理工学院读大学一年级期间,他凭借之前的经历找到一份工作,为一位致力于提高人类控制高性能计算机能力的教授工作。1973 年,丹毕业后进入 DEC 工作,被分配到文字处理软件团队,编写公司首个文字处理软件。那一年,一家名为韦德克(Vydec)的初创公司推出了第一台文字处理控制台:一张由小型计算机、键盘、打印机和早期磁盘驱动器组成的桌子,上面有一个显示器,可以显示输入的内容。DEC 想为它的通用小型计算机提供一个软件包来模拟文字处理能力。丹从他父亲那里了解了高质量排版的要求,因此他成了该项目的负责人。

丹仍然渴望创办自己的公司,于是他选择离开 DEC 去哈佛商学院继续深造。当研究如何优化工厂或仓储成本的相关案例时,他惊讶地发现,用数字表格和联系这些数字的公式来描述业务,与他在 DEC 设计的文字处理软件具有相似的结构。丹意识到,所有的数字实际上都与描述它们的单词或缩写有关,因此,在表格中操作数字的方式与在计算机上操作单词的方式类似。

丹利用一整个周末的时间创建了一个程序,当用户更改表格中的任何数字时,基于用户输入的公式,每个其他数字都会自动重新计算。在商学院学习的最后 9 个月里,丹和他在麻省理工学院时的朋友鲍伯·法兰克斯顿(Bob Frankston)创建了用户操作界面,让人们可以在新上市的二代苹果计算机上很轻松地使用他的软件。石灰粉(VisiCalc)于 1979 年问世,与此同时,丹也从哈佛商学院毕业了。

经过一年多一点的时间,由于企业家和职业经理人都意识到这个程序可以大大简化业务经营中的数字运算，石灰粉开始拉动苹果计算机的销售。过去需要几个小时才能完成的场景和分析现在只需几分钟。而且企业家可以对他们的业务进行更详细的分析，量化他们的业务增长目标，而不是仅仅依靠直觉来做决策。企业家们很快就开始为他们的创业方案创建详细的量化模型，以期获得风险投资资金。

随着计算能力、内存存储和数字通信速度每两年翻一番，企业家们开始竞相设计新一代的计算机、控制器和各种类型的网络，并开发简化管理的软件应用程序。这种现象也导致了早期创业者丹·布里克林和鲍伯·法兰克斯顿的失败，因为很快就有其他企业家选择开发更强大、更易用的版本，为石灰粉添加了图形功能，并将其称为"Lotus 1-2-3"。

十二、更简单的非人类系统

企业家向往已久的理想状态就是企业能够自主经营，这样他们就可以把更多的时间花在自己喜欢的事情上，比如扩大业务、参加活动，或者与亲人共度时光。为此，他们已经开发并使用各种工具、机器，为了接近这种理想状态，他们最近开始使用由先进软件驱动的复杂计算机系统。

最新的创业集群试图使用机器学习（ML），高效地获取和组织所有相关信息；利用人工智能（AI），创建自己的算法，更好地观察趋势和预测结果。人工智能和机器学习可以提供定制软件，吸引客户购买，从而降低成本，并在机器人的配合下，执行困难或繁重的任务，甚至能够激励其余员工更高效地工作。

社会偶尔会面临企业家试图简化企业运营所带来的后果。在19世纪初，许多人担心企业家创新带来的变化，比如，工人会被迫离开家，进入机器驱动的工厂劳作，而工厂里满是复杂的省力机器，企业家或经理人员能更容易地管理他们，而且管理得更严格。为了抗议这种变化，卢德主义者①摧毁了棉纺机并焚毁了工厂。在几十年内，工会成立起来，其目的不仅是争取更高的工资，还为了保护就业机会免受自动化的影响。如今，许多人担心企业家会利用机器学习、人工智能和机器人来消灭整个工人阶级，甚至包括举足轻重的商业哲学家彼得·德鲁克（Peter Drucker）所说的"知识型员工"②。未来工作的发展趋势正在成为一个新的创业咨询领域，在我写这本书的时候，这个领域正在孕育一个新的创业集群。

综上所述，最有雄心壮志的企业家会寻求前所未有的规模扩张，并激励其他企业家效仿他们的成功模式。企业家创新影响的大小只会随着时间的推移而不断增加。这种影响无论是好是坏，都会不断累积下来。接下来的两章将会探讨这些累积影响带来的后果。

---

① 卢德主义者（Luddite），或译为"勒德分子""卢德分子"，是19世纪英国民间对抗工业革命、反对纺织工业化的社会运动者。当时机器大量取代人力劳作，工人把机器视为失业和贫困的根源，相传在英国莱斯特一带有一位名叫内德·卢德的织布工曾怒砸两台织布机，卢德运动就此展开。后世也将反对任何新科技的人称作"卢德主义者"。——译者注

② "知识型员工"（knowledge workers）一词由现代管理大师彼得·德鲁克于1959年在他的著作《明日的里程碑》（*The Landmarks of Tomorrow*）中率先提出。他将知识型员工定义为运用通过正式培训获得的理论和知识来开发产品和服务的高层次员工。知识型员工以脑力为生，不像体力劳动者那样靠完成体力劳动而获得报酬。——译者注

第九章

扩张的后果:
创造与自我毁灭

> 机械艺术的用途具有模糊性或双重性，既会产生破坏作用，也可用来防范恶行或破坏。因此，它们的优点和局限性是紧密相关的，使用不当的话，优点也会成为弱点，并导致其自我毁灭。
>
> ——弗朗西斯·培根（Francis Bacon），1609 年

弗朗西斯·培根的这句话引用了代达罗斯的神话来警示读者，企业家具有双重属性，既能"创造"，也能"自我毁灭"。在 17 世纪初，"科学之父"培根就对当时创新型企业家所带来的后果暗自忧虑。那时，英国许多地区木材短缺，新型煤炉排放着黑烟，笼罩在城市上空，房地产开发商正挖空心思让更多人住进城市住房中。培根试图通过代达罗斯的例子向当时的知识精英们解释他的担忧，但最终还是无济于事。谁能抵挡住创新和利润的诱惑呢？

在规模扩张的过程中，企业家们常常面临各种阻碍。许多人在坚持提供产品和服务的同时，找到了缓解或减轻这些阻碍的办法。这些大量突破障碍的行动逐渐决定了每个创业集群的发展方向和发展规模，并带来了巨大的社会、经济和环境变革。集群成员之间相

互效仿和借鉴最佳实践经验，致使这些变革产生了规模化效应，这往往出乎个体企业家的预期，也超乎当地文化中许多人的预期。因此，这些创业行为往往会带来意想不到的后果。创业集群的性质决定了企业家会互相借鉴最佳创意，这不仅促进了创新产品或服务的供应规模，同时也会带来更多意想不到的后果。

一、奴隶制的扩张

在之前的章节里，我们已经看到了一些典型的例子。詹姆斯·德拉克斯在扩大供应规模方面是有史以来效率最高的创新者之一。他立志成为全球最富庶的糖业殖民地上最富有的糖业大亨，利用风力为糖厂提供动能，将糖产量提高了 5 倍。然而这一创新带来了一系列新的挑战，要求他对运营、劳动力和管理进行前所未有的规模扩张。他需要购买大量奴隶来满足运营需求，这进一步促进了跨大西洋奴隶贸易的大幅增长。此外，生产过程中需要 500 多名奴隶在数百英亩的土地上同时从事多道工序的劳动，每道工序都需要进行严格的质量控制，这促使德拉克斯对奴隶们毫不留情地实施了残酷的监管制度。由此可见，他为了满足人们对甜食的无尽渴望，在扩大糖的生产规模的同时也带来了死亡和暴力等负面影响。

死亡和暴力并非德拉克斯或其他大多数糖业大亨的既定目标，但他们在当时也未受到任何道德或法律的约束。虽然当时许多宗教团体认为奴隶制是制糖业发展所带来的不良后果，但对于那些即将成为奴隶的人及其家人来说，奴隶制本身也是一个悲惨的结果。

德拉克斯并未发明奴隶制，但他的创新扩大了奴隶制的规模，

第九章 ◆ 扩张的后果：创造与自我毁灭

并启发了他人去思考如何从中获得前所未有的好处。早在公元前2000年之前，美索不达米亚就已经有了关于奴隶制的记载，企业家已经开始使用奴隶，也就是在那个时候，"利润"这个词首次出现。美索不达米亚的谚语明确了奴隶制的存在，如"强者靠他的力量生活，弱者靠他的子女生活"。由于奴隶在许多商业活动中起着关键作用，《汉谟拉比法典》中有许多法律条文都规定了购买、租赁、控制或惩罚奴隶方面的许可条件。

过去的许多文明社会都允许或鼓励精英阶层和企业家使用奴隶从事繁重或危险的工作，从而获取财富。古代雅典人依靠奴隶来创造农业财富和执行危险的采矿任务。雅典的采矿和冶金业创造了巨大的财富，吸引了众多企业家蜂拥而至。这些企业家可以从500人议会那里购买租赁权，去开采劳里翁（Laurium）附近丰富的银矿。到公元前340年，该议会每年都会签发约150份新的3—7年不等的采矿租约，但雅典精英购买的租约只占约20%，因为新兴企业家希望从勘探和开采新的银矿脉中获利，他们买走了大部分租约。拥有大量租约的企业家需要1000多名奴隶才能从矿山中开采出所有的白银。一个名叫尼西亚（Nicias）的雅典人经营着一家奴隶贸易公司，他从周边地区购买奴隶，再将他们租给拥有采矿租赁权的企业家们。其他企业家经营着冶炼和提纯银矿的业务，或者从事运输矿石的生意，他们也使用成千上万名奴隶来操作高温炉，装卸各个生产环节所需的物料。据色诺芬的《经济学》所述，苏格拉底鼓励企业家不要把奴隶当作消耗品，而是要运用认可和奖励的方法来激励他们。有些企业家确实采取了这样的做法，但书中也明确指出，许多企业家并未这样做。

企业家

在罗马帝国时期,富有的罗马人需要大量奴隶为他们庞大的庄园提供体力劳动。其中一些富人明确渴望拥有聪明能干、有抱负的奴隶,帮助他们管理与庄园有关的附属农业和商业企业。一旦那些精明能干、雄心勃勃的奴隶证明了自己的价值,他们通常会获得自由和资金,来扩大曾为主人经营的业务,前主人则以投资合伙人的身份来分享企业的利润。

然而,企业家还是创新了加大奴役他人的方式。例如,在公元前150年,罗马葡萄酒商人提议有权有势的高卢人(Gauls)用奴隶交换其梦寐以求的昂贵的意大利葡萄酒。由于高卢人生产的东西很少是罗马人想要的,葡萄酒商人便引导有势力的高卢人积累他们想要的商品,以此扩大业务。而他们达成的共识就是用奴隶来交换葡萄酒。因为只要有一个企业家获得成功的经验,其他人就会效仿,葡萄酒销量迅速增长,而高卢奴隶则最终成了罗马的商品。

在19世纪上半叶,在奴隶贸易的鼎盛时期,奴隶贸易商和主要的糖业大亨成为英国和法国最富有的人。如今,尽管大多数国家都禁止奴隶制,但企业家们仍然以各种形式延续奴隶制,强迫男人、女人和儿童在不情愿、不合理的条件下工作,他们没有自由,也没有机会离开。直至今天仍然存在数百万名奴隶,在性交易和虾产业中为企业家们带来财富。

奴隶制本身并非企业家的创意,但奴隶制的规模化却与之息息相关。企业家的创新精神使奴隶制的规模达到了全新的、前所未有的水平。奴隶制提高了某些企业家的利润,而企业家阶层的涌现使奴隶制成为一个大买卖。有些一意孤行的企业家为了扩大奴隶供应,不惜抛弃人类价值观,不顾人们的反抗,采取残酷手段运输和贩卖奴隶。奴隶制之所以规模庞大，完全是企业家的功劳。

纵观历史，廉价而充足的劳动力为众多行业的企业家提供了扩大供应规模的条件。如今许多行业的营利能力与采购劳动力的廉价程度密切相关。企业家在扩大服装、垃圾处理、生产、运输、玩具行业的规模等方面，始终需要"创新"降低劳动力成本的方式。野心勃勃的创新企业家在世界各地不受监管或监管不力的地区寻找廉价劳动力，为其他不愿直接涉足劳工剥削的企业家提供低成本劳动力服务。然而，剥削劳动力所带来的意外和不良后果至今仍在发酵。

二、加剧至恶

新企业家集群的形成促进了其他企业家的规模化发展，但也进一步扩大了其不良影响或意外影响。社会对谁可以成为企业家没有具体的规定或条件限制，于是各种拥有"创新"思维的人都可以参与到创业活动中，由此也给社会带来了不同的影响。纵观历史，有些企业家深受财富、权力和性的诱惑，而这些诱惑逾越了社会纽带和人类的道德底线。那些野心勃勃、攻击性强、缺乏同理心的企业家在追求目标时无视社会规范，甚至违反法律。尤其是在收益丰厚的集群中，一些成员的社会违规行为可能极其危险。

艾萨克·富兰克林（Isaac Franklin）和约翰·阿姆菲尔德（John Armfield）在 1836 年退休时已经是美国最富有的两个人，是美国南方的社会名流。他们的公司——富兰克林-阿姆菲尔德效率极高，几乎垄断了当时的奴隶贸易。

1789 年，富兰克林出生在田纳西州一个蓄奴农场。十几岁时，

企业家

他就开始通过买卖奴隶赚钱了。在参加 1812 年的战争后，富兰克林有意建立一个超越本地小规模奴隶交易的企业。当时恰逢一个大好时机。在战争爆发前不久，美国政府通过了一项禁止进口奴隶的法律，但仍允许国内买卖奴隶。人们在阿巴拉契亚山脉以西、新奥尔良以北的密西西比河沿岸开垦了新的农田，增加了对奴隶的需求。与此同时，由于东海岸的农田过度耕作，农场主只得出售部分奴隶。在这种情况下，把奴隶从东部运往密西西比州纳奇兹的主要奴隶交易市场，就可以赚取丰厚的利润。

富兰克林广泛游历东部地区寻找奴隶，但他需要一个同样擅长运输和购买奴隶的可靠合作伙伴，才能实现理想中的商业规模。大约在 1824 年，他遇到了阿姆菲尔德，将其视为理想合作伙伴并聘用了他。阿姆菲尔德来自一个贵格会[①]家庭，十几岁时就离家出走，在遇到富兰克林之前，他一直靠耍小聪明混日子。传说他俩是在阿姆菲尔德驾驶的驿站马车上相识的。阿姆菲尔德曾负责将 200 多名戴着脚镣的奴隶通过陆路运送到纳奇兹，在这一过程中他表现得非常机敏。1828 年，两人在弗吉尼亚州亚历山大市成立了公司，成为正式的合伙人。1834 年，阿姆菲尔德娶了富兰克林神经质的侄女为妻，以此巩固了他与富兰克林及其家族的密切关系。

富兰克林和阿姆菲尔德是精明且高效的商人。为了将奴隶从东海岸运送到可以卖出高价的地方，这对搭档将奴隶们塞进船舱中，船舱空间甚至比横跨大西洋的船舶还要拥挤。两人始终高度关注自

[①] 贵格会（Quaker）又称"教友派"或者"公谊会"，是基督教新教的一个派别。该派成立于 17 世纪，创始人为乔治·福克斯，因一名早期领袖的号诫"听到上帝的话而发抖"而得名"Quaker"，中文意译为"震颤者"（tremble），音译"贵格会"。——译者注

己在社会上的形象，为了彰显"人道"主义精神，他们宣称会让奴隶与其家人待在一起，不会拆散他们。有记录显示，因为家庭组的奴隶销售价格要低得多，他们经常不履行诺言，而东海岸卖掉奴隶的人似乎也没有核实他们是否履行了诺言。他们非常努力地维持表面的诚实守信。富兰克林和阿姆菲尔德在一个不讲诚信、声名狼藉的行业中得到了生意伙伴的信任。当代废奴主义者在参观亚历山大市保留的奴隶围栏时，甚至用"迷人"二字形容二人。然而，这与事实大相径庭。

富兰克林和阿姆菲尔德不仅为了追逐利润、创造财富或者成为最大的奴隶贩子而奋斗，还喜欢强奸年轻的女性奴隶。他们经常互相写信吹嘘自己对女性奴隶的"征服"，还用诸如"海盗"或"独眼男"等暗语来描述他们所谓的"游戏"。他们希望获得社会尊重，深知社会不会容忍他们的所作所为，因此他们的犯罪行为一直是秘密进行的，直到他们去世几十年后，人们才发现他们的信件。

富兰克林和阿姆菲尔德并不是唯一对女性奴隶实施强奸暴行的奴隶贩子。集群不仅仅会带来利润，通常还会放大那些产生预期利益的行为。由于集群是由具有各种各样利益动机的人组成，其中也包括那些违反社会规范而获取利润的人，集群把这些人最恶劣的一面暴露无遗，所以，我们不能天真地认为集群只会带来好处，不会带来坏处。

三、贷款之祸

自由钟是标志美国独立和自由的重要文物之一，上面刻着的铭文来自《圣经》中《利未记》的第 25 章第 10 节："直到各方土地上的所有居民均宣告自由。"这句话的劝诫之意不言而喻，但人们往往断章取义，一直没有注意到更深层次的含义。《利未记》第 25 章描述了上帝告诫其信徒，每 50 年应免除所有的债务，以恢复所有人的经济平等。《圣经》的这一章是关于神赋予的经济自由权——具体指的是摆脱抵押贷款的压迫，从而获得自由。几千年来，这些抵押贷款奴役了许多巴比伦人和犹太人。

公元前 2300 年左右，美索不达米亚的企业家发明了有担保的商业贷款。在美索不达米亚城邦的中心，强权教派的神庙管理人员制定了贷款和书面合同，对普通人实施经济控制。公元前 3000 年，大量人口开始迁往市中心，因为在那里他们更有安全感，专业的祭司还可以代表他们与掌控命运的强大神灵沟通。神庙要求市民缴纳一定数额的贡品（这就是税收的发源）。困难时期，如果市民无法缴纳贡品，他们就向市民提供等额的有息贷款。

有些城邦的神庙负责人不想再直接收取贷款，便将合同以折扣价卖给资产富余的商人。这些企业家负责收取贷款，如果债务人无法按时还款，他们就有权要求债务人通过劳动来偿还债务。一些具有创新精神的商人很快就意识到，直接向市民提供贷款具有很大的盈利空间。为降低风险，他们明确要求贷款必须以土地等资产作为抵押。这些先锋企业家制定了书面合同，要求无法按时还款的债务人放弃其土地，充当债务奴隶。

企业家们闻讯而动，纷纷提供利润丰厚的贷款计划。市民的过度负债带来了意想不到的后果，富裕的放债商人持有大量生产性土地，从而减少了可纳贡公民的数量和可服兵役公民的数量，这种情

第九章 ◆ 扩张的后果：创造与自我毁灭

况带来了严重的问题，削弱了近东地区国王的统治。同时，有钱有势的富商大量涌现，拥有大片土地，控制着必需品和奢侈品的供应，甚至可能比统治者权力更大。

为了获得更多支持，提高合法地位，美索不达米亚统治者颁布了名为《阿玛尔吉》（苏美尔语：amargi）或《米沙鲁姆》（巴比伦语：misharum）的法令，一律免除民众因纳贡和纳税而欠神庙的贷款，而不管谁购买了收取贷款的权利。随着私人债务愈加普遍，这些法令逐渐扩大到免除私人债务，但效果参差不齐。当地企业家显然不愿遵守这些法令，不想归还没收的土地，也不想失去债务奴隶，因此具有创新精神的企业家便在贷款合同中增加了一些条款来规避法令。例如，他们要求债务人将他们作为合法继承人。当抵押权持有人怀疑债务人会受到法令影响时，即使债务人没有逾期还款，也可以强行扣押债务人的资产。

公元前1662年，巴比伦国王阿米萨杜卡（Ammisaduqa）发布了他的《米沙鲁姆》法令，这是一份长篇的法律文件，包括6个不同的部分，明确说明了它对不同类型合同条款的适用性，以防止任何规避法令的企图。该法令指出，试图规避法令的合同条款属于欺诈行为。同时，它还禁止强制收款。为了确保企业家全面遵守法令，《米沙鲁姆》明确规定，任何企图规避法令的行为都会被处以死刑。

4 000多年来，过多的债务导致许多家庭失去了"自由"，迫使许多人沦为了债务奴隶。直至今日，整个社会仍在与过度债务带来的意外后果作斗争。几千年来，企业家们以各种形式包装债务，规避现行法规，诱使借款人借贷超出还款能力的款项。如今，企业家的这种做法所带来的意外后果，仍然与阿米萨杜卡时代一样严重。

《利未记》中"自由"一词与"自由即无债"的理念息息相关。企业家们将部分财富借贷给他人，所带来的意外后果与《圣经》故事所描述的一样影响巨大，可谓惊人之至。

四、环境影响

　　詹姆斯·德拉克斯及其同时代的糖业种植园主在运营和组织上进行了创新，他们所导致的不良或意外的后果远不止于奴隶制规模的扩大和残暴程度的加剧。德拉克斯登上巴巴多斯岛，成为最早的定居者，当时整个岛屿树木林立，森林茂密。依据他与库廷贸易公司的合同，公司将他从英格兰免费送往巴巴多斯岛，给他提供工具和种子，用于清理森林，腾出土地来种植烟草等经济作物，供库廷贸易公司在欧洲销售。岛上的原始定居者中只有少数人成功种植出了足量的劣质烟草，德拉克斯便是其中之一。他通过种植烟草，赚取了足够的收入，得以购买食物并建造了可遮风挡雨的住所。

　　德拉克斯花了15年的时间才找到大规模生产优质糖的方法，证明了该岛存在巨大的价值创造潜力。他的成功吸引来一大批企业家，他们大多来自英国，将自己毕生的积蓄投入了制糖业。这些企业家们听说了德拉克斯和其他人积累财富的事迹后，也想插手其中。抵达后，他们的首要任务就是获得土地，这就意味着他们必须去毁林造田，得到一块尚未开垦的土地。巴巴多斯岛只是个小岛，树木在短短几年内就几乎被砍伐殆尽。毁林造田带来了一系列意想不到的严重后果，影响到了岛上的每个人。食物和住房的价格飞涨，生活成本也随之上升，以至于巴巴多斯的生活成本比伦敦还要高。实际上，岛上除了成功的甘蔗种植园主或为其工作的人，都陷入了贫困，甚至无法逃离该岛。离开该岛的唯一方法就是同意成为契约劳工，无偿为另一个英国殖民地的企业家工作5—7年。

滥伐森林是企业家集群活动带来的典型意外后果。创业者们在新土地上开拓，几乎总是从砍伐树木开始。在煤取代木材成为主要燃料之前，陶器和金属等行业造成了大面积的森林被砍伐。古希腊哲学家色诺芬曾抱怨其附近的铅和银加工作坊产生的烟雾弥漫在整个雅典上空，并宣称这对人类健康有害。古罗马诗人贺拉斯（公元前65年—公元8年）也同样为"罗马的烟雾、财富和噪声"而叹息。公元100年，古罗马每年的铁产量估计超过80 000吨。这样的铁产量至少需要消耗10 000平方英里的森林。铅、玻璃、砖、陶器和青铜的生产同样增加了对木材的需求。到了罗马帝国时期，意大利几乎所有的森林都被消耗殆尽，需要从西班牙进口木材。时至今日，企业家们需要对半数亚马孙雨林的消失（以及无数物种的灭绝）承担责任。

除了森林砍伐和烟雾污染外，企业家的自利行为还带来了其他不良后果。企业扩张带来的噪声污染也很严重，以至于犹太教法典《塔木德》（Talmud）中这样劝告道："如果客户的噪声会干扰邻居的睡眠，就不应在庭院里开商店。"

五、新创新，新后果

14世纪和15世纪，黑死病（鼠疫）造成了劳动力短缺，至此企业家们开始注重农业创新，引进了对贵族庄园和家庭农场都适用的新型犁具、作物和土地管理技术。农业创新使粮食产量过剩，加上气候条件有利，英国人口在16世纪和17世纪迅速增长，比15世纪中叶到16世纪中叶期间增加了一倍多，约为350万人。人口的增长促使许多人离开了家庭农场，去往城市学习手艺，许多人开起了商店；另一些人则开垦耕作新土地。在英国许多地方，用于燃料的木材变得稀缺而昂贵。

1540年，由于木材和木炭价格急剧上涨，通货膨胀已经开始蔓延，特别是在城市中心附近。有抱负的企业家开始尝试寻找替代性热源。"反射炉"能高效地将煤转化为热能，我们不知道这项技术是何时何地开发出来的，但在1540年的意大利书籍《火工技艺》(*De la pirotechnia*) 中已对此有所描述。与大多数新技术一样，企业家们花了很长时间才弄清楚如何将造价昂贵的炉子改造为利润可观的创新产品。

玻璃制造商率先找到办法，将煤转化为真金白银。到1610年，几个玻璃制造商已经找到在英国某些地区采购和运输廉价煤炭的方法，并在附近的城市中心建起了大型的燃煤炉。这些燃煤炉产生大量的热量，使玻璃制品的生产规模大幅增长，极大地满足了城市和农村消费者的需要。在城市中心附近建造燃煤炉大大减少了运输过程中的破损，使玻璃制品能够以更低的价格销售，从而进一步推动了市场对玻璃制品的需求。

其他企业家纷纷效仿玻璃制造商的营利模式。在50年之内，企业家们开始利用煤炭扩大生产并降低了啤酒、砖瓦、陶器、肥皂、纸张、石灰烧制（用于建筑和农业）、盐、火药和黄铜制品的成本。然而，由于烧煤产生的煤烟中掺杂着数百万颗小煤尘颗粒，空气受到污染，天空也变得灰暗。到了17世纪末，煤烟问题（比烧木头产生的烟尘更有害健康）成为一种城市积弊，受到了人们的广泛关注。到18世纪中叶，旅行者从100英里外就能看到伦敦上空的黑烟。

由于人们觉得减少煤烟伤害无利可图，这个问题在接下来的100年里继续恶化，企业家们反而更专注于创新采矿和运输技术。新一批企业家开发了蒸汽机和铁路，从而推动了工业革命。燃煤产生的一氧化碳、二氧化碳和硫黄等副产品，引发了诸多污染问题，今天仍然困扰着整个世界。

社会很少会对企业家行为造成的意外后果进行问责。如果减轻意外后果无法带来利润，那么企业往往不会采取任何行动来减轻这些后果，其恶劣影响可能会持续数百年。

六、竞争使然

有些不良后果是某些企业家有意为之造成的。弗雷德里克·阿库姆（Frederick Accum）是一位杰出的科学家和成功的企业家。他还是第一位提醒公众注意一些商家会销售掺假食品的人。他的著作《食品掺假论及烹饪毒素》(*A Treatise on Adulteration of Food, and Culinary Poisons*)在1820年出版，一举成为畅销书，该书先后推出了多个版本，并很快被翻译成德文。由于罐装技术的出现，蒸汽机机械化实现了对廉价产品包装的批量生产，食品加工逐渐成为一种新型业务。到19世纪头25年结束时，许多城市的大部分食品不再由当地农民供应，而是由新一批企业家来负责供应。阿库姆既是科学家又是企业家，这两种身份都促使他想了解食品的实际生产方式，而且他也具备研究这一问题的专业知识和相关资源。

阿库姆是一位德国肥皂制造商的儿子,他在伦敦一家设有分支机构的知名德国公司做药房学徒。随后他前往伦敦探索新兴的化学领域,并在29岁时在英国的第一本化学期刊上发表了他的第一篇学术文章。为了给他的化学研究提供经济支持,阿库姆创办了三家成功的企业。首先创办的是一所教授学生实验室操作、化学分析和采矿学的学校。该学校培养了众多学生,其中创办的包括后来成为首相的帕尔默斯顿勋爵(Lord Palmerston)。其次创办了一家经营化学品的商行。最后,他还创办了一家专门从事实验室设备制造和销售的公司。一些他生产的设备至今仍可在耶鲁大学等地的档案馆中找到。阿库姆最受欢迎的产品之一是供农民分析土壤和岩石成分的便携式实验室。

阿库姆对伦敦在售食品成分的调查结果感到震惊。他先发表了一篇文章,然后又写了一本书,用简单直白的语言描述他发现的问题及其对消费者健康的危害。他向读者介绍了检测食物中的掺杂物和毒素的方法,还特别提醒公众要注意那些用铜盐和朱砂着色的糖果、用铅或鱼莓(一种天然产生的成瘾麻醉剂)增加甜度的葡萄酒、用硫酸加速"陈酿"的啤酒或添加鸦片的成瘾性啤酒。阿库姆为书的封面选择了一个设计,12条相互缠绕的蛇形成了蜘蛛网结构,蜘蛛网上还趴着一只恐怖的大蜘蛛。封面上还有一副头骨和十字骨架图案,并引用了《圣经》中《列王纪下》里的一句话:"锅中有致死的毒物。"

阿库姆在书中的每一章都描述了不同的掺假行为,还履行了"令其为难"的职责,顶着压力曝光了出售每种危险食品的商家名字。对这些企业家企图用掺假食品欺骗消费者来提高利润的行为,阿库姆明确表达了自己的感受:"一个在高速公路上抢劫了同伴几先令的人,会被判处死刑；而向整个社会散布慢性毒药的人却能逍遥法外。"

在阿库姆这一惊世骇俗的著作畅销之时，他已是德高望重的科学界精英和享有盛誉的皇家学会会员。他的研究调查促成了世界上第一个用天然气作为燃料、无味无烟的街道照明系统的诞生。第一家创业型天然气公司任命阿库姆为董事，委派他监督世界上第一个天然气生产设施的建设，以便从议会获得合法的经营许可。天然气照明系统受到欢迎并带来收益，阿库姆也因此广为人知，备受尊重。

然而，因为阿库姆揭露了企业界的丑行，即便他在伦敦精英中享有声望，也没能免遭一些企业家的嫌恶，随后他们便制造了一起丑闻。在《食品掺假论及烹饪毒素》一书出版后不久，阿库姆便被指控撕毁皇家学会图书馆的书页。一场备受瞩目的调查随之展开，显要人物纷纷参与并发表不同意见。虽然起初因被撕毁的纸张数微不足道，阿库姆被判无罪，但随后案件又被要求重新审判。阿库姆、出版商和一位朋友最终以盗窃14便士的罪名被定罪。他的出版商和朋友共支付了400英镑的罚款，但阿库姆却因受辱而离开了英国，在德国度过了他的晚年，主要从事写作和教学工作。尽管如此，他的书在英国仍备受欢迎，进而促使其他科学家对食品安全问题展开了研究，最终促使议会于1860年通过了《食品和饮料掺假法案》（The Adulteration of Food and Drink Act），这距他揭露食品掺假问题已过去了40年。

美国在关注食品掺假问题方面落后于英国。在19世纪50年代，纽约及其他城市周边的儿童因饮用掺假牛奶而致死的问题长期存在。在美国，牛奶被看作一种老少皆宜、增强活力的健康饮品，这使得乳制品企业家们纷纷涌入这一庞大市场，彼此之间竞争激烈。记者约翰·穆拉利（John Mullaly）写了一本颇受欢迎的书《纽约市及周边地区的牛奶贸易》(*The Milk Trade in New York City and Vicinity*)，书中讲述了乳制品生产商希望将越发廉价的牛奶运送到快速发展的城市中心的做法。一如既往，企业家小心翼翼地相互观察，互相效仿提高利润的方法。穆拉利描述了整个牛奶制作过程：牛奶场的男人（和女人）首先去除牛奶里的奶油，然后用温水将牛奶稀释 1/3。接着，他们会加入石膏或白垩粉使牛奶变白，再加入少量糖浆使牛奶呈现出金色。为了模仿奶油的质感，他们通常还会在牛奶里加入液态的小牛脑浆。最后，加入甲醛防止牛奶变质。

最便宜的牛奶是与啤酒商或蒸馏厂主合作生产的。奶牛站在自己的粪便里，一动不动地排队等候在酒厂或蒸馏厂外，以食品发酵过程中所剩的"糟渣"为食。糟渣是企业家们能找到的最经济的饲料来源。以糟渣为食的奶牛生产出来的牛奶却经常被市场营销为"纯正乡村牛奶"，但这种牛奶却没有他们声称的营养价值。医生们公开谴责糟渣牛奶导致了儿童体弱多病。在夏天，为了防止高温天气下牛奶变质，商人们加大了甲醛的用量，导致成百上千名儿童死亡。客户知道这些产品的危害，但受污染的、掺假的、危险的牛奶又是许多中低收入城市家庭唯一可用的产品，很多人对此颇感无奈。

经过 4 年的市议会斗争，尽管遭到了一些支持企业家阶层的市议员的强烈反对，纽约市还是在 1862 年通过了一项禁止糟渣牛奶流入市场的法令（但未禁止掺假行为）。遗憾的是该法令并没有真正解决乳制品问题，乳品企业家们只是搬到了河对岸的新泽西州。直到 1906 年，美国才通过了第一部规范食品纯度和安全的法律——《纯净食品和药品法》(*Pure Food and Drug Act*)。此前，厄普顿·辛克莱（Upton Sinclair）的《丛林》（The Jungle）一书出版后，引起了公众对食品安全问题的强烈抗议，这才迫使政治家们无视食品和饮品行业游说集团的反对，通过了该法案。

即使企业家故意对一些人造成了伤害，社会也往往不愿追究他们的责任。只有当民众让统治者或官员感到执政权受到威胁时，执政者才会颁布法律约束企业家的行为。

七、非我之错

企业家不可能控制其成功果实的演变。有些企业家创新可能会带来意外的社会影响，永久地改变社会结构，而且这些影响可能永远无法得到缓解或修复。

约翰内斯·古腾堡（Johannes Gutenberg）一手创办了先驱性的印刷企业，却被投资者解雇并赶了出去。他因印刷《圣经》而闻名，却一直没有机会销售，而他的投资者们却得到了这个机会。古腾堡生于公元1400年左右。他的父亲是一位成功的金匠（"金匠"是一个通用术语，指擅长用各种金属制作模具的工匠），曾设计和铸造过帝国货币。他们一家生活在现今德国中部的美因茨，这个城市是当时的一个政治中心，但也遭受过黑死病的侵袭。大约29岁时，古腾堡离开美因茨自谋生路，当时他已经对金属加工有了一定的了解。他用一笔可观的遗产购买了一栋房子，雇了几个仆人，开始尝试参与自己感兴趣的项目。

1438年，古腾堡的一个商业创意引起了当地三位企业家的浓厚兴趣，他们费尽口舌说服古腾堡给他们投资机会。古腾堡的想法是生产成千上万的特色纪念品，供次年前来的朝圣者们购买。查理曼大帝（Charlemagne）收藏了许多宝贵的圣物，保存在亚琛大教堂（Aachen Cathedral）。每 7 年就会有超过 10 万名朝圣者涌向亚琛前来朝拜圣物。最受朝圣者们青睐的纪念品是一种直径约 3 英寸的凸面镜吊坠，他们相信这种镜子能捕捉到圣物散发出的神圣力量。朝圣者们愿意为一面镜子付出当时一周的工资。古腾堡声称他有一套可以生产数千面凸面镜的工艺，他的商业伙伴们都希望参与这个非常有利可图的生意。

然而，瘟疫的再次暴发推迟了朝圣活动。显然，在如何应对瘟疫暂停朝圣的讨论中，三位投资者得知古腾堡一直在研究一种"秘密技艺"，他们认为这是一个更加令人兴奋的投资机会，于是说服古腾堡同意将其投资翻倍，并将所有投资资金用于完善这种技艺。在增加投资后不久，其中一位投资者就死了，可能是死于瘟疫，他的两个兄弟就起诉了古腾堡，对其秘密技艺提出分一杯羹的要求，并接手已故兄弟的生意份额。我们从详细的法庭证词中对古腾堡的秘密技艺有了更多的了解，它涉及"印刷机""可熔化的模具"和"固定模具的螺钉"。不管这门秘密技艺的性质是什么，它都没有像他们最初预期的那样成功，成为一项能让斯特拉斯堡的投资者从中获益的商业项目。

在接下来的十几年里，古腾堡精心完善了 6 项技术创新，而这些创新都是开展新业务必不可少的先决条件，即利用可重复使用的活字进行大规模印刷。他开发了制造金属模具的新方法、金属合金、恒压印刷机、防渗透纸张、防渗透墨水和互锁框架——这些发明全都是在保密的情况下进行的。1448 年，古腾堡回到了位于美因茨的

第九章 ◆ 扩张的后果：创造与自我毁灭

父母家，从一位堂兄那里借到150古尔登，开始了自己的新业务。他对新业务的前景充满期待，随后以6%的年息，向当地一位成功的放债商人寻求800古尔登的投资，这笔钱相当于当时成功商人一年的利润。他用这笔投资购买了新的印刷机和其他设备，并把它们作为贷款的抵押品。他的投资者约翰·福斯特（Johann Fust）非常精明，由于他自己也出售版画书，所以非常了解古腾堡的业务，而他的女婿彼得·舍费尔（Peter Schöffer）则是一位专业的手稿抄写员。投资期间，舍费尔便成了古腾堡的助手。

1450年，古腾堡利用创新技术印刷的第一本书问世，共计28页。这本书是埃利乌斯·多纳图斯（Aelius Donatus）编写的拉丁语教科书《语法艺术》(*Ars grammatica*)，这本书是当时教人们阅读学术书籍的标准教材，因此印刷此书似乎是一种策略性的选择。然而，最终他的主要业务似乎是印刷教皇赦免状，单张纸的印刷量就达上万张。

古腾堡最初的印刷业务非常成功，于是1452年他又向福斯特寻求投资，并再次获得了800古尔登用来拓展业务。古腾堡雄心勃勃，他利用这笔新投资搬进了新的工厂，并建造了更大的印刷机，开始了一项宏伟的计划，即设计和印刷一部豪华版《圣经》。他用所有剩余资金铸造了数百个全新字体的活字，并为这个项目购买了其他所需材料。他购买了25万张纸（《圣经》多达1275页），还购买了5000张小牛皮，计划用它制作一种豪华版的牛皮纸《圣经》，可以手工涂上颜色点缀，使其看起来像许多贵族和教会官员梦寐以求的精美彩绘手抄本。

然而，在古腾堡售卖《圣经》之前，他已经耗尽了所有的资金。

此外，他的工厂里正在印刷的其他书籍也没有产生足够的利润来填补亏空。福斯特要求古腾堡归还借款，并在1455年将古腾堡告上了法庭，随后接管了他的生意（这桩生意对他而言很轻松，因为他的女婿对该业务非常熟悉）。福斯特将公司更名为"福斯特与舍费尔"（Fust & Schöffer），后来因印刷教会书籍而闻名德国和法国，并从出版我们今天所称的"古德堡圣经"中获得了可观的利润。

当时在欧洲大部分地区，教会是人们生活中最强大的力量，它最初对印刷术持支持态度。由于古腾堡印刷的教皇赦免状数量是前所未有的，教会的财富因此有了显著增长。美因茨的大主教称印刷术为"神圣的艺术"。包括教皇在内的其他教会官员，最初也欣然接受印刷术，因为印刷术可以帮助他们更快、更广泛地传播教会规则和宣言，并能保证准确无误。

印刷术像历史上所有其他技术一样，迅速发展成为极为有利可图的行业，立即吸引了大批企业家。在15世纪60年代初，这种集群效应因美因茨大主教争夺战而加速发展，这场战争迫使许多城市居民逃离了美因茨。几十个从福斯特、舍费尔、古腾堡和他们的学徒那里学会印刷业务的人离开了美因茨，在德国其他地区和意大利建立了印刷厂。到1495年，欧洲的每个国家甚至非洲都建立了印刷业，印刷商每年售出200万多本书。因此，知识得到了普及。

1517年10月的万圣节前夕，维滕贝格修道院（Wittenberg，距离美因茨约200英里）的修士马丁·路德（Martin Luther）对附近出售的大量教会赎罪券感到不满，便将一份包含95条论纲的文件钉在了该镇主教堂的门上。维滕贝格是一所重点大学所在地，这表示一些企业家已经在那里建立了印刷厂，并为教授和学生提供书籍；甚

第九章 ◆ 扩张的后果：创造与自我毁灭

至有一家印刷厂开在了路德生活的修道院内。马丁·路德用拉丁文手写了95条论纲，但在60天内（路德后来声称是15天），论纲就被印刷成了拉丁文和德文，并在德国各地发行。论纲很快成为畅销书，欧洲各地的印刷商开始用各自的语言印刷论纲。一场教会无法控制的运动拉开帷幕。

古腾堡从未预见到他的商业创新有可能会破坏欧洲的社会结构。他于1468年去世，当时人们刚刚开始担忧并讨论印刷术对宗教和社会的影响。到了1470年，意大利审查员已经控制了犹太人的书籍出版权。教皇早在路德出现之前的50年，就已经开始担心知识的广泛传播会带来许多问题，1475年，他下令让位于美因茨附近的科隆大学审查所有德国书籍并控制其发行。到1500年，很多讨论书籍普及所带来的问题的著作问世——具有讽刺意味的是，其中一本印刷书籍谴责印刷对书籍抄写员造成了负面影响。1515年，奥斯曼帝国的苏丹塞利姆一世[①]将出版书籍定为死刑。同年，教皇利奥十世[②]（Pope Leo X）禁止印刷任何未经教会批准的书籍，但收效甚微。

历史上没有哪位企业家能够准确预知他们创新的影响。历史上所有最具影响力的企业家都是通过不断试错而获得创新成功的，几乎很少通过理论推断或学术研究取得成功，这意味着他们很少会考

[①] 苏丹塞利姆一世（The Ottoman Emperor Sultan Selim I, 1470年10月10日—1520年9月22日）因其以严峻的手段治国而得到"冷酷者塞利姆"的绰号，他从1512—1520年担任奥斯曼帝国第九任的苏丹，在位期间大力扩张奥斯曼帝国的规模，帝国疆域整整增长了约70%的领土。——译者注

[②] 利奥十世为佛罗伦萨共和国美第奇家族的族长，第219位教皇，在位时加速了圣彼得大教堂工程进度，增加了梵蒂冈藏书，使罗马再度成为西方文化中心。1520年6月发出文件指责宗教改革家路德为异端。——译者注

虑到后果。德拉克斯没有考虑到他大规模扩张糖的生产会带来肥胖症、奴隶制和森林砍伐的负面影响。史蒂夫·乔布斯也没有考虑到他的创新会带来腕管综合征或恶意软件的问题。

大批企业家自发组成集群，无人领导，也没有统一的思想，他们只是为了追求各自的利益而行动，在他们决定克服障碍时，通常只考虑自己的利润和福祉，而不是考虑公众的利益。因此，他们克服障碍的过程可能会产生一系列的后果，而且这些后果并不总是正面的。我们在第七章中提到过爱德华·伯纳斯，他成功地打破了女性吸烟的障碍而获得了丰厚的回报，而在几十年后，吸烟导致了数百万人罹患癌症而死亡，他才为自己的行为感到后悔。伯纳斯非常具有战略眼光，但即使是他，也无法预知创新的影响，虽然他公开承认创新具有操纵性，但他也无法预知他的创新可能会与其他技术结合使用从而导致新的问题，例如他创新的营销手段与电视相结合，产生了精心设计的电视广告，试图说服人们购买更大、污染性也更强的汽车，或最终推出了令人上瘾的电子游戏。早在 1609 年，弗朗西斯·培根就已经开始担心企业家行为会给社会带来许多不利后果。然而，有些企业家可能故意挑衅社会道德，激起社会谴责，以此获得一种成就感。

八、创业冲击波

路易斯·雷亚尔（Louis Réard）出生于 1897 年，尽管他受过机械工程师的培训，但他最终却接管了母亲在巴黎女神游乐厅附近的内衣店。1940 年，掌管这家内衣店后，他渴望过上更精彩的生活，

第九章 ◆ 扩张的后果：创造与自我毁灭

于是开始设计女士泳衣。在法国南部度假时，他观察到女性为了让更多皮肤晒到阳光，不停地把泳衣卷起又放下。这一现象给了他启发，1946年7月，雷亚尔在巴黎一家人气很高的公共游泳池举办了一场"最美泳者"比赛，为他的首个战后泳装系列创造轰动效应。为了吸引公众以及受邀来报道此次活动报纸的关注，他设计了一套震惊世人的两件式泳衣。他将这款泳衣称为"比基尼"，意在将其与比基尼环礁（Bikini Atoll）联系起来。5天前，美国刚在那里进行了第一次原子弹露天试验。

然而，没有一位专业时装模特愿意穿这种"比基尼"泳衣。雷亚尔不得不从巴黎赌场雇用了一位19岁的脱衣舞女郎来展示这款设计。他的设计突破了公众廉耻的底线，在公共场合暴露了肚脐。他自豪地宣传这是有史以来最轻薄的泳衣。大多数男性观众都为之疯狂，他的模特最终顺理成章地赢得了比赛。

两家报纸刊登了获胜模特身着比基尼的照片，但随后便陷入沉默。时尚界和社会精英对此感到震惊，不愿公开讨论这个设计。到1948年，比基尼在意大利和西班牙的海滩上被正式禁止。次年，法国官员禁止比基尼出现在大西洋沿岸海滩（但地中海沿岸却未禁止）。梵蒂冈杂志在1949年撰文批评比基尼的设计不得体。共产主义出版物则谴责比基尼是"资本主义的堕落"。直到1951年，时尚精英杂志 *Vogue* 才提到"比基尼"这个词，称："沙滩上和阳光下的新奇！沙滩装更加得体！我们相信读者们绝对不会与不光彩的比基尼扯上关系，它把一些海滩变成了杂耍场和音乐厅。"

令社会精英们惊骇的是，雷亚尔的泳衣生意似乎得到了飞速发展。尽管如此，大部分客户只购买了他较为保守的设计，但也有一些例外。到20世纪50年代初,电影明星和渴望成名的女演员开始在公共场合和宣传照片中穿上比基尼。1956年,碧姬·芭铎①在她的电影《上帝创造了女人》(*And God Created Woman*)中穿上了比基尼,从此女性有了露肚脐的自由。

古往今来,许多娱乐业企业家都希望通过引起社会震动和触及社会结构的底线(尤其是针对精英社会)来获得成功。1960年,阿尔弗雷德·希区柯克(Alfred Hitchcock)在《惊魂记》(*Psycho*)中大胆地表现了半裸的淋浴谋杀场景,将社会接受度推向了新极限,创造了一部轰动社会的电影。到了1966年,娱乐业企业家尝试在主流电影中展现裸露镜头,为他们的电影进行宣传炒作。如今,在西方,电影和电视中的裸露镜头已不再引起太多争议,人们在公共场合中看到裸露内衣也不再震惊——企业家改变了许多人的道德观。

但是并非所有国家都如此。大多数伊斯兰国家仍然禁止在海滩上穿着比基尼,因此比基尼仍然是涉及女性权益的国际性争议话题。雷亚尔这位创业挑衅者,为打开这个充满争议的潘多拉魔盒而感到自豪。社会几乎无法阻止创业挑衅者,因为丑闻和性总能吸引大量潜在客户的兴趣。自古以来,可能确实有企业家试图树立起社会挑衅者的形象,但大多数人已经淡出人们的视野。他们的挑衅行为也不再引起人们的震惊。

---

① 碧姬·芭铎(Brigitte Bardot),1934年9月28日出生于法国巴黎,法国演员、歌手、模特、动物权益保护者。芭铎少女时便以美貌闻名,被时尚杂志*ELLE*发掘,担任模特。1952年,她身着比基尼出演首部电影《穿比基尼的姑娘》,一举奠定自己性感女神的地位,使得比基尼迅速流行。她与玛丽莲·梦露并称"西方流行文化性感象征",被视为性解放的代表人物之一。——译者注

九、谁可信任

一位企业家可能希望用美味的牛角面包诱惑人们在其面包店后面的停车场多逗留一会儿。如果某个购物中心的所有商家都使用这种诱惑效应,当地交通就会陷入瘫痪。没有人希望交通堵塞,但我们之所以还是会遇到这种情况,是因为很多企业家通过各种方式吸引我们开上了车。即使创业带来的不良后果会影响我们的健康、幸福和社会风气,但我们往往还是会接受它们。这样的后果多得不计其数,所以我们索性就不去关注它们。我们几乎无视了所有后果,直到它们害死了我们的孩子或者致使我们的蓝天变得灰暗,这才引起我们的注意。

所有成功的企业家都意图改变社会。除非逼不得已,否则他们从来不去征求他人的许可,而是积极地推动自己的理念和创意。他们在市场上销售产品或服务时,都会改变客户的欲望和行为。企业家提供的产品使客户感到快乐,哪怕是短暂的快乐,就能使他们改变生活方式。为了使大众接受这种改变,为了避免引发反感,这些变化通常很细微。但是由众多企业家引起的数以百计或数以千计的细微改变会不断积累,最终可能会产生巨大的影响。如果一种产品的魅力诱使许多人改变了他们的生活方式,那么这些累积性的效应可能会对整个社会产生巨大影响。

这些影响通常是无法修复的,只有在某些情况下才可能缓解。因为企业家受个人欲望驱动,所以除了吸引客户购买商品之外,他们很少考虑创新的其他影响。即使他们意识到了不良后果,也会试图掩盖。富兰克林和阿姆菲尔德为了获得社会认可,试图隐藏他们的残忍行径。相比之下，雷亚尔至少坦率地表示，他想要突破社会界限。企业行为的后果通常需要由整个社会来承担和处理，只有当这些问题变得非常严重，社会才予以重视。在这种情况下，统治者和政府通常会介入，通过规则和法规来限制企业家甚至全体公民。但政府干预的结果也并非总是符合预期或预测。接下来，我们将回顾一些政府干预措施，其中一些至少可以追溯到 4 500 年前。

第十章

管控措施

> 仅仅为了要培育客户而建立一个大帝国的计划，乍看起来，似乎只适合于以小商贩为主的国家。究其实，那种计划对于以小商贩为主的国家也是全不相宜的，但适合于政府受小商贩支配的国家。
>
> ——亚当·斯密，《国富论》，1776 年

> 股票交易是圣杯的可怜替代品。
>
> ——熊彼特，《资本主义、社会主义与民主》，1942 年

统治者往往幻想企业家会满足他们的愿望和期待，遵守他们制定的规则和法律，但我们看到的真实情况并非如此。企业家的自主性、多样化的动机和技能，使他们的行为常常与统治者和领导者的期待与指示大相径庭。但统治者和领导者在与企业家的博弈中逐渐塑造了自己的角色。然而，几乎所有统治者都对企业家精神缺乏理解，从而导致大多数政府的行动都是被动且无效的。

企业家

一、少年之见

公元前87年,汉武帝病逝,年仅8岁的汉昭帝(公元前87—公元前74年在位)继承了皇位。汉武帝有6个成年的儿子,却将皇位传给了最年幼的儿子(宫廷斗争很有趣,但与我们的故事无关)。汉武帝临终前任命了3位最得力的政治军事顾问担任辅政大臣。几年来,3位辅政大臣一直与谋逆势力作斗争,卷入阴谋漩涡的汉昭帝开始自省,并逐渐因机智过人而闻名。他必须迅速强大起来才能生存。他也逐渐意识到,如果他想成为一个伟大的皇帝,他需要为他的帝国规划一条不同的道路,既需要解决人民的经济忧虑,又需要解决辅臣之间的斗争。最令这位少年感到困惑和不安的是,关于如何管理企业家,辅臣的意见分为对立的两派,因此,他必须自己做决定。于是,公元前81年,13岁的汉昭帝在一位野心勃勃的权臣的激励下,邀请了60多位有识之士到皇宫,就"企业家的社会责任"这一话题,与闻名遐迩的御前顾问展开辩论。

这场争论源于一些中国重要历史人物的言行。其中一位重要人物是孔子,尽管当时他早已去世,但中国的精英阶层却一直将他的学说奉为经典。他描述了社会赖以生存和发展的基本原理、人际关系和基本秩序。正如我们在第一章所了解的,孔子了解并尊重某些企业家,但不是所有企业家都得到他的认可。他呼吁企业家们尊重事物的自然规律,他称之为"义","君子喻于义,小人喻于利"(《论语·里仁》)。

另一位重要人物是汉昭帝的父亲汉武帝(公元前141—公元前87年在位),汉武帝在位期间南征北伐,将帝国版图扩大了一倍,并建立了统治广阔领土的基本政治结构，其中包括政府官员的择优选拔制度。他还发行了一种全国通用的标准货币，并加强了中央政府对全国经济的控制。汉武帝时期，大司农桑弘羊（公元前152—公元前80年）以精于心算而闻名，协助他实施了效益强大的经济计划。桑弘羊邀请了当时最成功的盐铁商来领导盐铁官营机构，在各自的行业形成垄断，从而实行了盐、铁和酒的国家垄断经营制度。盐铁官营机构获得了巨大的利润（回忆一下第二章中《史记》列出的所有家财万贯的冶铁商人）。桑弘羊为皇帝攫取的利润占国家财政收入的一半以上，使汉武帝能够维系庞大的军队开支。汉昭帝即位后升任桑弘羊为御史大夫。

除了汉武帝，几乎无人支持桑弘羊的经济政策。老百姓纷纷抱怨盐价太高和铁器质量低劣。许多中下层政府官员也反对桑弘羊的政策。在选拔文官时，汉武帝要求唯才是举，通常根据他们对古代经典文献的分析能力进行选拔，这些经典文献多基于儒家思想和理念。儒家崇尚以和为贵，认为统治阶级不应该直接干涉百姓的日常生活。当国家垄断了重要产业并以牺牲百姓利益为代价而获取商业利益时，便与儒家思想背道而驰。汉武帝对自己的统治很有信心，通常会对所有抱怨置之不理。然而，13岁的汉昭帝却想要解决这个问题，并令年逾古稀的桑弘羊与来自全国的60多名儒生展开辩论，探讨其经济政策将来是否会使百姓受益。

这场辩论的焦点在于一个国家在管理百姓时，特别是在管理那些为帝国创造大部分价值的商人时，应该采取理想主义还是实用主义的立场。最终，双方都认同建立中央政府和税收的重要性，纷纷谴责那些从平民微薄收入中赚取巨额财富的商人。但他们在如何从富有的工匠和商人那里获取价值方面存在分歧。

桑弘羊及其协理官员认为,国家必须务实,利用一切必要的资源,这包括在必要时剥夺商人和工匠的利润,以增强国防力量,并通过重新分配财富确保百姓获得某种形式的经济公平。桑弘羊提到,普通百姓经常在自然灾害引发的经济震荡中面临极端困境,而商人囤积居奇导致价格波动又进一步加剧了这种困境。政府应该积极干预,维持粮食储备,并在供应紧张时出售库存粮食,来稳定粮食价格。桑弘羊还指出,盐铁官营带来的高额利润可以使个人税收(田赋)保持在较低水平。

有两位儒生轮流反驳桑弘羊及其协理官员的说法。他们认为,社会经济的运行有其客观规律,而皇帝只需顺其自然,保持平衡与和谐即可。农民提供食物,工匠制造有用的物品,商人平衡供需,这些都是自然规律。他们将农民、工匠和商人描述为理想化的公民,即便放任不管,他们自然也会通过自给自足的方式来维持平衡。

他们援引了儒家学派中孔子所尊奉的周公来支持他们的观点。根据孔子的说法,周公认为人君能握有天下,是来自上天的眷顾。周公一直尊崇天人合一,维护天地之间的和谐,成为恪守礼仪的典范。周公以身作则,激励臣民互相尊重,共同努力,倡导家庭自给自足,以建立一个符合天命、道德和社会秩序的和谐社会。

儒家保守派认为,减少政府开支这一措施将引导百姓勤俭节约,这自然就会减少商人的财富。持务实主义立场的大臣们并不认为帝国会成为一个理想化的国家。他们认为不应该阻碍商人为国家积累财富,即使这意味着商人会掌控最大的财富来源(盐和铁)以及区域间的商品流通。

根据《盐铁论》①记载，这场辩论似乎比较公正，辩论双方都表现得十分得体。经过深思熟虑，年轻的汉昭帝和他的辅政大臣对桑弘羊的政策进行了调整，下令废除全国的酒业垄断（似乎没有人认为它发挥了有效的作用），但仍旧实行盐铁官营垄断制度。最终，年轻的汉昭帝和他的辅政大臣意识到维持盐业和铁业的垄断能够确保国家获得足够的财政收入，这对增强国家的经济实力非常重要。不能完全任由百姓自主地创造价值，以免损害国家有效运行和稳定。

不到一年，桑弘羊因卷入燕王谋反案而被杀。尽管如此，他所提出的盐铁垄断和其他许多实用主义思想在接下来的两个世纪里一直沿用，只有当统治者实力太弱，控制力不足时才会放松垄断。

在这 2 000 年间，关于政府是否应该对企业家进行控制的争论一直持续不断，这个问题在不同的历史时期和不同的地区都存在，并且各方的立场没有发生实质性的改变。争论围绕着统治者应该允许企业家创造并保留多少权力和财富展开。企业家的纳税标准是否应该有别于普通民众？最成功的企业家是否应该缴纳更多的税？甚至是否应该将他们的企业收归国有从而实现国家和民众利益的最大化？虽然中国的天人合一理念或者西方的亚当·斯密所提及的"看不见的手"等理论在实践中并没有完全实现，但它们在辩论中仍然发挥重要作用，成为减少对企业家的干预和征税的理由。归根结底，成功企业家创造财富的潜力对政府具有不容忽视的吸引力。如今，

---

① 《盐铁论》是西汉时期的一本政论性散文集，由西汉桓宽所著。《盐铁论》分为 10 卷 60 篇。前 41 篇是写盐铁会议上的正式辩论，第 42 至第 59 篇是写会后的余谈，最后一篇《杂论》是作者写的后记。文集采用对话文体，以生动的语言真实反映当时的辩论情景，保存了不少西汉中叶的经济史料和丰富的经济思想资料。——译者注

在大多数国家,辩论的焦点往往只局限于对税率的渐进性变化的讨论,而不只是关于对企业家权力的彻底控制或完全放任。

二、明确预期

公元前1795—公元前1750年,来自传说中的巴比伦城的汉穆拉比统治着疆域辽阔、人口众多的古巴比伦王国。约公元前1780年,他颁布了一套法典,为各地的法官和行政官提供明确的指导,使他们能够根据统一的法律准则来裁决和执行任务。他命人将法典刻在石碑上,并放置在主要人口聚集地周围。在卢浮宫石碑上刻有283则条文,至今仍清晰可辨,其中约有1/4的内容规定了在当时如何正确地进行财产或服务的交换,以及如何处理有缺陷的产品和服务的赔偿以及伸张正义等问题。当时违规建筑物的问题可能十分严重,因此有5项法令对建筑物部分坍塌造成货物毁坏或人员伤亡的情况,规定了相应的惩罚和罚款。处罚十分严厉:如果建筑物的一部分倒塌并造成一名公民死亡,那么建造者就会被处死。另有14条法令规范了借贷和债务偿还行为。此外,法典还有多条规则涉及了船舶建造、酒馆经营以及把土地承包给佃农等多个方面的法律约束。

我们从汉穆拉比时期的文献中得知,当时曾设立了专门的法庭来调解企业家之间、合资企业合伙人之间的纠纷。城邦的统治者或当地的神庙管理者通常会任命一位经验丰富的商人,代表他们处理常见的民事纠纷,并确保商人们公平对待同行和客户。

《汉穆拉比法典》并不是首部法典,而是迄今发现的最完整的古代成文法典(将法条刻在石头上比刻在泥板上更有助于保存)。有证据表明，早在文字标准化之前，统治者就已经指派专员监督市场和企业家。正如在第一章中看到的，来自古印度河流域文明（公元前2500—公元前1900年）的企业家具有高度发达的手工业技术，能够生产多彩华贵的珠宝。该文明使用类似的技术和方法制造出最优雅、最美观、最精细的度量衡。

整个印度河流域的标准砝码都是由燧石制成的，燧石是一种由微小的石英晶体组成的坚硬岩石。燧石块被切割打磨成立方体，通过不断地分半或加倍来确定重量单位，以确保衡量的准确性和一致性，其重量约为13.7克或半盎司[①]。到目前为止，世界各地已经发现并测量了数千个砝码。令人印象深刻的是，这些砝码历经几个世纪，其生产时间和地点不同，但它们的检定重量误差仅在2%左右。考古学家和人类学家根据它们的高度统一性和准确性得出结论，认为这些砝码并非出自从事自主生产的企业家之手，可能是由一些实行自主管理的标准制定组织生产的。

古印度河流域文明主要依靠商品贸易积累财富，贸易商品既包括基本食品又包括青金石等珍贵稀有的矿石，在进行贸易时，人们需要对这些商品的价值进行衡量，而人们不能完全相信企业家自行衡量商品价值。几乎可以肯定的是，商人和工匠都将这些标准砝码与简易天平配套使用，进行交易结算。在一些市场上，人们也可能使用砝码对商品和农产品的生产质量进行监督。

在古代中国，城市市场被重重包裹在围墙中，入口很少。一名官吏在碉楼上监视着熙熙攘攘的市场。在这个有限的市场空间外进

---

① 1盎司=28.35克。——译者注

行的所有交易都必须签订书面合同，这就使得合同用语得以普及，即使在大多数不具备读写能力的平民中也是如此。在当时，所有城镇都可以找到专业的人员来帮助不识字的卖家、买家和见证人起草口述合同。

即使有了标准化的度量衡，客户和企业家之间的分歧仍然普遍存在，几乎所有成功的政府和统治者都认为自己被迫扮演了"调解员"的角色。但他们都尽量减少自己的参与，与当事人保持距离，遵循既定的规则和程序进行裁决。

三、买者自负

古罗马制定了一系列法律，明文规定了企业家在销售商品和提供服务时应该承担的责任。罗马法是西方法律体系的基础，均包含了"买者自负"[①]这一基本原则，要求购者自慎。在罗马共和国早期，只有当卖方不遵守合同且买方出示书面合同时，政府才会帮助买方维权。这与《汉穆拉比法典》以及中国法律中的一些规定相似。在同时代的中国，汉武帝掌控了国家的关键产业和基础设施，但在罗马，企业家主导了大部分的商业。此外，随着时间的推移，越来越多的企业家通过中介机构进行远程交易，这导致买方在签订书面协议时无法了解他们将收到的货物的情况。

---

① "买者自负"（拉丁语是"caveat emptor"，英文解释为"let the buyer beaware"，即"客户留心"），指一个人买东西的时候，有责任识别和接受这个东西的缺陷。通常买者自负是合同法的原则，用于控制不动产交易结束后的销售，但也可能使用于其他货物的销售。——译者注

到了哈德连时期（Hadrian，公元117—公元138年在位），市场督察官（curule aediles）任期一年，负责监管特定市场、供应链，并纠正各类问题，他们当时已经接受一种观点，认为卖家有义务将产品（特别是奴隶）的缺陷告知买家，如果在交易前产品就存在缺陷且买方没有发现，则买方可以在一年内退货。公元533年，《查士丁尼学说汇纂》①出版，它详细列出了帝国的所有法律，其中规定，即使是不为卖方所知的缺陷也可以作为退货的理由，无论书面合同中是否注明了这一条款。这就是默示保证的起源，当代大多数商法的最大诚信原则都包括默示保证。

如今，大多数游客在走过威尼斯著名的里亚尔托桥时，往往不会注意到矗立于广场入口的雕像。这与500年前的情况截然不同。这座雕像展示的是正义女神手持天平的形象，雕像的树立是为了警示16世纪威尼斯企业家，告诫他们要时刻保持诚信和公平。在中世纪的欧洲市场，这种描绘公正天平的雕像和牌匾随处可见，表明此时的市场交易与罗马帝国时期一样受到了监管。

政府只有在不得已的情况下才不情愿地采取干预措施，维护消费者的利益。我推测，当时几乎所有商业规则和法律条文都是为了约束企业家的不良行为而制定的，这些行为引发了众怒，迫使统治者或政府不得不对此进行干预。

统治者往往对企业家的违规行为熟视无睹，直到这些不当行为频繁发生，给大量客户带来不公平待遇或损害，从而引发社会动荡，统治者才被迫采取行动。但随着时间的推移，企业的违规行为越来

---

① 《查士丁尼学说汇纂》（Justinian's Digest，简称"学说汇纂"）是东罗马帝国皇帝查士丁尼一世下令编纂的汇编式法典——《罗马民法大全》的一个部分。——译者注

越多，从而促使社会制定、实施成千上万条规则和法律来约束他们的行为。世界上所有的法律体系，无论它们与何种政治主义相关，都投入了大量资源来裁决企业家的行为或最初由企业家激发的行为。企业家在推进立法方面发挥了重要的作用，这些法律涉及交易监管、产品质量问题和解决创新所带来的后果。规章制度一旦颁布，随后的统治者很少会废除它，所以随着时间的推移，法规的数量会逐步增多。

四、股东自负

如前所述，1690年之后，英国初创公司通常以向陌生人出售公司股份的方式进行融资。1720年初，每个月都有百余家新公司公开发售公司股份。初创公司试图在春末筹集超过150万英镑的资金，这在当时是一个天文数字。

这种投资股市的狂热让英国老牌公司南海公司（South Seas Company）的经营者备感震惊。南海公司拥有皇家特许经营权，垄断了英国对西班牙所属美洲殖民地的奴隶贸易，但这个业务并没有带来丰厚利润。该公司计划与政府签订合同，允许新投资者用国债全价购买南海公司股票，而打折的国债可按照其票面价值计算，从而让投资者享受到优惠的价格。这一重大优惠诱惑手段是受到了约翰·劳在法国出售密西西比公司股票的启发。对议会来说，英国的债务利息是一个大问题，尽管南海公司提出以更优惠的条件和更低的利率来整合政府债务的做法颇有吸引力，但由于存在潜在风险，许多议员仍然对此望而却步。当南海公司向议会和政府中的"朋友"

（他们的用词，并不是我的）慷慨赠予折扣股票时，这笔交易简直令其无法拒绝。

南海公司的管理层开始担心，数百个初创公司试图在交易巷（Exchange Alley）出售股票所产生的"泡沫"会导致其股票投资蒸发，从而削弱该公司当初与议会达成协议时的股价大好势头。该公司采取的策略是迫使在议会任职的"朋友们"以保护投资者的名义，取缔所有新的合资初创公司。议会的一个委员会刚刚结束了对最近日益猖獗的泡沫骗局的调查。由于该委员会的许多成员都是南海股东，因此它显然没有调查南海近期股票发行的有效性。根据该委员会的调查结果，英国颁布了一项法案，名为《更好地维护国王陛下通过两项宪章批准的某些权力和特权，保障海上船舶和货物运输，规范抵押贷款，以及限制一些过分和不合理行为》（接下来的100年里，该法案的绰号"泡沫法案"，广为流传），该法案禁止未经议会或国王授权的情况下，成立股份公司，议会却在法案生效前的最后一刻为两家由国王的朋友创立的海上保险公司颁发了特许经营权。该法案在几天内迅速被通过。该法案非常严厉，未经授权的股份公司发行股票会遭受严厉处罚，违规公司通常会被处以罚款和监禁，而且罚款数额和监禁时间都没有上限。

该法案只维持短短几个星期。除了少数专门从事南海公司股票交易的职业经理人，交易巷空无一人。而南海公司的股价仍在继续攀升。它还利用该法案的规定阻止其他老牌公司出售新股。所有老牌公司的股票价格都急剧下跌，甚至包括东印度公司和英格兰银行。股票价格下跌诱使一些南海股东出售股票套现获利。很快，大多数南海股东急于抛售股票，愿意接受买方提供的任何价格。几周之内，南海股价就从 700 英镑跌至 120 英镑。随后的调查揭露了议会和许多政府高级官员的共谋行为和集体腐败行径，其中包括威尔士亲王（Prince of Wales）和国王的宠妃。

当今社会普遍对"泡沫法案"和南海泡沫事件存在误解。首先，"泡沫"这个词在这两个术语中的含义不同。"泡沫法案"禁止泡沫加剧，即禁止初创公司出售股票来筹集资金。"南海泡沫"一词描述了 1720 年的股市崩盘，在公众使用"泡沫"一词来表示资产价格的快速上涨和下跌之后，它才具有这一含义，我们今天也在使用这一词义。其次，许多人认为，"泡沫法案"是南海股市暴跌的产物，但它本质上是为了维持股价上涨势头而颁布的。最后，南海公司不是一家初创公司，其股票暴跌也不是创业热潮或欺诈行为所导致的。相反，这是由于管理者无视公司管理规则造成的。南海公司的管理人员曾试图利用已成立的公司，通过贿赂和欺诈等手段，提高他们的个人地位和财富，同时利用企业家帮他们销售股票（其中一些人使用欺诈手段出售股票）。

这一事件对创业的影响在于，它揭示了统治者和政府官员将企业家及其创业公司视为一种资源，用来满足他们个人的欲望和利益。在 1720 年，即使投资者和消费者的兴趣日益上涨，议会仍然没有兴趣去了解新公司向公众出售股票筹集资金这一新兴现象。在接下来的 105 年里，英国并没有批准成立股份制公司。此后的 42 年里，尽管英国放松对成立股份制公司的限制，但成立股份制公司难度较大并且不受欢迎。因此，工业革命中成功的企业都是传统的合伙企业，譬如马修·博尔顿或乔赛亚·韦奇伍德所创办的企业。

在 19 世纪末以前，企业家发行公司股票并不需要接受严格的审查。在美国，各个州拥有注册公司的管辖权，并可以自主决定成立合法公司所需的信息。20世纪初，迫于在新股投资中受骗的选民的压力，各州陆续通过了"蓝天法案"，以防无良企业家为"皮包公司、幻想出来的油井、遥远的金矿和其他类似的欺诈性开发项目"筹集资金。这些法律还要求股票经纪人和经纪公司进行注册。但这些法律初期并没有得到重视。1915年，当时刚刚成立的投资银行家协会（Investment Bankers Association）甚至安排其成员在多个州出售新发行的股票以规避这些法律。直到1929年华尔街崩盘和胡佛政府下台之后，美国政府才于1933年制定了保护股民的国家法规。由此可见，只有民众的愤怒才能推动国家立法来规范初创公司的股票交易行为。

在制定针对企业家的法令和法规方面，很多政府并没有像13岁的汉昭帝那样深思熟虑。自私的统治者和立法者制定规则、法律、法规或者指导方针的目的是确保自己不受骗，而不是促使企业家进行创新以实现国家的最大利益。

五、宗教约束

宗教是社会试图控制企业家的一种独立文化力量。宗教通过与超凡脱俗的力量产生联系来界定和阐释善恶。几乎所有的宗教都或多或少地试图鼓励和约束具有创业动机的信徒的行为。在许多情况下，宗教利用善恶有别的企业家的故事来激发信徒在有限的世俗生活中进行思考，并约束他们的行为。当然，任何宗教对企业家行为的影响一般取决于该地区统治者或宗教领袖对宗教的具体解释，以及其所依靠的宗教领袖的解释（如果有的话）。

印度教是世界第三大宗教，分为很多教派。自《摩诃婆罗多》等重要史诗故事形成以来，追求利润、财富和地位的企业家在形成印度教伦理方面发挥了关键作用。其中一条故事线讲述了个体的自主行动既创造了个体和社会价值，也带来了破坏，其中有些行为本质上属于创业行为。

印度史诗告诉我们，人类行为的四个方面可以决定我们的未来。达摩（Dharma）一词在西方语言中没有直接的对应译文，它在当今印度的各种宗教中含义也各不相同。大多数西方人更认同该词的佛教含义而不是它的印度教含义。在经典的印度教经文中，它被译为"道德生活的方式"，包括忠于仪式、遵守社会法律和道德、个人的正义和对他人的责任。"达摩"一词的具体含义根据在句子中的位置和方式而发生变化。"利"（Artha）一词也没有直接的翻译，但通常与创造价值、财富或利润的行为相关联。这也是印度企业家的追求。"欲"（Kama）在梵文里的意思是对快乐和幸福的追求，明确地包括性快感。"解脱"（Moshka）在梵文里的意思是解脱，即通过放弃世俗的束缚而达到的极乐状态。

印度教非常关注个人的行为如何影响他们的未来和宇宙的未来。该宗教强调在"德""利""欲"和"解脱"四个目标之间保持平衡的重要性。在《摩诃婆罗多》中，力量之神巴拉罗摩（Balarama）是全能的毗湿奴神（Vishnu）的化身之一，他解释了为什么众神会让贪婪的国王死去，并告诫复仇之战的幸存者："有两件事将会导致虔诚的人无法践行'德'（即'达摩'），一是过于强烈地追求'利'，二是过于沉迷'欲'。一个人同时追求'德''财富'和'欲'，而不压抑其中的任意两种('德'与'利'、'德'与'欲'、'欲'与'利'),他就是最幸福的人。"

在世俗生活里追求财富和成功的过程中,每个人扮演着不同的角色,会以不同的方式实现这种平衡。"吠舍"(Vaishya)是印度教术语,指的是从事商业贸易的人,在社会和商业背景下,其含义与创业相似。按照巴拉罗摩的话,企业家应该在符合道德的基础上追求财富和利润,不要造成快乐的失衡。

在前文中我们提及过孔子。他不是一个严格意义上的宗教领袖,他的教义强调"义",认为人类与天地之间存在着密切的联系,人们应该追求道德和正义,以实现与宇宙的和谐一致。孔子关于"义"的思想与"达摩"的含义有明显的相似之处。他认为应把道德和礼义置于利之前。

穆罕默德在《古兰经》中也提出了一条类似的创业启蒙之路。穆罕默德与其他主要宗教的创始人迥然不同,他本身就是第一代商人,他的妻子是一位非常成功的商队首领,在妻子的帮助下他学会了贸易。在上帝将《古兰经》传给穆罕默德之前,他已经十分擅长经商。但他的主要动机从来都不是盈利,《古兰经》规定奉献于真主永远比创业努力更重要:"你们做完礼拜后,应该四散而去,寻求真主的恩赐,且要多次称颂真主,以便你们获得成功。"伊斯兰教和古兰经明确禁止发放高利贷,即明确禁止重利:"信徒们,你们应该敬畏真主;如果你们信仰真主,就应该放弃高利贷。"类似的告诫在古兰经中共出现了12次。

犹太教和基督教对《圣经》故事中关于企业家的道德和价值观的解释各不相同。在《创世纪》中,上帝允许人类给植物和动物命名，以此来鼓励创新。尽管如此，上帝还是两次毁灭了大部分人类——第一次是洪水，第二次是毁灭所多玛（Sodom）和蛾摩拉（Gomorrah）两座城市。上帝之所以毁灭人类，原因是人类表现出了自私和享乐主义的特征，而这两个特征与创业行为密切相关。正如在前几章所看到的，即使上帝愤怒也不能消除有问题的创业行为。

《旧约》还告诫企业家要注意贷款和收债方法，禁止制造骚动和其他违规行为。《新约》则进一步限制了一些创业行为。这段经常被引用的经文说明了宗教道德与商业和创业的互不相容："于是，他们来到了耶路撒冷，耶稣进了圣殿，赶走了在圣殿里做买卖的人。"

实际上，宗教教义和法令只对极少数企业家的行为有约束作用。宗教故事或寓言往往以隐晦的方式对特定的创业行为进行规范，这使得企业家可以根据个人的理解进行创新和工作。

伊朗和沙特阿拉伯等国家的统治者明确以伊斯兰教法（Sharia Law）为基础来治理国家，伊斯兰教法则是直接来源于《古兰经》教义，因此宗教教义对企业家的行为具有重要影响（另一个罕见的例子是老挝领导人对佛教的信奉和依赖程度远超想象）。伊斯兰教法对创业行为的影响超出了本书的范围（我在"参考文献及注释"中提供了一些参考资料以供进一步研究），但伊斯兰教法使穆斯林企业家在创建贸易帝国中发挥了主导作用，从9世纪到15世纪，其贸易范围从西非一直延伸到现在的印度尼西亚和中国。在过去的13个世纪里，伊斯兰教法出现了许多不同的版本，并有不同的解释。它曾多次在各地引发关于创业创新是否合法的争论。伊斯兰教法对比德阿（bid'a）的解释尤其如此，这种异端创新与伊斯兰教格格不入。一些伊斯兰宗教领袖和法学家将穆罕默德在世时未建立的活动、产品和服务列入禁止之列。在极端宗教观点颇为盛行并得到领导人和宗教领袖支持的地区，创新创业活动极为罕见。

六、全部消灭

卡尔·马克思（Karl Marx）提出了社会经济理论，该理论指出社会将不再需要企业家。尽管从本质上来说，马克思也是一位名副其实的企业家，但他还是提出了这个理论。他成功创办了第一份报纸《新莱茵报》（*The New Rhineland News*）后，未能找到另外两份报纸的投资者。于是，他一方面以自由撰稿人的身份在各类报纸上发表了数十篇文章，获得了金额不等的稿费；另一方面，他希望出版一本之前被出版商退稿的书来积攒创办资金。于是，马克思自费出版了《哲学的贫困》（*The Poverty of Philosophy*）一书。然而，这本书未能给他带来任何收益。

马克思的行为完全是自主性的。他对不同经济体系中社会经济阶层的历史和发展趋势有着独特的见解，依靠其写作能力和学术造诣来养活自己以及家人。而且，他通过劳动所获得的价值始终是双向交易的产物。但是，对于马克思来说，创业是令人沮丧的经历，就像古往今来的许多其他企业家一样，他不想为别人工作。

马克思并不贪图金钱利益，他渴望通过自己的作品影响成千上万的人——这是他研究并撰写资产阶级压迫无产阶级的问题所追求的创业价值回报。从本质上来说，马克思与历史上大多数企业家并没有什么区别，只不过他把从客户那里获得其他形式的价值置于金钱之上。他赚的钱只能勉强维持他们一家的住房和日常开销。

比起企业家，马克思更渴望成为一名学者。他出生在普鲁士的一个小镇上，在一个舒适的中产阶级家庭长大。他学习法律是为了取悦父亲，但他更多时间是与哲学系师生待在一起。虽然马克思的朋友觉得他很幽默，但他固执和抗争的性格使他很难与人共事。当他描述不喜欢的人和事物时，字里行间大都充斥着讽刺意味。他不顾教授们的劝告，在申请新教神学教授职位的论文中表达了自己无神论的信仰，最终毁掉了自己在学术界追求教授职位的机会。

在做学术无望的情况下，马克思转向了新闻业，但他渴望创办自己的报纸，并且能自己撰写或委托他人撰写可以改变人们思维方式的文章。马克思运用法律和哲学相关知识以及学术论辩的经验，写出了很多非常具有争议性的文章和论文。他曾在一家小型政治报《莱茵报》做主编，他对社会结构经济学的兴趣部分源自当时所写的有关困境中的企业家的文章。当时，摩泽尔河谷（Moselle Valley）的葡萄种植者的贫困问题越来越严重，马克思的父亲是一名自由派律师，在世时曾在那里经营一家小葡萄园作为自己的副业。摩泽尔河谷的情况引起了马克思的注意，便对此展开了调查。

马克思本来计划就此写一系列文章。1842年，他发表了两篇文章，一如既往地体现了他的批判性观点。1834年，德意志关税同盟宣布取消保护摩泽尔葡萄种植者免受德国南部廉价葡萄酒竞争的关税，导致摩泽尔葡萄的价格和利润急剧下降。马克思指出，当地人因此陷入生活贫困，但普鲁士政府却称赞该措施创造了一个价格更低、竞争更激烈的葡萄酒产业。他抨击当地政府自视甚高，一直以代表公共利益为由不接受批评的声音。在该系列的第二篇文章中，他满怀信心地提出了一个解决政府自以为是问题的办法：建立一个自由的新闻媒体，由像他这样的人担任诚实的中间人，能够在官僚机构和特殊利益集团之间起到调解作用。普鲁士的审查部门不允许该系列文章继续发表，很快报纸就被迫停刊。自此，马克思便把推翻压迫人民、使人民陷入贫困的政权和社会阶级作为自己的使命。

在当时，"共产主义"和"社会主义"是同义词，是一个得到普遍认同的概念。马克思离开普鲁士去往巴黎，在那里他接受了共有财产原则，并开始自由创作。他的学术思维模式使他不断探索共产主义能够战胜资本主义的方法。根据他的叙述，社会主义是一种革命形式，必然会摧毁资本主义制度，这对19世纪中期欧洲越来越多的共产主义者和社会主义者来说，既激动人心又令人信服。马克思指出，他的理论是在分析历史发展客观规律的基础上发展而来的，这使人们更愿意接受他的理论。当时许多社会主义者在努力发展和推广自己的理论以及思想体系，试图成为引领共产主义运动的主要理论家和思想领袖。马克思通过他的著作和思想体系脱颖而出，成为欧洲共产主义的哲学领袖。他的理论具有其他理论所没有的内在吸引力。谁不希望自己站在历史必胜的一方呢？

马克思去世后，弗里德里希·恩格斯（Fredrich Engels）完成并出版了三卷本的《资本论》（*Das Capital*），在这三卷著作中，马克思也只是对历史进行了大概的分析。人们真正阅读、信仰和引用的是他在1848年发表的《共产党宣言》（*Communist Manifesto*）。在《共产党宣言》中，马克思将所有企业家与资产阶级联系起来，资产阶级是指拥有财产和企业的社会阶级。同时，他也把资产阶级与工业资本主义的胜利和困境联系起来。

> 整个社会日益分裂为两大敌对的阵营，分裂为两大相互直接对立的阶级：资产阶级和无产阶级……
>
> 世界市场使商业、航海业和陆路交通得到了巨大的发展，这种发展又反过来促进了工业的扩展，同时，随着工业、商业、航海业和铁路的扩展，资产阶级也在同一程度上发展起来，增加自己的资本，把中世纪遗留下来的一切阶级排挤到后面去……
>
> 现代的国家政权不过是管理整个资产阶级的共同事务的委员会罢了……
>
> 于是，随着大工业的发展，资产阶级赖以生产和占有产品的基础本身也就从它的脚下被挖掉了。它首先生产的是它自身的掘墓人。资产阶级的灭亡和无产阶级的胜利是同样不可避免的。

马克思的学说具有重要意义，明确指出共产主义是资本主义制度发展的必然终点。他断言，由于资产阶级的贪婪和竞争，资本主义制度会不断陷入危机。他描述了企业家之间的相互竞争如何导致价格下降，随后，企业没有利润，工人的工资和薪水也随之降低，最终导致工人阶级（依靠工资为生的社会阶级）变得贫困不堪。企业没有利润，工人普遍贫穷。这种资产阶级体系造成的恶性循环，最终导致工人阶级的反抗和共产主义经济体系的诞生。

尽管马克思本人是一名企业家，但他在《共产党宣言》中从未提及"企业家"一词。只在《资本论》中为了引用和贬低资产阶级经济学家时，才用到这个词。企业家对于马克思来说没有任何特别之处，他将他们与靠继承财富为生的精英、世代自给自足的传统农民和工匠，以及在大型铁路和贸易公司崭露头角的职业经理人归为一类人。

马克思广泛而深入地阐释了革命社会主义学说，这深深吸引了列宁。然而，马克思在他的著作中并没有详细讨论政府如何具体掌控企业家这一重要问题。除了历史的必然性之外，马克思并未确切地描述在资本主义之后的共产主义将如何运作，但这对列宁来说是一件好事，他可以自己定义共产主义的运作方式。最初，列宁遵循马克思主义，将所有企业家与资产阶级归为一类人，并同意将他们消灭掉。但后来，他却完全推翻了这一想法。

七、不可或缺

与之前几乎所有的苏联领导人一样，列宁发现如果没有企业家，即他所称的"新资产阶级"，他就无法掌控国民经济。1921年，列宁在新经济政策（NEP）中承认了企业家追求个人财产和利润的合法性，苏联企业家也被称为"耐泼曼"（Nepmen）。自从1918年列宁领导成立苏联后，所有形式的私有财产都被没收了，这意味着任何合法经营的新私营企业都必须由企业家领导。那些依赖遗产谋利或者经营股东制大公司的营利方式，在苏联的社会主义经济体系中仍然不允许存在。

1918—1921年，列宁专注于巩固政权，击败反共叛乱分子和激进的社会革命者。当他重新关注衰败的苏联经济时，发现许多仍然有效的经济运行都离不开企业家。他意识到，地方工人委员会没有管理商业的经验或技能。他得出的结论是，如果没有新资产阶级，他就无法复兴苏联经济。列宁在一次莫斯科党代表大会上谈道："哪里有小生产和自由交换，哪里就会有资本主义。但如果我们控制了工厂、运输系统和对外贸易，还需要害怕资本主义吗？我认为，这个问题的答案是毫无疑问的，我们不需要害怕这种资本主义。"

列宁的新经济政策在共产党员中引起了争议，他们担心允许企业家在许多经济部门（包括中小型制造业）自由经营，会导致资本主义卷土重来。因此，新经济政策的执行并不一致。大多数农民坚持将他们的粮食卖给个体商人，并从个体商人经营的商店购买商品，这使地方官员无法在他们管辖的范围内消除私营经济（这一点至少可以追溯到 4 000 年前）。

随着企业家恢复自由经营——至少在农业、商业和小规模工业中，国民经济也迅速回升。新经济政策作为国家政策一直持续到列宁去世 5 年后，即斯大林执掌政权时。1929 年，斯大林将苏联经济的重点转向中央计划经济和大规模农业集体化与工业生产上；企业家没有了立足之地，私营经济也再次遭到禁止。然而，就像以往一样，它并没有消失，据统计，直到 1991 年苏联解体之前，有 1/4 以上的苏联经济存在于非官方的黑市交易中。

八、救过补阙

统治者几乎从来没有成功地控制过他们的创业集群，即使他们事后制定了规则和法规来防止出现公众认为不公平或反感的行为。创业集群是一种混乱的、不可预测的形式，由许多个体组成，而且每个个体都有自己的动机、价值观和社会关系，每个个体都根据客户对产品或服务的不同需求做出不同反应。因此，集群中的一些企业家，特别是规模较大和较为狂热的企业家，会以不道德的方式行事，甚至是采取非法行为。统治者和政府往往出于自身利益的考虑，会对这些不当行为视而不见，直到公众感到愤怒并威胁到统治者的合法地位时，他们才勉为其难地执行一些规则，而且并不能完全控制所有企业家的行为。

　　针对企业家制定的相关规则之所以无效主要有三个因素。首先，统治者或负责相关工作的政府官员很少花时间去了解驱动创业集群发展的个人动机。只有通过了解创业集群内部的各种个体动机，监管者才能准确地了解创业行为与公民目标的分歧之处。其次，统治者和政府官员无法保证毫无偏颇地为公民的最大利益行事，因为他们会将自己或其管理的机构纳入创业集群并从中获益。最后，当权者很少会邀请企业家参与规则制定，使其提出管控其他企业家的有效建议。正如我们在第五章中所看到的，企业家在控制他们的竞争对手方面往往非常有手段。

第十一章

金钱之外的价值

我相信每个人都有责任尽自己所能去做好事。

——托马斯·科拉姆（Thomas Coram），1738 年

崇拜金钱是最坏的崇拜之一。没有一种崇拜比崇拜金钱更卑微的了。贪图财富是最糟糕的一种崇拜行为，而崇拜金钱更是一种卑劣的行为。

——安德鲁·卡耐基，1868 年

在货币诞生之前的至少 7000 年间，企业家们就已经意识到他们有潜力创造价值，满足社会公众的需求。我们在第一章中提到，制珠企业家用自己制造的珠子换取绵羊或山羊。这些通过交换获得的牲畜为创新型狩猎采集者带来了新的食物和衣物来源，这无疑也增加了他们的热量摄入、安全感和幸福感。许多企业家从事商品贸易并非仅仅是为了获得货币收益，他们还希望通过交易获得控制权、安全感、社会地位、专业知识以及乐趣等其他方面的价值。

早在公元前 600 年左右，即在政府开始铸造标准化货币之前，

人们就已经普遍将货币视为客观的价值度量单位。正如我们在探讨古代美索不达米亚时看到的那样，企业家们可以用银、锡和大麦等物品的重量轻松地计算出纺织品的价值。他们还创造了"利润"一词，作为从交易中获得价值的客观衡量标准。从那时起，在公元前2000年之前，许多企业家及其客户不再试图使用货币之外的物品来衡量价值。

有些企业家努力工作不仅是希望换取白银，还想获得其他收益。为此，他们必须引入新的交换形式。这些企业家并非单纯依赖货币交换商品和服务，他们的做法有很多值得学习的地方。

一、神圣的价值

毕达哥拉斯（公元前570—公元前495年）通晓很多别人从未想过的事物。他是一位理想主义者，也是一名企业家。他的追随者，也就是他的客户，相信他可以传授智慧，甚至可能揭示永生的秘密。作为回报，毕达哥拉斯希望控制他们及其他们的财产。这便是毕达哥拉斯这位企业家所创造的交换形式。他的许多客户被称为"数学家"（在古希腊语中意为"源于科学"）。一些历史学家甚至声称毕达哥拉斯创建了历史上第一个教派，但更准确地说，他是创建了一种商业模式。

当时，毕达哥拉斯在希腊的萨摩斯岛（Samos Island）已经颇有名气，但他却搬到了意大利南部沿海城市克罗顿，为他的客户建立了一个共同学习的社群，教他们学习如何与宇宙和谐相处，从而获得永生。毕达哥拉斯教义的首要内容是禁止食用豆类。尽管我们

第十一章 ◆ 金钱之外的价值

尚不清楚为何豆类会破坏宇宙和谐——是因为豆类会引起肠胃胀气吗？不管因为什么，豆类就是被禁止了。素食主义在当时是一个新概念，也是这个学习群体必须遵循的习惯。毕达哥拉斯的追随者（客户）可以倾听他及他人讲授有关宇宙、音乐、科学以及我们现在所说的数学知识，但他们在起初的5年里不能说话，更没有提问的机会。

有趣的是，在毕达哥拉斯的商业模式中，如果有人因不能继续遵守规定而离开，或因无法跟上学习进度而被迫离开，他们会获得其投资价值的两倍收益。这可能是"双倍退款保证"的第一个实例。这一政策表明，毕达哥拉斯创立了教学和生活基础设施，并非为了逐利，而是为了从客户那里获得比金钱更重要的东西。尽管我们无法得知他的真正动机，但我推测毕达哥拉斯想成为当地最聪明、最受崇拜的人，并创造了一种商业模式来满足自己的这一愿望。

许多客户从希腊各地赶来与毕达哥拉斯生活在一起。他和他的追随者们与邻近城镇多有交流，并受到当地统治者的推崇，担任统治者的行政官员和顾问。据说，毕达哥拉斯学派于公元前510年帮助克罗顿征服了西巴里斯。然而，这场胜利引发了激烈的争论，即克罗顿是否应效仿其他希腊城邦采纳民主原则。由于毕达哥拉斯反对民主，这导致他的社区遭到了民主支持者的攻击，最后被夷为平地。许多人因此丧命，但毕达哥拉斯早已和少数幸存者一起逃离了此地。

这些幸存者散布在希腊各地，建立了自己的毕达哥拉斯式社区。尽管这些分支机构似乎在经济上能自给自足，但当地人对他们的教义和非主流态度表示怀疑。有些社区似乎也遭到了焚毁。毕达哥拉斯与其他企业家一样领悟到了同样的道理：公开挑战精英阶层通常会导致自身毁灭。但最终，这位企业家对自己制造的不和谐视而不见。

柏拉图、亚里士多德和其他教育企业家都或多或少借鉴了毕达哥拉斯的商业模式。他们邀请客户向他们学习，但不一定要生活在一起。从那时起，无数的教育和宗教企业家在传授知识的同时，将学生的崇拜视为获得的价值收益，有时甚至也将此作为唯一的追求。

二、古代的双重底线

企业家往往会感激在其获得成功的过程中外部力量给予的帮助。在古代雅典，人们普遍相信每个公民都从民主政体中获得了利益优势，对此应该心存感激。成功的个体应向其同胞表达感激之情。在色诺芬的《经济学》一书中提到，苏格拉底列举了市民对富有阶层，特别是对富有企业家的最大期望，包括支付宗教节日的费用、维持唱诗班、招待访客、支付城市改善以及城市防御设施维护的费用等。这些昂贵的社会责任被称为"礼仪"（liturgies）。有些像征税一样分配给富人，而另一些则是由富人自愿捐助，社会对富人期望的大小取决于公众对其财富的看法。大部分成功的雅典企业家对能用其大部分收入来改善城市和造福同胞而感到非常自豪。但不管在什么条件下，如果他们没有达到这些正式和非正式的期望，就可能受到社会排挤，甚至会遭到驱逐。

在企业家创业的黄金时代，雅典这座城市繁荣昌盛，但在希腊文化盛行的时代，人们对企业家在礼仪方面的期望却逐渐减弱。罗马对其最富有的公民也有类似的期望,但对富裕起来的新兴自由奴隶企业家们却并不一定如此。自罗马以来,还没有哪个主流文化期望企业家对社会福祉做出贡献(除了纳税之外)。

在接下来的 1700 年里,企业家一般都不认为他们有义务为自己所在社会的整体福祉做出贡献。在大多数文化中,企业家都认为社会福祉是政府和宗教组织应承担的责任。他们的主要目标是集中精力创造利润,并通过缴纳税款来为社会创造价值。

三、三方业务模式

起初企业家认为他们可以创造超越货币财富以外的价值,然而这一想法最终发生了改变,至少有部分人的想法发生了改变。儿童死亡事件是催生这一转变的导火线。威廉·霍加斯(William Hogarth)是 18 世纪上半叶英国身价最高的肖像画家。然而,他的杰作并非由贵族委托的肖像画,而是一位他敬仰的人的画像。画中人是托马斯·科拉姆,他创建了第一个私人慈善机构。

在霍加斯的画作中,科拉姆坐在书桌旁,身着海上商船船长的盛装,神情骄傲但也有些不太自在。桌上放着一份名为《皇家特许状》的文件。在科拉姆书桌的远处可以看到海上商船,表明他的一生都在从事海上贸易。在他的右肩旁,窗帘开着,在另一个房间的阴影中隐约可见有位年轻母亲怀抱着孩子,姿态就像圣母抱着圣子。在科拉姆的脚下放着一个地球仪,特意突出大西洋。科勒姆的右手靠在桌子上,紧握着"育婴堂"的官方印章。这是第一家私人出资的股份制公司,致力于创造公共利益而非盈利。育婴堂是一个可以照顾和教育孤儿的地方（在科勒姆的时代，"医院"是一个人们能受到友好对待的地方）。

科拉姆年幼时母亲就去世了。他的父亲再婚后，就将11岁的他送去当海员。回来后，他成为一名造船工学徒。后来，他成为船舶设计和建造方面的能手。事实上，科拉姆在学徒期间就技艺超群，很快就被聘为海军测量员。一位伦敦商人注意到了他的工作表现，雇用他监督船只建造，目的是在美国殖民地建造成本更低的船只。1693年，25岁的科拉姆来到波士顿，不久之后便成立了自己的造船公司。

科拉姆没有受过什么正规教育，而且他的大部分青少年时光都是在海员身边度过的，难免举止粗鲁。他的新英格兰邻居和竞争对手都不喜欢他。由于他是虔诚的英国圣公会教徒（Anglican），在清教徒（Puritans）统治的地区，人们对他的敌意就更大。尽管在美国的十多年里他取得了巨大的创业成功，但也屡遭生命威胁，最终科拉姆决定带着他的妻子回到英国。回到家乡后，他担任商船船长，并广泛开展贸易（从未涉足奴隶贸易，主要从事海军物资贸易）。同时，他也向其他商人和贸易管理者宣扬开发殖民地资源和能源的理念。为了开展贸易和游说工作，科拉姆经常往返伦敦，途经一些英国最贫困的地区。他在那里看到了许多遭到遗弃的孩子，有的饥肠辘辘，有的已经惨死。对于年幼丧母并被父亲疏远的科拉姆来说，这些场景一定令他特别痛苦。

1722年，科拉姆请求国王设立一个政府机构来照顾弃儿。他的提议遭到了质疑，甚至是嘲笑。贵族和皇室认为，如果政府照顾弃儿，就会鼓励非婚生子和卖淫行为。他的提议遭到拒绝后，科拉姆转而提议开发如今的缅因州和新斯科舍州，也都没有得到支持。他积极推动援助债务人的计划，将他们送往一个后来被称为乔治亚州的新殖民地。这个计划最终得以实施，但科拉姆却被排除在计划之外。这些努力让他接触到了更有权势和影响力的英国政府官员，但他始终未能引起政府对帮助孤儿的兴趣。

在一次巴黎之行中，科拉姆了解到富有的法国贵妇经常为孤儿提供庇护所和食物。这改变了他的想法，他意识到原来他之前找错了人。1729 年，他通过英国贵妇的帮助向女王请求支持。他还向贵妇们寻求资金支持，建立一个私人资助、政府特许的机构，专门照顾孤儿。科拉姆收集到了 21 位当时最显赫和最富有的女性的签名。从那时起，他的提议开始受到重视——至少得到了这些著名女性的丈夫和亲属的重视。然而，又经过 8 年的请愿、提案和游说，他才从枢密院那获得了皇家特许状。这个机构将由私人个体而非政府出资，并专注于照顾孤儿。

经过 20 年的努力，1737 年，科拉姆终于获得了皇家特许状，随即招募了 375 名富有的知名人士担任理事，帮助他持续筹集资金。我们可以把他们看作一个庞大的董事会。从某种意义上而言，这些人既是他的客户，也是他的销售团队。育婴堂开张了，并于 1741 年搬进了更大的建筑里，为男孩和女孩设立了单独的区域。育婴堂刚走上正轨，理事们便纷纷要求撤除科拉姆对医院和机构的监管，因为他仍未改掉粗鲁的举止，在批评中"有失分寸"。尽管如此，科拉姆仍然被看作创立这种新型机构的奠基人。

科拉姆的企业采用了一种新型的商业模式。企业客户并非产品或服务的用户（即孤儿）而是富有的捐赠者。作为捐赠的回报，客户因他们的慈善行为而获得了积极的情感体验和幸福感。科拉姆的商业模式如今仍然是慈善机构和慈善事业的主要运营模式。

正如人们所料,科拉姆的成功激发了大批企业家建立类似企业,积极地向不具备支付能力的群体提供产品和服务。数百万名企业家已经使用这种三方融资模式创立慈善机构和慈善事业("慈善机构"通常指提供短期帮助的组织,而"慈善事业"通常指提供长期帮助的组织。然而,许多人认为这两个词是同义词)。现在有许多慈善机构和慈善事业,它们提供各种形式的服务,来帮助身体、心理或社会方面遇到困难的人们。他们还资助具有积极社会影响力的活动,包括有关科学进步、教育、艺术和自然资源保护等的活动。

四、盈利的非营利性模式

戈温达帕·文卡塔斯瓦米(Govindappa Venkataswamy)医生被大家称为"V 医生"。他出生于印度南部一个贫穷的村庄,村子里连电和自来水都没有,而他也只能靠用手指在沙子上画出单词来学习阅读。孩提时代,他深受一位表姐难产而死的影响,立志长大成为一名医生。他的一位叔叔倾其所有供他上学,聪明的戈温达帕成为村子里第一个上大学并获得医学学位的人。

在二战结束时,"V 医生"在印度陆军医疗队担任医生,但因罹患严重的类风湿性关节炎,卧床一年,医生生涯被迫中断。由于身体残疾,他无法继续从事产科医生的工作,于是他回到医学院攻读眼科专业。1951—1975 年,"V 医生"在印度各个政府医院和机构从事眼科工作,最终因创建防治失明的地区性和国家性项目而闻名世界。

1976年，58岁的"V医生"到了政府规定的法定退休年龄。在乐于助人精神的驱使下，刚退休的"V医生"向亲戚借钱，抵押房子筹集资金，创办了一个有11张床位的眼科手术医院，并以德高望重的精神领袖阿拉文德（Aravind）的名字来命名这家医院。他的筹资模式是企业家们千百年来一直回避的"付款随意"模式。他聘请无私奉献的兄弟姐妹和亲戚担任医院工作人员，其中一些人曾在他的帮助下成为眼科医生。为了盈利（许多非营利性组织称之为"盈余"），他的团队精简了手术流程，最终完成的眼科手术量是其他同等规模医院的10倍以上。阿拉文德医院的手术效果显著，患者手术后的并发症较其他医疗机构来说少很多。最终，由于医院高效的手术流程降低了成本，较富有的患者支付的标准眼科手术费用产生了盈余，足以负担两个无法支付手术费用的病人的治疗，并有剩余资金支持医院快速扩张。如今，阿拉文德医院在印度各地拥有14家医院，以及包括一个生产低成本可植入式晶状体和眼科设备的部门，一家培训机构和一家研究所。"V医生"于2006年去世，但该公司仍在蓬勃发展。截至2020年，阿拉文德医院已完成超过780万例眼科手术。

阿拉文德医院还与他人分享其商业模式和手术流程，鼓励模仿者在印度和其他发展中国家提供类似的眼科保健设施。

五、良性贷款

在"V医生"革命性地开创眼科医院的7年后，有位孟加拉国的教授做出了同样大胆的创新行为：他开办了一家银行。这位教授名叫穆罕默德·尤努斯（Muhammad Yunus），是吉大港大学（Chittagong University）经济系主任。他早期试验的初衷是通过发放小额贷款减轻小村庄村民的贫困状况，1983 年他成功地将早期试验机构变成了一家专门为农村贫困人口提供服务的正规银行。

尤努斯最初是用自己的钱提供小额贷款，贷款通常只有一美元，发放对象是那些立志于建立小型企业为家庭增加额外收入的妇女。大多数接受他贷款的妇女都成功创建了小型手工艺品、零售或服务类企业。她们获得的利润增加了家庭的可支配收入。尤努斯还培训其他村民管理这些小额贷款的发放和回收，进一步降低了运营成本。在这种低成本模式下，尽管他向借款人收取的利率与大型银行向信用良好的客户收取的利率相当，但由于借款人在还款方面表现出色，还款率高达 99%，所以即使利润微薄，银行也能够获得一些利润。在这些成功实践的鼓舞下，尤努斯成立了一家专门提供小额贷款的银行，名为"格莱珉"（Grameen，孟加拉语意为"农村"）银行。随后，格莱珉银行的成功引起了无数企业家的效仿，他们在世界上许多贫困地区提供类似服务，甚至在美国也出现了这样的模式。

任何企业家集群都可能出现这样的现象：有些企业家采用了非常规的做法来维持业务并从中获利。由于许多小额贷款企业家在处理业务时操之过急，缺乏深思熟虑，因此并非所有贷款都能带来业务的成功或创造价值，反而导致借贷人负债累累，家庭纷争不断。即使企业家怀有帮助他人的美好初衷，其行为也有可能产生意想不到的后果。尽管如此，大多数企业家确实改善了许多贫困家庭的经济状况。2006 年，格莱珉银行成为首家获得诺贝尔和平奖的创业企业，创始人穆罕默德·尤努斯本人也获此殊荣。

托马斯·科勒姆、"V医生"和穆罕默德·尤努斯这样的企业家创造了一系列帮助他人的运营模式：非营利性企业、用利润补贴非营利部分的营利性企业，以及通过帮助贫困人口而盈利的企业。企业家、学者、政府官员以及非政府组织领导者之间就这些模式进行了激烈的辩论，哪种模式更有效？企业家在减轻贫困和提高整体健康和福祉方面应该或者能够扮演什么角色？有人提出用"公益创业"（social entrepreneurship）这个术语来描述改善弱势群体福祉的营利模式，然而，目前还没有确切的定义能够明确哪些部分符合这个定义，哪些部分不符合。

六、清偿所欠

安德鲁·卡耐基的观点与他同时代的成功人士大相径庭，他认为好运并非仅仅取决于努力工作，更不是神的旨意。卡耐基是英国哲学家赫伯特·斯宾塞（Herbert Spencer）的忠实追随者，斯宾塞又被誉为"社会达尔文主义的创始人"。他创造了"适者生存"（survival of the fittest）这一短语。斯宾塞认为，社会是一个不断进化和改进的有机体，并受到自然基本力量的驱动，人性是其中一个重要因素。卡耐基认为斯宾塞的这一观点直接点明了塑造其成功的关键隐私，他能取得成功是因为其不断寻求工作方式的改进。

卡耐基将斯宾塞的观点进行了扩展，并形成了自己的观点。他认为企业家能够通过改进产品和服务获得成功和财富，而这也会导致社会不平等的出现。卡耐基在《财富的福音》中说："今天我们可以通过对比百万富翁的宫殿和劳动者的小屋来衡量文明进步所带来的变化。"具体来说，卡耐基认为社会不平等是企业家改进产品并使其更加实惠的必然副产品。他承认有些人为这个进步付出了很大的代价："我们在工厂、矿井和会计室里聚集了数千名工人，雇主对他们知之甚少，甚至一无所知。在工人眼中，雇主就像神话中的神明一样。"他认为，成功的企业家之所以能够"积累财富"，并不是因为他们努力工作，而是因为他们"组织和管理的能力……在人类中很罕见"。这里不存在"中间地带"，一个人要么有这方面的才能，要么没有。成功不取决于好运或辛勤工作，而是进化选择的结果。

卡耐基认为，企业家的才能伴随着责任。他认为："那些有能力和精力创造财富的人，他们所积累的财富本身并不是邪恶的，而是美好的。"他相信，成功的企业家有责任在自己有生之年用全部收入来帮助那些不幸的人，而不是把他们的财富留给自己的家人。

卡耐基对这一前所未有的概念进行了深入论述。他在1889年发表在《北美评论》(*The North American Review*)上的一篇名为《财富》的文章中首次阐述了这个观点。后来，在他的经典之作《财富的福音》中，他做了进一步阐述。卡耐基是个言行一致的人，从那时起，他把越来越多的时间和财产用在各种公益事业上，例如公园、图书馆、大学等，其中也包括黑人机构。此外，他还成立了很多以他名字命名的资助机构。他曾直言不讳地写道："死时富有，死也蒙羞。"

对于创业间接造成的不平等现象，卡耐基的解决方案是用他积累的利润来减轻由他间接加剧的问题。他认为不平等是不可避免的。与其压制企业家的盈利动机，减缓其发展，损害有才华的企业家的竞争优势，不如利用企业家的利润来消除这些副作用，这样对社会更有益。然而，毫无疑问，大多数企业家包括最成功的那些都并未遵循卡耐基的做法。

富有的企业家在他们创办公司的时候并未充分考虑公司对社会的影响，但现在越来越多的人已经意识到了这一点，并打算将他们一半的财产捐给慈善事业，这已经成为一种时尚潮流。来自20多个国家的数百位亿万富翁企业家公开签署了《捐赠誓言》(The Giving Pledge)，也称《亿万富翁誓言》。比尔·盖茨和沃伦·巴菲特试图引导其他企业家追随卡耐基的脚步。到目前为止，已经有超过6 000亿美元的捐赠承诺。然而，除了少数例外情况外，已经实际投入使用的资金相对较少。

七、重现价值

许多政府官员、学者和有抱负的企业家都希望社会认识和培育社会企业家精神。然而挑战在于，所有企业家都是自主行动。期望大多数企业家将其行动集中在提高社会整体福祉以及大幅减轻诸如不平等、产品带来的痛苦和疾病等意外后果上，这是不切实际的。如果只用"利润"这个单一的指标来定义创业的成功，则会把社会价值观和非货币价值创造排除在企业家精神的讨论之外。在最后一章中，我将探讨人类应对这一挑战的历史经验。

第十二章

未来创业前景

> 我们要做的第一件事,就是杀掉所有的律师。
>
> ——威廉·莎士比亚(William Shakespeare),
> 《亨利六世》(*Henry VI*)

在一些社交聚会和专业场合,人们经常拿这句话开律师的玩笑,从而引发哄堂大笑。我喜欢和我的学生玩一个游戏,就是用"企业家"替换"律师",看看这个提示会引导他们想到什么。结果他们往往都会想象出一个反乌托邦①的未来。

如果把企业家所创新的一切都从我们的生活中拿走,那么剩下的就只有政府和宗教组织提供的东西了:政府建造的建筑、政府发放的服装、政府生产的食品,以及宗教团体建造的神庙和神殿。我们只能使用政府研发的技术,而政府往往会偏重于武器的研发,导

---

① 反乌托邦(dystopia)指的是一种非理想、负面的社会或政治体系的描述,通常描述一个荒废、枯竭或者反人类的世界,其中可能存在各种社会、政治、环境等问题和不公正的情况。与乌托邦相反,后者是指一个理想化的、理论上完美的社会或政治体系。——译者注

致其他领域的技术研发相对落后。

事实上，这个世界会变得贫困落后，满目萧条：我们的生活中将没有电灯、汽车、商业航班，甚至连自行车都没有。除了政府许可的通信方式，我们也没有任何娱乐活动。由于电力完全是由企业家投入实际应用的，所以我们也无法享有电子通信的便捷。

如果没有企业家，我们的贸易也会受到很大限制。历史表明，许多国家都试图通过各种手段控制贸易，但这些尝试表明，没有企业家参与的贸易会非常烦琐。统治者和政府之间通常是基于"等价交换"的原则来交换重要物资，为了确保双方都不会失面子，需要遵守很多礼节和仪式。

如果没有企业家，科学也许仍会存在，但技术进步可能遭遇瓶颈。毕竟，像牛顿、伽利略和巴斯德这样杰出的科学家并不是企业家，他们确实为我们理解如何建造更长的桥梁，如何提升食品安全等提供了理论基础，但实际上，建造桥梁和实践巴斯德杀菌的任务都落在了企业家的肩上。

由于统治者一直非常关注自身健康，因此我们或许仍能拥有基础医疗和民间疗法，但如果没有企业家们开发复杂的化学或生物加工技术，那么那些依赖这些技术的产品就无法问世。

从积极的方面来看，如果没有企业家的参与，我们的世界几乎不会有肥胖问题，因为我们会从天然的蜂蜜中获取糖分，而不是依赖加工糖或玉米糖浆。此外，成瘾问题也将大大减少。同时，大多数污染问题也将不复存在，也不会因企业家大规模生产铁而造成森林滥伐的问题。

关键是，通过一代又一代企业家不断努力，已经让我们所有人享受到了现代文明的诸多成果。几乎每个大型企业都可以追溯到其背后的初创企业家。世界上每个角落的工厂都有企业家的创业传承。我们的健康、娱乐，乃至我们的生命都与企业家的贡献息息相关。事实上，即使是大多数政府服务，往往也离不开由企业家创造的产品和服务。

一、超出我们的能力

我们对企业家精神本质的研究表明，其影响无处不在。企业家创新的影响力越来越大。虽然企业家的创新大都是渐进式的，但如果有大量的企业家同时进行创新，这种逐渐叠加的渐进式效应将是空前的。创业的影响力使政府或宗教等其他社会力量相形见绌。这种影响不仅仅局限于个体、社会和全球，甚至可以扩展到更广阔的范围。

企业家的影响力渗透到我们生活的每个角落，深刻地影响了我们的日常生活。他们的决策和创新既使我们得到了更多自由，又限制了我们的自由。他们决定了可用产品的种类、交通和沟通方式、居住地点、娱乐方式、饮食和服装选择，甚至我们所追求的对象。诚然，一些开创性的初创企业最终可能变成由职业经理人经营的、风险规避型大型企业。但几乎所有职业经理人都会向市场中的创业公司寻求灵感，以调整和改进自己的产品。创业者以身试险，大企业则效仿其成功之举。无论如何，创业者推动社会变革的力量是无可比拟的。正如本书所述，如果没有企业家的出现和自主行动，整个世界就会变得面目全非。我们往往认为世界本该如此，却从未想过很多选择受企业家的影响和制约。我们今天的行为在很大程度上是企业家努力的产物。

企业家引导我们对产品和服务产生了前所未有的渴望。只有这样，他们才能生存。创业创新周期驱动大批创业者想方设法提高人们对其产品的需求。正如我们之前所看到的那样，这种操纵并非出于恶意——至少，通常情况下不是。这是由许多企业家诱导我们购买其产品或服务引起的直接后果。

在宏观层面上，企业家为社会成员提供了现有权力结构不愿提供或无法提供的产品和服务。正如我们所见，相比于政府对公众生活的影响，企业家创造的产品和服务的数量和影响力更大。只有当企业家的行为带来了意外的负面影响且引发公众的不满时，政治领导者才会干预他们的行为。实际上，大多数规范我们社会行为的法律都是过去企业家行为失控而造成的结果。

在文化层面上，企业家制定了许多社会规范，比如什么是时尚的，什么是可耻的，什么是便利的，什么是私密的。他们甚至改变了我们说话的方式，比如一些最近的例子："谷歌一下""发帖子"，以及"博客"等。"数学家"一词可以追溯到公元前530年。实际上，我们所熟知的社会在很大程度上都是由企业家的创新所塑造的。

创业集群的主要成果是创新和规模效应。如今，其中一些集群的规模已经扩展到全球甚至外太空。社交媒体、智能手机应用程序和网络犯罪黑客产品等都是即时服务全球市场的典型例子。社交媒体热潮几乎同时改变了全球数百万人的生活方式。时至今日，至少有4位亿万富翁企业家竞相将客户送往太空，而其他企业家则投身于小行星采矿业。由此看来，创业规模的扩张不会止步于地球平流层。

二、隐性社会税收

以个体为目标客户的创业集群更注重为个体提供短期愉悦而非长期幸福。自从早期企业家为客户提供了一些奇珍异宝使其感受到权利和尊重以来，这一特点一直持续至今。如今，随着技术的发展，创业家们能够利用新的技术手段，设计出更容易让客户上瘾的产品和服务。目前，整个数字设计行业都在专门研究如何利用大脑奖励中枢来"吸引"潜在客户，并同时让现有客户保持高度"参与"，他们称之为"说服技术"。企业家迅速使用新技术吸引新客户，并使现有客户持续使用他们的产品和服务。基于新技术的商业模式产生了规模最大且最具创新性的创业集群。然而，发展最快的集群所创造的产品更多，也就带来更多意外后果。那些致力于为客户提供长期福祉的企业增长相对较慢，而风险投资者们倾向于加速创业创新周期步伐，导致这类企业不受风险投资者的青睐。

当产品的负面影响逐渐失控，甚至可能威胁到社会稳定时，政府才会最终介入。但这可能需要几十年的时间，而且法规的影响总是微乎其微。如果这些法规无法解决问题，无法令公众满意，政府就会受到来自公众的压力，最终会直接用财政资金解决问题。即使政府介入，最终还是由消费者承担减轻创业意外后果的费用，而且这些费用还在不断累积。例如，企业家早在400年前想出了使用煤炭作为能源的办法，并带来了很多负面影响，而我们今天还在通过纳税来解决这些问题。由于企业家创造的产品和服务可能导致一些医疗问题出现，我们要缴纳更高的医疗保险费，因为其中包含了这部分治疗费用。由于企业家还造成了空气污染和气温升高问题等，我们个人还要直接承担购买空气过滤器或空调用电等费用。此外，我们所缴纳的税收中的一部分还被用于支持政府规划、监督和执行环保标准。

企业家创新带来的隐性税收数额巨大。我估计，一个生活在美国中西部的四口之家，父母都有工作，家庭收入为 80 000 美元，如果算上医保，每年需缴税约 2 500 美元。而在美国东南部，同样是四口之家，税款可能多达 7 500 美元，因为他们需要自己承担医保费用，并且家庭成员工作的时间要更长。

至少目前来看，缴纳隐性税收或许是值得的。我们不想失去企业家为我们带来的所有好处，所以我们应心甘情愿地为减轻这些创新的不良后果买单。但我们应该了解代价是什么。随着时间的推移，创业创新周期的规模和强度将不断增加，这个代价也会越来越大。既然现在我们意识到了隐性税收的存在，那就应该想办法降低这些成本。

三、信任还是猜忌

企业家的主要动机是保持在集群内的竞争力，因此，他们往往不会主动减轻其创新带来的不良后果。而那些关注全人类福利的非营利性创业集群，至今尚未找到扩大其产品和服务需求的方法。个体企业家也未能独立解决全球面临的一系列问题，如气候变化、鱼类数量骤降、滥伐林木、（酒精或吸毒）成瘾、收入不平等，或其他由企业家所导致的生存威胁。但如果数亿名个体企业家能够共同合作，情况可能会有所改变。

我们应该预料到未来的创业创新会带来更多的不利后果。随着创业创新周期规模的扩大，意外后果的潜在危害程度也在增长。我们已经看到，具有企业家精神的医生却在涉足非法克隆儿童。企业家已经制造了几乎任何人都可以学会使用的设备，用来制造新的DNA 和 RNA 链。我们不禁要问，所有这些新的遗传物质都是有益的吗？功能强大的人工智能开源程序现在被广泛用于操纵人们的行为，这威胁到了人们的根本利益。

弗朗西斯·培根在 1609 年重述了代达罗斯故事，呼吁社会缓解创业活动带来的意外后果。我们最新一代的技术型企业家已经超越了代达罗斯的能力，可以创造出弥诺陶洛斯。从过去 9000 年的创业模式来看，我们不能指望企业家遵守法律法规，或来拯救我们摆脱生存危机。如果说他们能做些什么的话，那就是制造更多的不良后果。

安德鲁·卡耐基认为培根是个理想主义者，并称企业家精神是一种"我们无法改变的力量"。因此，不必费心去尝试改变它。卡耐基认为，鼓励企业家临终前捐赠财富，是将创业影响与社会福利保持一致的最佳方式。少数企业家或政治家仔细思考了创业带来的意外后果，他们反驳卡耐基和培根最常见的观点：一旦出现不良后果，企业家总会用新产品和新服务来解决它们。也许我们无法治愈肺癌或 2 型糖尿病（这些都是前文中我们看到的华盛顿·杜克、詹姆斯·德拉克斯等人的创新带来的意外后果），但他们认为，企业家已经成功研制出部分缓解痛苦、延长患者寿命的药物。同样，汽车夺走了许多人的生命，但企业家最终研发出安全带（如欧文空中降落伞公司等）和气囊（如布里德公司），这些都提高了人们在事故中存活的概率。如今，大家公认数据隐私是一个严重的问题，企业家正在努力研究保护数据隐私的解决方案。同时，他们已经在着手解决气候变化问题。乐观主义者说："这只是时间问题。"或说："相信这个体系。"然而，考虑到我们面临的全球性问题的影响范围，事实上，没有人知道我们是否还有时间等待创业创新周期来解决这些问题。我们必须弄清楚如何应对这些创业集群造成的问题。

四、我们能掌控什么

我们对创业运作方式的理解比卡耐基、培根，甚至马克思和熊彼特都更加全面。创业力量比他们想象中的还要强大。但是我们已经找到了引导这些力量的方法。我们需要思考如何创造一个创业环境，使我们能够信任企业家所建立的企业不仅能盈利，还可以提高人类整体福祉。

我们能否控制现有的集群，使其按照某种方式行事而非其他方式？现有证据表明，一旦企业家有了盈利能力，政府就很难阻止其创新。对于具有自主性的企业家而言，统治者或政府制定的规则是可选项，他们只需考虑是否愿意接受不遵守规则带来的相关风险。由于集群中包含了大量企业家个体，每个个体都使用类似策略为自己创造价值。因此，创新是不受控制和不可预测的。由于对谁能加入集群没有任何标准，集群中因此包含各种类型的企业家，他们都具有自主性，因此对于遵守或忽视哪些规则或社会约束有不同的选择。企业家设法规避新的限制规定，继续提供抵押贷款和其他贷款产品的故事表明，如果没有严格的执法，一些企业家就能找到变通办法，其他人也会效仿。

企业家不围绕制约因素进行创新。严格执法会阻止集群中的一些企业家冒险从事某些非法活动，但另一些人可能会转向黑市。美国的禁酒令和贩毒集团就是政府无法阻止现有集群进行创新的典型例子。如果这样做能赚到钱，企业家就会不断寻求规避社会规定的方法。

我们能否对创业集群施加影响？与其试图阻止他们中的某些创业行为，不如鼓励他们从事更多的其他类型的活动？

如今，有人声称税率可能改变企业家的一些行为。尽管减税可能会激励部分企业家采取某些不同的措施，但我们可以看到，处于创业最前沿的企业家们，他们更关注如何增加利润，而不是减少税收。世界各地的企业家们纷纷涌向硅谷，而这是美国税收最重的城市之一。大企业会调整措施以减少税收，但最具野心的企业家却不会这么做。政治家应该知道企业家与职业经理人是不同的。有抱负的企业家专注于创新，这些成功的企业家往往成为他人效仿的对象。因此，税率几乎不会影响创业集群的行为。

另外，切实的激励和补贴措施可以改变创业集群的发展方向和创业创新周期的关注重点。丰厚的激励政策能鼓励一些企业家追求更高的成就，其他人也会纷纷效仿他们。例如，在罗马元老院赋予获释奴隶公民身份后，这些奴隶纷纷投身于为罗马运送粮食的行业中，这对非公民的自由奴隶及其家庭来说是实打实的利益。

最近的例子是太阳能创业集群，他们创建了大型太阳能电池板阵列，确保以稳定的价格供应电力。政府提供太阳能发电的长期合同（称为"上网电价补贴"）来补贴公用事业，此举使企业家能够在

10年甚至更长时间内，从安装大型太阳能电池板中获得利润。这种低风险的巨额利润使太阳能企业家将关注点从制造或安装太阳能电池板转向筹集大量资金来安装大片电池板。数个太阳能创业集群及其创业创新周期的重点也迅速转向这一新的收入来源。然而，因纳税人抵制较高的公用事业费用而不愿缴纳水电费，政府不再提供上网电价补贴，太阳能企业家便回归了传统的经营方式。制造新的盈利来源或提供切实的福利，如公民身份等，确实可以影响创业集群的发展方向，但这种做法的代价十分昂贵。

我们能创造创业集群吗？公元前3000年左右，乌鲁克的统治者诱使市民承担纺织品交易的风险以获得充足的物资来支持城市的发展。他们创造了一个长途贸易者的集群，这些贸易者在接下来的2000年里不断进行创新。成功的关键在于，乌鲁克的统治精英将创造创业集群作为他们的首要任务。为了确保成功，他们只与其中一部分他们已经信任的人打交道，而这些人明显意识到了统治者所提议的商业风险下存在利润潜力，因此愿意投身其中。

近年来，美国政府为开发COVID-19药物和疫苗创造了一个企业家和大企业集群，并为了确保其盈利，美国政府承担了研究和开发费用，并提供大量药剂。截至本文撰写时，第一波获批的疫苗和药物大多是以企业家为首的公司开发的，他们为了尽快扩大规模，通常会与大型企业展开合作。通过资助产品开发，保证利润和快速回报，可以创造新的集群。尽管这种方法能快速取得成效，但其代价相当高昂。

正如第二章所述，仅仅发明本身并不足以孕育创业集群，但当一群人开始采纳新的最佳实践，即进行创新时，创业集群便有可能形成。资助新技术的开发并不一定会引发新的创业集群。这是许多人持有的一种错误观念。企业家有时可以采用新技术制造全新的产品，或者制造出比现有产品更便宜、更便捷的产品。通常情况下，利用新技术改良旧产品并不需要多少创造力。只要有青铜技术的地方，青铜武器都取代了铜武器。青铜技术本身并没有引发新的创业集群，而是第一个成功的青铜武器制造商激发了附近的铜武器企业家效仿他，从而形成了一个创业集群。

迄今为止，在美国授予的1 100万项专利中，只有几万项专利给专利所有者（无论是个人还是企业）带来了超过开发和申请专利费用的收益。只有某些技术会引发新的集群，可以大幅降低现有产品生产成本的技术（例如，用风车压榨甘蔗、用塑料制造容器）、大大提高易用性的技术（例如，起重滑轮、导航陀螺仪）或者大幅提高可靠性的技术（例如，可以使蒸汽机变得更可靠的镗孔机或取代真空管的晶体管），这些技术往往很快被采用并推动创新。偶尔一项新技术会激发企业家提供一种新型产品或服务，一旦最先使用这项技术的企业家取得了成功，便会引发一个新集群的形成。公元前4 000年，这个技术是冶金术；1956年，这个技术是晶体管；如今，这个技术是人工智能。历史告诉我们，企业家会不断地将新技术与成熟技术相结合，更新旧产品和服务。

五、激励企业家创造更美好的世界

现在，我们意识到了必须采取具体行动，将企业家行为更好地与全人类福祉保持一致，缓解地球上的多重生存危机。我在此提出五个简单、基本且低成本的具体行动措施供大家参考。

第一，开展一些创业教育能极大地激励后代去了解企业家的影响，支持优秀的企业家，并抵制那些危害社会的人。在小学教育中加入一个学习模块，让学生了解优秀企业家所做的事情（我稍后会对此进行定义），激发学生对创新的兴趣，并为未来的企业家设定道德指南。这个过程可以自然而然地融入儿童的职业教育中。之后，在中学教育中，学生可以专门研究企业家创新的影响，包括预期的和意外的影响。这可以纳入现有的世界历史学习模块，指出我们当今生活的世界在多大程度上是由不懈努力的企业家群体所造就的。最终所有中学毕业生都会清楚地认识到他们所接受或排斥的企业家类型，以及是否有志成为其中的一员。

第二，我们希望企业家了解并告知公众，购买和使用其产品、服务可能带来的意外后果。这能使客户在充分了解其产品的情况下，做出明智的决定。要做到这一点很简单，只需要求企业家以及所有企业，在其网站和实体店内张贴公告，公开披露使用其产品或服务可能产生的不良后果。对于大多数企业家而言，特别是那些不渴望拓展业务的企业家，这种披露会是常规化的程序。而对于雄心勃勃的企业家而言，如果他们与公众分享其创新可能带来的不良后果，将会带来巨大收益。随后公众可以根据所获得的信息来决定何时以及是否对某些可能造成的后果采取行动。我们在食品标签方面已经朝这个方向迈进了。享有更多知情权的消费群体既会支持企业家创新，同时也会要求企业家对其行为后果负责。

第三，如果将企业家创新产生的隐性税收明确化，我们都将从中受益。一旦人们了解了消除企业家创新所带来的负面影响所需的成本大小以及成本的构成要素时，就会有更多人对这个问题进行讨论、辩论，并采取行动来解决这个问题。我预计，人们会决定，这些成本应由成功的企业家来承担，而不是毫无防备的公众。这样一来，整个企业家群体将对其行为带来的意外后果负责。一个小税种（例如，对市场份额超过 50% 的产品利润征收 1% 的税）每年将产生数十亿美元的税收，可用于减轻企业家带来的意外后果，并帮助我们学会如何更好地预测未来的后果。

第四，如果企业家能够组建一个全国性或国际性的楷模学院，我们都会从中受益。我们已经有科学家、工程师、艺术家和发明家的全国性学院，他们的威望影响了同行的行为。正式承认企业家的贡献，将会影响那些渴望大有作为的人的行为规范。为了获得德高望重同行的认可，许多人会规范自己的行为。这将是一个塑造企业家道德的有效机构，会激励企业家更加关注全人类的福祉。

第五，政府和慈善家或许可以考虑与学校合作，为那些致力于开发新产品和新服务来减轻先前不良创业后果的人提供利润丰厚的合同。政府可以通过征收垄断税来支付合同中政府承担的部分。这些合同旨在创建一个集群，为减轻先前的或预期的不良后果提供产品和服务。新集群的目标和合同性质可以由学校决定。通过提供低风险利润、社会地位和社会认可吸引企业家签订合同，从而建立新的创业集群。这些合同的阶段性任务安排可以参照"曲速计划"和 COVID-19 疫苗的开发合同。这也类似于 5 000 年前乌鲁克统治者为了确保有足够的木材、金属和宝石以维持城市发展和市民福祉所采取的措施。

六、什么是优秀企业家

现在我们终于可以回答这个问题了,这一问题引发了我们对企业家精神起源和影响的深入探讨。创业集群的机制和创业创新周期源自我们的人性。我们既无法阻止它们,也不想阻止它们。我们期望企业家能考虑到每个客户和全人类最根本的利益,并以此来鼓励他们。我们应该期望"优秀企业家为社会提供有益的价值,而没有带来有害的后果"。鉴于我们对企业家精神运作方式以及它对我们所作所为和行为方式影响的了解,这是一个合理的期望。

期望我们的企业家"做好人"是一个更高的标准,比现在大多数人对企业家的期望都要高。通常情况下,人们更倾向于将优秀企业家定义为"能够让很多人快速致富的人"。大多数人对企业家创造的产品和服务持积极态度,希望世界上出现更多像史蒂夫·乔布斯这样的人。为了鼓励人们通过创新创造巨大财富,我们往往对苹果手机生产所带来的生态破坏等后果视而不见。生产一个6.5盎司的苹果手机会污染26加仑水,产生80磅垃圾。我们最终会关心智能手机带来的意外后果,但正如前文所述,我们通常只有在这些后果已经造成了大量伤害之后,才会真正关注和重视这些问题。我们期望所有企业家都应该关心他们行动所带来的后果,无论他们的目标多么远大。如果苹果手机的部分利润能用于回收生产过程中被污染的水,世界会变得更美好、更可持续。

企业家的辩护者持有一种功利主义观点,他们认为我们应该相信社会体制会自行纠正问题,我们应该期望企业家通过创业活动为社会带来更多的快乐和益处,而不是痛苦和负面影响。如果一个企业家在他们的一生中创造了净正效应，他们就可以为自己的创新感到自豪。问题在于，企业家的创新带来的益处可能只是局限于某些人，而其他人可能会遭受损失或伤害。如果我们仅仅采用净正效应来衡量企业家是否为"优秀企业家"，就会做出一种自以为是的判断，即受益者的幸福感比那些未受益、无法受益或不想受益者的痛苦更重要。

正如创业史所示，许多企业家创新会给很多非客户群体带来痛苦，而这些后果会随着时间的推移不断累积并加剧。我们不应该让企业家觉得自己有特权，而不必关心他们造成的痛苦。无论这些后果是企业家有意为之还是无意之举，社会应该让企业家为其行为后果承担责任，这符合社会的整体利益。

企业家通过提供产品或服务来吸引客户并从中直接获益，这促使他们想方设法确保产品或服务能够让客户感到愉悦和满足，从而让客户愿意购买更有价值的东西。每个企业家都为他们的客户提供某种形式的快乐，即使只是短暂的快乐。这种快乐只需要持续到交易完成。企业家精神的一个基本理念是，只有企业家和客户的利益才是重要的，带给其他人的后果并不重要。然而，我们希望优秀企业家关心这些后果。我们也应该期待企业家能够提供带来持久快乐的创新产品，不仅是为了他们的客户，也是为了参与制造、交付产品的每个人以及附近的居民。我们不仅应该通过法律来表达这些期望（因为我们已经看到，法律从未十分成功地引导企业家的行为），还要通过对优秀企业家的社会认可来表达这些期望。

马克·扎克伯格（Mark Zuckerberg）在脸书①内部宣传的一句口号"快速行动，打破常规"最能体现现代高科技创业圈中盛行的观念。这句话通常可以理解为，因为企业家为世界带来了创新，所以他们可以冒险并无视规则。正如我们所见，自古以来，企业家总是认为自己有特权，可以无视规则。还记得第六章中的亚述商队老板沙利姆-亚述吗？他指示商队首领将纺织品走私到了提梅尔基亚镇。企业家具有自主性，这意味着他们可以在某种程度上选择遵守哪些规则。虽然企业家创新与其行动自主性直接相关，但是自主性并不会，也不应该忽略企业家因无视规则所带来的后果。

同样，无论是否合法，企业家永远不应该创造或促成可能造成身体或精神伤害的行为。如果一项创新需要更长的开发时间来确保安全性，企业家就必须具有耐心。

这些是我们对所有企业家的基本期望。如果企业家和他们的产品对任何人造成了伤害，无论是客户、员工、供应商还是周围的人，除了对违反规则的企业家进行罚款或限制之外，社会还应该共同抵制这些企业家及其产品。

七、价值创造者

尽管我们需要企业家，我们的生活离不开他们，但我们对企业家精神的理解却常常略显浅薄。我们不太了解企业家精神的运作方式，也不明白为什么当意外后果发生时，他们会不顾及他人利益，

---

① 脸书即 Facebook，于 2021 年 10 月改名为"Meta"。

第十二章 ◆ 未来创业前景

尤其是非客户群体的利益。我们需要优秀的企业家创新产品和服务来提高我们的生活品质，同时也需要他们关心人类的长期福祉，而不只是短暂的愉悦。

深入了解企业家过去的成就及其实现方式，有助于我们深刻理解那些推动人们独立行动、承受损失风险、表现出众的原始动力。幸运的是，我们从考古学家、人类学家、经济学家、社会学家以及其他人那里获得了关于创业历史的新信息，从而现在可以在一个更广泛、更具影响力的系统背景中去理解企业家精神。企业家有动力去改变和创新，愿意通过自己的行动去吸引他人，从而获得回报，维持自己的生计；他们以这种方式改变了世界，也决定了我们在这个世界中的位置。企业家塑造我们的未来，而这个未来可能会更加负重累累，充满着环境污染、社会不平等以及资源短缺等问题。但我相信，通过对企业家精神更加深入的了解，我们最终会发现未来未必如此。

尽管我们要追究企业家对其所造成问题的责任，但我们不得不承认企业家的贡献。惩罚从未奏效，诱导才是关键。我们现在清楚优秀企业家应该具备的特质。我们可以以其人之道还治其人之身，用他们引诱我们的方法来引导他们的行为。如果我们能与企业家更加畅通地沟通，彼此尊重，那么所有人都会从中获得巨大收益。

企业家精神是塑造我们的生活、我们的世界，甚至塑造太阳系的重要力量之一。它需要人们去理解它，人们也应当正确认识它。通过这本书，我希望我已经成功地将这种理解提升到了一个全新的高度。

后　记

关于"企业家"定义的诠释[①]

当我们阐述任何事物的发展历史时，都需要清晰地定义我们正在理解的对象。对于企业家而言，这一点尤为重要，因为"企业家"这个词如今被过度使用，意义变得相当宽泛。我们需要对它下一个定义，这个定义要既适用于公元前2000年，也同样适用于当下，而且这个定义必须非常精确，能够明确地区分谁才是企业家，谁并不是。

我们需要为"企业家"这个概念，制定一个操作性的定义，这需要满足以下几点：

- 其标准必须能够回答"这个人是不是企业家"这个问题，可以给出肯定或否定的答案。

[①] 该定义更详细的解释和来历可以参考2022年我在《管理历史杂志》(*Journal of Management History*)上发表的文章《史前企业家：重新思考定义》(*The Pre-Historic Entrepreneur: Rethinking the Definition*)。

- 其标准必须是可衡量和可复制的，对于"谁是企业家"的回答，在不同的时间或条件下，都不能发生改变或得出不同的答案。
- 应用这些标准的人应该得出一致的结论。

由于我们正在探讨的主题可能早于历史和文字的出现，因此我们给"企业家"下定义时所使用的标准必须依据考古、人类学或历史记录来确定。

现有的数百个定义，如第二章所述，无一能作为历史上通用的操作性定义。基于心态或思维状态的定义，如与冒险精神相关的定义，是行不通的。这是因为，除非他们留下了文字记录或采访，描述了自己的想法，否则我们无从知晓过去的人在想什么——假设我们找到一种方法来消除人们自我美化的影响，以确保我们对历史上的人物行为进行准确的评估（这并不妨碍我们根据收集到的证据得出结论，即在某些地方和某些时期，某些特质和动机可能与企业家的成功存在一定的关联）。

基于创办或经营公司的定义也不合适。公司是相对较新的法律构造，而这些构造在过去几个世纪中已经发生了变化。使用这种以法律结构为基础的定义，将把创业者的概念与创建或修改法律的人们的行为紧密联系在一起。我们就会有一个隐含的假设，即社会创造了企业家。我们需要一个清晰明确的定义，避免局限于某种特定的法律、政治、社会或宗教结构。

同样地，如果我们想要对"企业家"的定义及其历史保持开放态度，那么这个定义就不能受任何历史里程碑事件的影响，包括货币的发明、资本主义的开始或"现代"经济的出现等。我们用于定义"企业家"的标准必须严格专注于人们制造的物品，以及非家庭成员如何使用这些物品。我们想要知道的是人们在何时、何地以及以何种方式创造出非家庭成员所需的物品。

我们需要关注结果和物品。幸运的是，经验丰富和受人尊敬的考古学家、人类学家和历史学家已经学会了如何揭示和识别人们所使用和需要的物品以及确定物品制造者。我在这里引用了有详细参考文献的两篇文章，它们明确了从考古记录中用于交易的物品的标准。克里斯托弗·加拉蒂（Christopher Garraty）的《古代社会市场交换的研究：理论综述》[1]、苏萨内·克纳（Sussane Kerner）的《公元前6世纪末至4世纪初南部黎凡特的手工业专业化及其与社会组织的关系》[2]对这些标准进行了很好的总结。凯茜·琳恩·科斯丁（Cathy Lynne Costin）的作品非常重要，可以帮助我们识别考古记录中哪些产品是由自主行动的个体生产的，而非由那些由受制于统治机构、社会制度或政治制度的个体或团体生产的[3]。

---

[1] Christopher P. Garraty, "Investigating Market Exchange in Ancient Societies: A Theoretical Review," in *Archaeological Approaches to Market Exchange in Ancient Societies*, ed. Christopher P. Garraty and Barbara L. Stark (Boulder: University Press of Colorado, 2010), 3—32.

[2] Susanne Kerner, "Craft Specialisation and Its Relation with Social Organisation in the Late 6th to Early 4th Millennium BCE of the Southern Levant," *Paléorient 36*, no. 1 (2010): 179—198.

[3] Cathy Lynne Costin, "The Study of Craft Production," in *Handbook of Archaeological Methods*, vol. 2, ed. H. Maschner 2 (Lanham, MD: Altamira, 2005), 1032—1105; Costin, "Craft Production Systems," in *Archaeology at the Millennium*, ed. G. Feinman and T. Price (New York: Kluwer), 273—327.

企业家

　　这些文献和许多其他文献指引我们去寻找那些由自主行动的个体生产出来的产品。产品的高品质和一致性表明生产者技艺超群，可能还使用了专门的工具，整个生产过程是经过仔细规划、反复实践和改进的重复性过程。这些产品通常在由生产者控制的地方制造，并存放在生产者或贸易商控制的地方。为了实现我们的目的，我们不仅要在制造商的家庭、工作室、商店或工厂中寻找这些创新产品，还要在非家庭成员的家中，也就是客户家中，寻找这些产品。

　　虽然考古学家能教会我们如何识别那些为他人制作产品的自主决策者，但我们还需要人类学家来教我们区分哪些贸易是创业创新性质的，哪些人是客户以及他们与那些执行仪式或被迫进行交换的人有何不同。马林诺夫斯基描述了特罗布里恩群岛在旧石器时代使用的七种交换形式，并将物物交换的金瓦利与仪式交换和礼物交换区分开来①。有些人类学家还发现了其他仪式交换形式，但各地的金瓦利都具有相似的特点。马林诺夫斯基所观察到的金瓦利本质上是非仪式性、非互惠性的双重自愿交换。双方各自同意进入谈判，这可能导致交易各方都独立地评估物品的价值。我们正在寻找双重自愿交换的证据。

　　那么，我们如何在考古记录中找到双重自愿交换呢？加拉蒂指出，双重自愿交换发生在市场中，但它又不仅限于市场。我们在第二章中提到，双重自愿交换有许多形式，金瓦利只是我们直接观察

---

①　Bronislaw Malinowski, Argonauts of the Western Pacific: *An Account of Native Enterprise and Adventure in the Archipelagoes of Melanesian New Guinea* (New York: Routledge, 2002); Marcel Mauss, *The Gift: The Form and Reason for Exchange in Archaic Societies* (New York: Routledge, 2002).

到的最原始的一种。由于仪式交换和礼物交换是与仪式或社会义务相关的一对一交换形式，所以个体与陌生人交换大量相似产品并不属于这类交换形式。如果我们在考古记录中发现独立生产者控制类似工厂般的大规模生产，并且产量远远超出当地社区的需求，那么这些产品可能就需要进行非仪式性、非互惠性的交换。在第一章中，我们确定了两个史前进行大规模生产的遗址，并在第三章中描述了第三个遗址西克敏。因为我们无法确定这些生产者所使用的具体交换形式，所以我将他们称为"原型企业家"。

我们可以非常有把握地判断：

- 一个人是否自主地创造了价值；
- 这个人是否创造了他人所追求的价值；
- 他们是否通过双重自愿交换获取了价值。

所幸这三个特征足以构建一个标准，我们借此可以从历史长河中，一眼辨识出那些可以称为"企业家"的个体。

在本书中，我们实际上只是分辨和讨论了企业家群体中的一小部分，即成功的企业家。我们正在寻找和关注那些产生了显著影响的企业家，虽然我们没能找到所有的成功企业家，但我们所找到的那些企业家已经在历史上产生了长达数百年，甚至数千年的影响。我们可以使用迭代的方法调整这三个标准，来定义"成功的企业家"。根据本书中所讨论的例子，我们可以确定一组最基本的修饰词，把那些在产品质量和数量方面都表现出色的企业家与那些未能实现持续成功的企业家区分开来。

历史上所有的企业家无论成功与否都具有自主性。这个标准不需要修改。

一个成功的企业家不只是创造他人所追求的价值。正如我们所看到的，一个企业家要想在一个群体中屹立不倒并名垂青史，就要生产出一种被某个特定群体认为是最好的产品。提供群体认可的最佳产品就是所谓的创新。企业家必须为所在文化中的某个群体服务。在第二章的定义中，我提到了"被感知的"价值，这是因为价值的存在始终依赖于人们的认知和感知，但人们并没有普遍认识到这一点，所以我在这里做进一步阐述。财富是一种可以精确测量和比较的结果，但我们看到有些企业家之所以创新，并不只是为追求财富，而是为了寻求其他形式的价值，比如名望或认可。

为了使本书通俗易懂，避免技术性内容，我在第二章的定义中没有使用"双重自愿交换"这个术语；相反，我对此进行了描述。我还添加了一个修饰语"吸引他人"，以表示双重自愿交换并不是在双方偶遇的情况下发生的，成功的企业家通过吸引其他人来实现双重自愿交换。

判断一个定义好不好，首先要看它是否简明扼要。其次，我们还需要思考这样一些问题：如果去除其中任何一个标准，会不会使定义过于宽泛，从而将一些我们不认可的人误认成企业家？如果添加其他标准，会不会又让定义过于狭窄，把一些公认的企业家排除在外？我承认，如果人们能充分理解"价值"的定义，可以从定义中去掉"被感知的"一词。除此之外，我相信这个定义可以经受住时间的考验。

致　谢

我要感谢在这个项目中给予我帮助的所有人。首先,我必须感谢我的妻子戴安娜,她是我的伴侣,也是我的缪斯,我所做的一切和取得的所有成就都离不开她的陪伴和帮助。她无数次耐心阅读本书的草稿,提出意见和建议,从而帮助我提高了这本书的质量。她是我最好的搭档和灵感源泉。

我在"前言"部分提到过,许多学者给我提供了他们领域的文献和数据集。普林斯顿古典学系特别支持我。我还要特别感谢安德鲁·费尔德赫尔(Andrew Feldherr)、卡罗琳·张(Caroline Cheung)和丹-埃尔帕迪拉·佩拉尔塔(Dan-el Padilla Peralta),他们和我分享了对希腊罗马时期消费者和企业家的日常生活及心态的见解,并耐心回答了我的问题。从事东亚研究的安娜·希尔兹(Anna Shields)和温昕(Xin Wen)指引我找到了丰富的文献和资源。我的同事大卫·米勒(David Miller)在宗教对待企业家的态度方面颇有见地,给我提供了指导和重要的资料。我深感幸运的是,我的办公室与考古学家彼得·博古奇(Peter Bogucki)的办公室相邻,他给了我很多有用的参考资料。我尤其要感谢菲克里·库拉科格卢(

Fikri Kulakoglu)教授从安卡拉赶来,花了两天时间向我介绍并带我参观了库尔特佩和卡内什的考古遗址,罗布·帕亚特(Rob Pyatt)教授则带我参观了格兰姆斯燧石矿井并做了介绍。我还要感谢莫根斯·特罗勒·拉森(Mogens Trolle Larsen),除了给我提供书和文章以外,还提供了自己的见解。马科斯·亨特·奥尔蒂斯(Marcos Hunt Ortiz)对卡贝索·胡雷的见解对我也大有帮助。耶鲁大学的瓦莱丽·汉森(Valerie Hansen)帮助我厘清《清明上河图》的相关重要资料。安德鲁·加拉德(Andrew Garrard)和安东尼·巴比里-洛(Anthony Barbieri-Low)也帮助我收集了关键资料。我当时需要一个小型专家团队帮我探寻汉语的"利润"一词的词源,如果没有乔舒亚·修弗特(Joshua Seufert)(普林斯顿东亚图书馆藏品主管)、查尔斯·艾尔默(Charles Aylmer)(剑桥大学中国藏书馆馆长)以及白玉洲(Yuzhou Bai)的专业翻译,我就无法完成这项工作。我的同事希拉·庞蒂斯(Sheila Pontis)精通信息设计,为我创建图形描述企业家集群行为和创业创新周期提供了至关重要的帮助。

我非常感谢普林斯顿大学凯勒中心的执行主任科妮莉亚·韦尔斯楚克(Cornelia Huellstrunk)、系主任玛格利特·马托诺西(Margaret Martonosi)和纳文·维尔马(Naveen Verma)给予我坚定的支持。我的暑期研究实习生内森·博拉诺斯(Nathan Bolanos)和尼拉卡尔·萨普科塔(Nirakar Sapkota)帮助我深入挖掘了相关的数据集。

迈尔斯·汤普森(Myles Thompson)的热心关注对本项目的顺利完成起到了推动作用,一路走来,他给我提供了非常重要的意见和建议。彼得·多尔蒂(Peter Dougherty)看完本书第一章初稿

致　谢

后，给予我鼓励，并提出了坦率的建议，这促使我改变了写作风格，同时有了继续前行的勇气。他还对终稿和书名提出了宝贵的意见和建议，帮助我做进一步完善和改进，使本书更有影响力。我也非常感谢布莱恩·史密斯（Brian Smith）一直在身边，帮我厘清哥伦比亚大学的编辑和出版流程。丽莎·哈姆（Lisa Hamm）为本书设计的图表非常出色。本书中使用了数十幅插图（英文版原书），获取插图的使用权是一项非常具有挑战性的任务，多亏了谢里·吉尔伯特（Sheri Gilbert）的领导，我们才得以完成这项工作。感谢图书技术（Bookitech）公司的编辑大卫·莫尔达瓦（David Moldawer），他提出的意见促使我的行文更加简洁明了。在本书写作过程中，许多朋友和同事慷慨地抽出宝贵时间阅读草稿，并给出了有价值而深刻的建议，他们是拉里·吉尔森（Larry Gilson）、安妮塔·桑兹（Anita Sands）、霍华德·奥尔德里奇（Howard Aldrich）、唐·伯恩斯坦（Don Bernstein）、丽贝卡·德拉·埃斯普列拉（Rebecca De La Espriella）、埃德·朱·亚历克斯·斯图尔特（Ed Zschau Alex Stewart）、科妮莉亚·韦尔斯楚克（Cornelia Huellstrunk）、比尔·加特纳（Bill Gartner）、诺姆·瓦瑟曼（Noam Wasserman）和阿雷·利多（Arel Lidow）。三位匿名评审人的意见尤其有见地，帮助本书又上了一个新台阶。

最后我要感谢芭芭拉·亨德里克斯（Barbara Hendricks）和梅根·威尔逊（Megan Wilson）在营销方面的辛勤付出。我还要由衷地感谢我的代理人贾德·拉吉（Jud Laghi），他总是非常有耐心，与他共事一直很愉快。

参考文献及注释

创立一个跨越时空的创业观需要深入挖掘文献并得到许多专家和学者的帮助。这些注释的目的是介绍我在理解每个讨论主题时所使用的最易获取的参考资料。我选择列出最简洁的参考资料集，通过研究这些参考文献，任何人都可以深入探索他们感兴趣的主题领域。

有一份我没有全列出来的参考资料，非常值得一读，它是由三位著名的经济学家在20世纪晚期编撰的一本学术论文集。论文集中的文章描述了不同时期和不同地区的企业家精神。这部作品学术性非常强，但如果你对这个主题非常感兴趣，那就值得投入时间和精力去阅读。

Landes, David S., Joel Mokyr, and William J. Baumol, eds. *The Invention of Enterprise: Entrepreneurship from Ancient Mesopotamia to Modern Times.* Princeton, NJ: Princeton University Press, 2012.

我没有特别引用迪德罗在1751年出版的《手工业和行业百科全书》，但是这本书中充满了有趣的插图，展示了当时所有行业在工厂和蒸汽动力进一步促进规模化之前所使用的机器和生产流程。

Diderot, Denis. *A Diderot Pictorial Encyclopedia of Trades and Industry*, 2 vols., ed. Charles Coulston Gillispie. New York: Dover, 1959.

前言

《清明上河图》

《清明上河图》这件艺术品在西方没有得到足够重视，但瓦莱丽·汉森对其进行了插图描述，她的介绍非常有趣，引人入胜。这篇论文在互联网上也很容易找到。

Hansen, Valerie. "The Beijing Qingming Scroll and Its Significance for the Study of Chinese History." *Journal of Sung-Yuan Studies* (1996). https:// history.yale.edu/sites/default/files/files/

企业家

Hansen-Beijing%20Qingming %20Scroll.pdf.

对中国的创业黄金时代的研究有很多著述，以下列举的文献写作精良、研究完备，而且也不过于学术化。

Kuhn, Dieter. *The Age of Confucian Rule: The Song Transformation of China*. Cambridge, MA: Harvard University Press, 2011.

Lewis, Mark Edward. *China's Cosmopolitan Empire: The Tang Dynasty*. Cambridge, MA: Harvard University Press, 2009.

代达罗斯

弗朗西斯·培根为西方哲学做了很多重要贡献，也被许多人视为"科学方法之父"。虽然我只引用了他关于代达罗斯的故事，但他的其他论文也值得一读。

Bacon, Francis. *Bacon's Essays and Wisdom of the Ancients*. Little, Brown, 1884.

如果你对代达罗斯的故事感兴趣，从下面这个文献里你可以读到三个罗马时代的故事版本。

Ovid's *Art of Love*, book 2, lines 1—110; Ovid's *Metamorphoses*, book 8, lines 153—259; and Virgil's *Aeneid*, 6.1—40.

第一章

奥兹

奥兹也许是世界上最有趣的木乃伊。他的一切都很令人着迷。以下这五个文献可以让你很好地了解他。维耶尔（Wierer）和阿提奥利（Artioli）的参考文献专业性比较强。

Artioli, Gilberto, et al. "Long-Distance Connections in the Copper Age: New Evidence from the Alpine Iceman's Copper Axe." *PLoS One* 12, no. 7 (2017): e0179263.

Gannon, Meegan. "Scientists Reconstruct Ötzi the Iceman's Frantic Final Climb." *National Geographic*, October 30, 2019. https://www.nationalgeo graphic.com/history/article/scientists-reconstruct-otzi-iceman-final-climb.

Krosnar, Katka. "Now You Can Walk in the Footsteps of 5000-Year-Old Iceman—Wearing His Boots." *The Telegraph*, July 17, 2005. https://www .telegraph.co.uk/news/worldnews/europe/italy/1494238/Now-you-can-walk-in-footsteps-of-5000-year-old-Iceman-wearing-his-boots.html.

Rosenberg, Jennifer, "Otzi the Iceman." ThoughtCo. https://www.thoughtco .com/otzi-the-iceman-1779439, updated January 4, 2020.

Wierer, Ursula, et al. "The Iceman's Lithic Toolkit: Raw Material, Technology, Typology and Use." *Plos One* 13, no. 6 (2018): e0198292.

特罗布里恩

《西太平洋上的航海者》是面向经济人类学等许多学科的经典之作。它读起来像一本旅行日志。

Malinowski, Bronisław. *Argonauts of the Western Pacific: An Account of Native Enterprise and Adventure in the Archipelagoes of Melanesian New Guinea.* London: Routledge, 2002.

制珠工厂部落

制珠工厂部落是一个有趣的例子,展现了9000多年前的企业家精神。这篇文章概述了这些文物挖掘和分析工作,包括精细挖掘、研究和描述等工作。

Wright, Katherine, and Andrew Garrard. "Social Identities and the Expansion of Stone Bead-Making in Neolithic Western Asia: New Evidence from Jordan." *Antiquity* 77, no. 296 (2003): 267—284.

卡贝索·胡雷

弗朗西斯科·诺塞特(Francisco Nocete)的这篇文章引人入胜,总结了他对这个拥有将近5000年历史的铜器工厂进行发掘和研究的结果。

Nocete, Francisco. "The First Specialised Copper Industry in the Iberian Peninsula: Cabezo Juré (2900—2200 BC)." *Antiquity* 80, No. 309 (2006).

赫卡纳克特

你无法不同情赫卡纳克特的遭遇。詹姆斯·艾伦(James Allen)对赫卡纳克特纸莎草纸的评论是一项了不起的学术成果。这本书可能很难找到,但它确实值得一读。如果你找不到艾伦的书,或者只是想了解更多关于古埃及的知识,可以尝试阅读巴里·肯普(Barry Kemp)撰写的经典教科书。

Allen, James P. *The Heqanakht Papyri.* New York: Metropolitan Museum of Art, 2002.

Kemp, Barry J. *Ancient Egypt: Anatomy of a Civilization.* London: Routledge, 2006.

乌鲁克和古代美索不达米亚

古代美索不达米亚的资料非常丰富。吉尔·斯坦(Gil Stein)的书是非常好的参考资料,可以帮助你了解企业家如何慢慢主导了长途贸易领域。

Stein, Gil. *Rethinking World-Systems: Diasporas, Colonies, and Interaction in Uruk Mesopotamia.* Tucson: University of Arizona Press, 1999.

以下这几本书是我最喜欢的描述美索不达米亚经济的作品。

Aubet, Maria Eugenia. *Commerce and Colonization in the Ancient Near East.* Cambridge: Cambridge University Press, 2013.

Garfinkle, Steven J. "Ancient Near Eastern City-States." In *The Oxford Handbook of the State in the Ancient Near East and Mediterranean*, 94—119. New York: Oxford University Press, 2013.

企业家

Postgate, Nicholas. *Early Mesopotamia: Society and Economy at the Dawn of History*. London: Routledge, 2017.

Veenhof, Klaas. "'Modern' Features in Old Assyrian Trade." *Journal of the Economic and Social History of the Orient* 40, no. 4 (1997): 336—366.

下面的文献是"profit"一词的词源学参考文献,这个文献理解起来有一定难度。

Roth, Martha, T. ed. *The Assyrian Dictionary of the Oriental Institute of the University of Chicago* (CAD). https://oi.uchicago.edu/research/publications/ assyrian-dictionary-oriental-institute-university-chicago-cad.

印度河流域

印度河流域的文明非常迷人。由于缺乏有关其政治制度的证据,无法解读其文字,因此它充满神秘感,让人欲罢不能,以下三个文献可以帮助你更深入地了解该文明。

Kenoyer, Jonathan M. "Trade and Technology of the Indus Valley: New Insights from Harappa, Pakistan." *World Archaeology* 29, no. 2 (1997): 262—280.

Miller, Heather M.-L. "Associations and Ideologies in the Locations of Urban Craft Production at Harappa, Pakistan (Indus Civilization)." *Archeological Papers of the American Anthropological Association* 17, no. 1 (2007): 37—51.

Wright, Rita P. *The Ancient Indus: Urbanism, Economy, and Society*. Cambridge: Cambridge University Press, 2010.

中国

中国企业家的出现还没有得到广泛研究,中国学者对此也似乎不感兴趣。因此,了解这一现象的起源还需要从孔子门徒记录的《论语》开始入手。

The Analects. London: Penguin, 1979.

另外,想要了解中国独立工匠和商人的考古和历史证据,以下两本书会是很好的入门书。

Liu, Li, and Xingcan Chen. *The Archaeology of China: From the Late Paleolithic to the Early Bronze Age*. Cambridge: Cambridge University Press, 2012.

Von Falkenhausen, Lothar. *Chinese Society in the Age of Confucius (1000—250 BC): The Archaeological Evidence*, vol. 2. Los Angeles: Cotsen Institute of Archaeology, University of California, Los Angeles, 2006.

下面这本书对中国经济的发展和演变进行了很好的概述。

Von Glahn, Richard. *An Economic History of China: From Antiquity to the Nineteenth Century*. Cambridge: Cambridge University Press, 2016.

寻找"利"这个中文词的词源，需要大量的文献挖掘工作，普林斯顿大学东亚图书馆馆藏主任乔舒亚·索弗特和剑桥大学中国收藏部门主任查尔斯·艾尔默帮助了我，以及感谢白雨洲的专业翻译。关于"利"的甲骨文演变的关键文献，可以参考：Li Xiaoding, Jiagu wenzi jishi, Volume 4。

查文

伊莎贝尔·德鲁克的细致研究可以帮助我们了解古代查文文化中贸易及交易商品的多样性。

Druc, Isabelle C. "Ceramic Diversity in Chavín de Huántar, Peru." *Latin American Antiquity* 15, no. 3 (2004): 344—363.

中美洲

苏珊·埃文斯（Susan Evans）的书是了解中美洲文明演化的良好开端。在阅读她的书时，需要记住其中许多古代贸易形式并不具有创业性质，埃文斯列举了几个非常古老的贸易例子，但我们需要找到市场才能确定人们是否在创业。

Evans, Susan T. *Ancient Mexico and Central America: Archeology and Culture History*, 3rd ed. London: Thames & Hudson, 2008.

费因曼（Feinman）和尼科尔斯（Nichols）的这篇文章清晰、确凿地追溯了瓦哈卡市场交易的出现。

Feinman, Gary M., and Linda M. Nicholas. "A Multiscalar Perspective on Market Exchange in the Classic Period Valley of Oaxaca." In *Archaeological Approaches to Market Exchange in Ancient Societies*, ed. Christopher P. Garraty and Barbara L. Stark, 85—98. Boulder: University Press of Colorado, 2010.

德马雷斯特（Demarest）的书是了解玛雅文明的好起点。

Demarest, Arthur. *Ancient Maya: The Rise and Fall of a Rainforest Civilization*, vol. 3. Cambridge: Cambridge University Press, 2004.

以下这三本书全面描绘了阿兹特克商人和企业家的形象。

Cowgill, George L. *Ancient Teotihuacan*. Cambridge: Cambridge University Press, 2015.

Hirth, Kenneth G. *The Aztec Economic World: Merchants and Markets in Ancient Mesoamerica*. Cambridge: Cambridge University Press, 2016.

Nichols, Deborah L., et al. "Chiconautla, Mexico: A Crossroads of Aztec Trade and Politics." *Latin American Antiquity* 20, no. 3 (2009): 443—472.

撒哈拉以南的非洲

撒哈拉以南的非洲是全球唯一一个本书没有详细介绍其企业家精神的地区。尽管该

企业家

地区存在企业家精神，但考古学更加复杂，我还没有找到一个能够总结非洲创业精神的最佳故事。由于非洲大陆地形复杂多样，加上获取资源和信息的限制，非洲地区的考古面临很大的挑战性。格雷厄姆康纳（Graham Connah）撰写了一份非洲考古概述，可以帮助读者了解非洲的历史文化。

Connah, Graham. *African Civilizations: An Archaeological Perspective*. Cambridge: Cambridge University Press, 2015.

布鲁斯·特里格（Bruce Trigger）撰写了一篇文章，较好地分析了典型早期文明中贸易和商业出现的相似性和差异性，其中包括非洲的约鲁巴人。

Trigger, Bruce G. *Understanding Early Civilizations: A Comparative Study*. Cambridge: Cambridge University Press, 2003.

第二章

司马迁

以下是《史记》的经典英文翻译。该书的"引言"中还描述了司马迁编写其历史著作的条件。

Sima, Qian. *Records of the Grand Historian: Han Dynasty*, vol. 65. New York: Columbia University Press, 1993.

苏格拉底和色诺芬

以下这本《色诺芬全集》收录了色诺芬的多部作品，并在"前言"部分提供了色诺芬的生平概述。

Xenophon. *Oeconomicus*, trans. O. J. Todd Cambridge, MA: Harvard University Press, 2013.

企业家定义

Cantillon, Richard, and Antoin E. Murphy. *Essay on the Nature of Trade in General*. Carmel, IN: Liberty Fund, 2015.

创造性破坏

熊彼特（Schumpeter）也承认自己的写作风格晦涩，喜欢引用深奥的经济著作，这意味着"几乎没有人真正读懂我的沉闷著作"。他的书的确艰涩难懂，但人们还是不断引用他的话。包含"创造性破坏"术语的段落可以在以下著作中找到。

Schumpeter, J. A. *Capitalism, Socialism, and Democracy*. Edinburgh: Edinburgh University Press, 2016.

阅读以下这本最近出版的传记是了解熊彼特最简单的方式。

McCraw, Thomas K. *Prophet of Innovation*. Cambridge, MA: Harvard University Press, 2009.

可以阅读以下这本专著，了解企业家精神概念的演变。
Hébert, Robert F., and Albert N. Link. *A History of Entrepreneurship*. London: Routledge, 2009.

如何得出这个定义

本书之所以能够得出一个不拘泥于时间和地点的"企业家"定义，是因为参考了下列一些著作，借鉴了其中的观点。

Costin, Cathy Lynne. "Craft Production." In *Handbook of Archaeological Methods*, vol. 2, ed. H. Maschner, 1034–1107. Lanham, MD: Altamira, 2005.

Costin, Cathy Lynne. "Craft Production Systems." In *Archaeology at the Millennium: A Sourcebook*, ed. Gary M. Feinman and T. Douglas Price, 273—327. New York: Springer, 2001.

Garraty, Christopher P. "Investigating Market Exchange in Ancient Societies: A Theoretical Review." In *Archaeological Approaches to Market Exchange in Ancient Societies*, ed. Christopher P. Garraty and Barbara L. Stark, (Boulder: University Press of Colorado, 2010.) 3—32.

Kerner, Susanne. "Craft Specialisation and Its Relation with Social Organisation in the late 6th to Early 4th Millennium BCE of the Southern Levant." *Paléorient* 36, no. 1 (2010): 179—198.

Mauss, Marcel. *The Gift: The Form and Reason for Exchange in Archaic Societies*. London: Routledge, 2002.

My academic article on the pre-historic definition of entrepreneurship is: Lidow, Derek. "The Pre-Historic Entrepreneur: Rethinking the Definition," *Journal of Management History*, forthcoming, 2022.

创业集群

以下引用熊彼特关于创业集群概念的一段话："现在的问题可以这样阐述：为什么经济发展不像树木生长那样平稳，而是发展得很不稳定？为什么经济发展具有时高时低的特征？答案再简短准确不过了：这是因为新的组合不是……均匀分布在时间线上的……而是出现在组或群体中。"（约瑟夫·熊彼特，经济发展理论［M］.纽约：牛津大学出版社. 1961：223）。

为了定量地描述创业集群，出现了两种不同的思想流派。埃普斯坦（Epstein）和艾克斯特尔特（Axtell）创造了一个由代理人组成的计算机模拟的社会模型，他们发现了有价值的物品并进行交易。他们的模型展示了创业者为什么会聚集并进行交易。你可以阅读他们的书，或者你可以在贝因霍克（Beinhocker）的书中获得一个更简单的概述，了解为什么既有的经济理论不能有效地描述现实世界，包括其中的企业家们。

Beinhocker, Eric D. *The Origin of Wealth: Evolution, Complexity, and the Radical Remaking of Economics*. Cambridge, MA: Harvard Business Press, 2006.

企业家

Epstein, Joshua M., and Robert Axtell. *Growing Artificial Societies: Social Science from the Bottom Up*. Washington, DC: Brookings Institution Press, 1996.

在以下这篇文章中可以看到一个关于创业集群的非常数学化的表述。
Justman, Moshe. "Swarming Mechanics." *Economics of Innovation and New Technology* 4, no. 3 (1996): 235—244.

斯蒂芬·克莱伯（Stephen Klepper）的书细致地追踪了几个著名的创业集群的发展。
Klepper, Steven. *Experimental Capitalism: The Nanoeconomics of American High-Tech Industries*. Princeton, NJ: Princeton University Press, 2015.

西克敏

如果你对冶金术的出现或铜产区西克敏感兴趣，可以从阅读下列两个参考文献入手。
Golden, Jonathan M. *Dawn of the Metal Age: Technology and Society During the Levantine Chalcolithic*. London: Routledge, 2016.

Golden, Jonathan, Thomas E. Levy, and Andreas Hauptmann. "Recent Discoveries Concerning Chalcolithic Metallurgy at Shiqmim, Israel." *Journal of Archaeological Science* 28, no. 9 (2001): 951—963.

第三章

西特涅布赛克图和古埃及的女性企业家

以下三部作品对古埃及的女性企业家进行了非常详细的辨析。
Allen, James P. *The Heqanakht Papyri*. New York: Metropolitan Museum of Art, 2002.

Muhs, Brian. *The Ancient Egyptian Economy: 3000—30 BCE*. Cambridge: Cambridge University Press, 2016.

Zingarelli, Andrea. *Trade and Market in New Kingdom Egypt: Internal Socio-Economic Processes and Transformations*. London: BAR Publishing, 2010.

美索不达米亚和卡内什的女企业家

"Code of Hammurabi, c. 1780 BCE," trans. L. W. King. Ancient History Sourcebook. https://sourcebooks.fordham.edu/ancient/hamcode.asp.

Özgüç, Tahsin. *Kültepe: Kanis/Nesa: The Earliest International Trade Center and the Oldest Capital City of the Hittites*, 184. Tokyo: Middle Eastern Culture Center in Japan, 2003.

印度河流域的女企业家

丽塔·赖特的作品总是非常容易理解。
Wright, Rita. "Women's Labor and Pottery Production in Prehistory." In *Engendering*

Archaeology: Women and Pre-History, ed. Joan M. Gero and Margaret W. Conkey, 194—223. Hoboken, NJ: Wiley-Blackwell, 1991.

古代中国的女企业家

这是一本精彩的书，在学术界备受尊崇，但公众却知之甚少。

Barbieri-Low, Anthony Jerome. *Artisans in Early Imperial China*. Seattle: University of Washington Press, 2007.

古希腊的女企业家

以下是了解古希腊女企业家的重要参考文献。

Acton, Peter. *Poiesis: Manufacturing in Classical Athens*. Oxford: Oxford University Press, 2014, particularly 274—278.

Kamen, Deborah. *Status in Classical Athens*. Princeton, NJ: Princeton University Press, 2013.

Xenophon. *Oeconomicus*, 3.15—16.

约鲁巴女性

这部有关文明崛起的经典著作，其中多次提到了妇女在普通贸易和手工艺的崛起中所扮演的角色。

Trigger, Bruce G. *Understanding Early Civilizations: A Comparative Study*. Cambridge: Cambridge University Press, 2003, particularly 348.

其他女性企业家的例子

这些参考文献很好地说明了不同背景下成功女企业家的规模。

Berdowski, Piotr. "Roman Businesswomen. I: The Case of the Producers and Distributors of Garum in Pompeii." *Analecta Archaeologica Ressoviensia* 3 (2008): 251—271.

Kwolek-Folland, Angel. *Incorporating Women: A History of Women and Business in the United States*. New York: Twayne, 1998.

Phillips, Nicola Jane. *Women in Business, 1700–1850*. Woodbridge, England: Boydell, 2006.

苏联解体前的俄罗斯可能对女企业家约束最少。

Ulianova, Galina. *Female Entrepreneurs in Nineteenth-Century Russia*. London: Routledge, 2015.

拉斯科尔尼基

关于这个非常有趣的俄罗斯少数民族，可能很难找到参考资料。下面这个参考文献提供了一些背景和信息。

企业家

Gerschenkron, Alexander. *Europe in the Russian Mirror*. London: Cambridge University Press, 1970, particularly 21.

乌米迪娅·夸德拉蒂拉

乌米迪娅是一个值得研究的有趣的人。

Sick, David H. "Ummidia Quadratilla: Cagey Businesswoman or Lazy Pantomime Watcher?" *Classical Antiquity* 18, no. 2 (1999): 330—348.

杜莎夫人

帕梅拉·皮尔博姆（Pamela Pilbeam）的书是一本关于杜莎夫人和蜡像历史的有趣著作。

Pilbeam, Pamela. *Madame Tussaud and the History of Waxworks*. London: Hambledon/Continuum, 2006.

黑人企业家

这四个参考资料是理解美国黑人企业家历史的必读之选，这一历史长期以来鲜为人知，也未能得到足够的重视。

Butler, John Sibley. *Entrepreneurship and Self-Help Among Black Americans: A Reconsideration of Race and Economics*. Albany: State University of New York Press, 2012.

Ruef, Martin. *Between Slavery and Capitalism: The Legacy of Emancipation in the American South*. Princeton, NJ: Princeton University Press, 2016.

Walker, Juliet E. K. *The History of Black Business in America: Capitalism, Race, Entrepreneurship*, vol. 1. Chapel Hill: University of North Carolina Press, 2009.

Wills, Shomari. *Black Fortunes: The Story of the First Six African Americans Who Escaped Slavery and Became Millionaires*. New York: HarperCollins, 2018.

关于威廉·约翰逊（William Johnson）和亨利·博伊德（Henry Boyd）的具体信息来自以下文献。

Davis, Edwin Adams, and William Ransom Hogan. *The Barber of Natchez*. Baton Rouge: Louisiana State University Press, 1973.

Preston, Steve. "Our Rich History: Henry Boyd, Once a Slave, Became a Prominent African-American Furniture Maker," *Northern Kentucky Tribune*, February 11, 2019. https://www.nkytribune.com/2019/02/our-rich-history-henry-boyd-once-a-slave-became-a-prominent-african-american-furniture-maker/.

Van Cleave, Timothy. "The Barber of Natchez." National Park Service. Accessed March 30, 2015.

其他外来企业家

我找到以下两个有关中国和墨西哥裔美国企业家文献,他们的见解非常深刻。

Butler, John Sibley, Alfonso Morales, and David L. Torres, eds. *An American Story: Mexican American Entrepreneurship and Wealth Creation*. West Lafayette, IN: Purdue University Press, 2009.

Zhou, Min. *Chinatown: The Socioeconomic Potential of an Urban Enclave*. Philadelphia: Temple University Press, 2010.

第四章

阿穆尔-伊什塔尔

拉森(Larsen)关于卡内什(Kanesh)的书是经典之作,非常容易理解。

Dercksen, Jan Gerrit. "On the Financing of Old Assyrian Merchants." In *Trade and Finance in Ancient Mesopotamia: Proceedings of the First MOS Symposium (Leiden 1997)*. Istanbul: Nederlands Historisch-Archaeologisch Instituut, Istanbul, 1999.

Larsen, Mogens Trolle. *Ancient Kanesh: A Merchant Colony in Bronze Age Anatolia*. Cambridge: Cambridge University Press, 2015.

Larsen, Mogens Trolle. "Partnerships in the Old Assyrian Trade." *Iraq* 39, no. 1 (1977): 119—145.

艾菲索斯纪念碑

Malmendier, Ulrike. "Roman Shares." In *Origins of Value: The Financial Innovations that Created Modern Capital Markets*, ed. William N. Goetzmann and K. Geert Rouwenhorst., 31—42. New York: Oxford University Press, 2005.

合本

合本是中国早期的合资企业,相关英文参考资料并不多。以下是一些参考资料,可以帮助你了解这些企业的大致情况。

Chin, Tamara T. *Savage Exchange: Han Imperialism, Chinese Literary Style, and the Economic Imagination*. Cambridge, MA: Harvard University Asia Center/Harvard University Press, 2020.

Ebrey, Patricia Buckley, and Anne Walthall. *East Asia: A Cultural, Social, and Political History*. Belmont, CA Cengage Learning, 2013.

Kuhn, Dieter. *The Age of Confucian Rule: The Song Transformation of China*. Cambridge, MA: Harvard University Press, 2011.

Lewis, Mark Edward. *China's Cosmopolitan Empire: The Tang Dynasty*. Cambridge, MA: Harvard University Press, 2009.

企业家

Von Glahn, Richard. *An Economic History of China: From Antiquity to the Nineteenth Century*. Cambridge: Cambridge University Press, 2016.

Yoshinobu, Shiba, and Mark Elvin. "Commerce and Society in Sung China." Trans. Mark Elvin. Ann Arbor: Center for Chinese Studies, University of Michigan, 1970.

俄罗斯公司

人们往往忽视了俄罗斯公司对企业家的重要性。

Sandman, Alison, and Eric H. Ash. "Trading Expertise: Sebastian Cabot Between Spain and England." *Renaissance Quarterly* 57, no. 3 (2004): 813—846.

Walker, C. E. "The History of the Joint Stock Company." *Accounting Review* 6, no. 2 (1931): 97–105.

Willan, Thomas Stuart. *The Early History of the Russia Company, 1553—1603*. Manchester, UK: Manchester University Press, 1956.

荷兰东印度公司

这两个参考资料能让人了解荷兰东印度公司（VOC）的成立原因和运作方式，以及其股票如何成为广受瞩目的投机性投资对象。

Gelderblom, Oscar, and Joost Jonker. "Completing a Financial Revolution: The Finance of the Dutch East India Trade and the Rise of the Amsterdam Capital Market, 1595–1612." *Journal of Economic History* 64, no. 3 (2004): 641—672.

Petram, Lodewijk. *The World's First Stock Exchange*. New York: Columbia University Press, 2014.

交易巷

这本有百年历史的参考书籍中有很多早期股份制公司的有趣例子。

Scott, William Robert. *The Constitution and Finance of English, Scottish and Irish Joint-Stock Companies to 1720*, vol. 1. Cambridge: Cambridge University Press, 1912.

"南海泡沫"

你需要阅读这三个参考文献，才能更好地了解是什么导致了"南海泡沫"，以及英国议会如何加剧了此问题。

Carswell, John. *The South Sea Bubble*. Dover, NH: Alan Sutton, 1993.

Harris, Ron. "The Bubble Act: Its Passage and Its Effects on Business Organization." *Journal of Economic History* 54, no. 3 (1994): 610—627.

Temin, Peter, and Hans-Joachim Voth. "Riding the South Sea Bubble." *American Economic Review* 94, no. 5 (2004): 1654—1668.

约翰·劳

这三本传记描述了约翰·劳职业生涯的不同方面。

Gleeson, Janet. *Millionaire: The Philanderer, Gambler, and Duelist Who Invented Modern Finance*. New York: Simon & Schuster, 2001.

Hyde, H. Montgomery. *John Law: The History of an Honest Adventurer*. Amsterdam: Home & Van Thai, 1948.

Murphy, Antoin E. *John Law: Economic Theorist and Policy-Maker*. Oxford: Oxford University Press, 1997.

塞缪尔·斯莱特

塞缪尔·斯莱特的成就如今还没有得到充分的重视。

Nicholas, Tom. *VC: An American History*. Cambridge, MA: Harvard University Press, 2019.

Tucker, Barbara M. "The Merchant, the Manufacturer, and the Factory Manager: The Case of Samuel Slater." *Business History Review* 55, no. 3 (1981): 297—313.

第五章

科内利尔厄斯·范德比尔特

这是一部伟大的传记。

Stiles, T. J. *The First Tycoon: The Epic Life of Cornelius Vanderbilt*. New York: Knopf, 2009.

约翰·D. 洛克菲勒

切尔诺（Chernow）所著的《洛克菲勒传》是经典之作。

Chernow, Ron. *Titan: The Life of John D. Rockefeller, Sr.* New York: Random House, 1998.

如果我们理解了回忆录中洛克菲勒是如何为自己行为辩护的，就会明白企业家写回忆录时可能会夸大事实或者操纵读者的观点，洛克菲勒的创业回忆录就是一个典型例子。因此，读者在阅读这些回忆录时需要保持警惕，不要轻易相信所有内容。

Rockefeller, John D. *John D. Rockefeller: The Autobiography of an Oil Titan and Philanthropist*. CreateSpace Publishing, 2016.

J.P. 摩根

切尔诺（Chernow）写的摩根传记有点枯燥，但摩根本人个性也不太鲜明，以下这本是目前有关摩根最好的传记。

Chernow, Ron. *The House of Morgan: An American Banking Dynasty and the Rise of*

企业家

Modern Finance. New York: Grove, 1990.

以下是关于"美国钢铁公司"成立的《纽约时报》的报道来源。
Bayles, James C. "The Merger of Iron and Steel Interests." *New York Times*, March 10, 1901. https://timesmachine.nytimes.com/timesmachine/1901/03/10/118462210.html.

J. 普雷斯珀·埃克特和约翰·莫奇利

埃克特和莫奇利是未受到重视的企业家。
Cortada, James W. *Before the Computer: IBM, NCR, Burroughs, and Remington Rand and the Industry They Created, 1865—1956*. Princeton, NJ: Princeton University Press, 2000.

Fishman, Katherine D. *The Computer Establishment*. New York: Harper & Row, 1981.

威廉·肖克利、阿瑟·洛克和谢尔曼·费尔柴尔德

这些是有关半导体工业诞生的最好研究书籍。
Lécuyer, Christophe. *Making Silicon Valley: Innovation and the Growth of High Tech, 1930—1970*. Cambridge, MA: MIT Press, 2006.

Seitz, Frederick, and Norman G. Einspruch. *Electronic Genie: The Tangled History of Silicon*. Urbana: University of Illinois Press, 1998.

这是唯一能找到的关于谢尔曼·费尔柴尔德的参考文献。
"Multifarious Sherman Fairchild," *Fortune*, May 1960, 170.

这篇文章描述了100年前企业家和职业经理人的商业实践。
Russell, Malcolm B. "Captive Supplier or Partner? Sears, Whirlpool and Washer Design." *Business and Economic History* 25, no. 1 (1996): 143—153.

网景公司

这篇采访与几位网景公司内部人士的对话,很好地展现了互联网时代的企业家做决策的方式。
Lashinsky, Adam. "Remembering Netscape: The Birth of the Web." *Fortune*, July 25, 2005. Accessed via CNN. https://web.archive.org/web/20060427112146/ and http://money.cnn.com/magazines/fortune/fortune_archive/2005/07/25/8266639/index.htm.

第六章

詹姆斯·德拉克斯

虽然如今棉花的故事更广为人知,但糖的故事对了解创业史更为重要。糖对美国的奴隶制度影响不如棉花大,但是更加复杂的制糖过程在塑造企业结构和生产流程方面发

挥了关键作用。如果想要重新认识糖的作用以及詹姆斯·德拉克斯在将糖变成全球可发挥主导作用的商品，就需要阅读下列多个参考资料，重温这个关键时间节点上一系列事件，重构其角色。

Craton, Michael. "The Historical Roots of the Plantation Model." *Slavery and Abolition* 5, no. 3 (1984): 189—221.

Deerr, Noël. *The History of Sugar*, vol. II. London: Chapman & Hall, 1950.

Galloway, Jock H. *The Sugar Cane Industry: An Historical Geography from Its Origins to 1914*, vol. 12. Cambridge: Cambridge University Press, 2005.

Higman, Barry W. "The Sugar Revolution." *Economic History Review* 53, no. 2 (2000): 213—236.

Hills, Richard Leslie. *Power from Wind: A History of Windmill Technology*. Cambridge: Cambridge University Press, 1996.

Ligon, Richard. *A True Exact History of the Island of Barbados (1657)*. London: Forgotten Books, 2018.

Mintz, Sidney Wilfred. *Sweetness and Power: The Place of Sugar in Modern History*. New York: Penguin, 1986.

Pares, Richard. *Merchants and Planters*. Cambridge: *Economic History* Review/ Cambridge University Press, 1960.

Parker, Matthew. *The Sugar Barons: Family, Corruption, Empire and War*. New York: Random House, 2011.

Sheridan, Richard B. *Sugar and Slavery: An Economic History of the British West Indies, 1623–1775*. Kingston, Jamaica: University of the West Indies Press, 1994.

Thompson, Peter. "Henry Drax's Instructions on the Management of a Seventeenth-Century Barbadian Sugar Plantation." *William and Mary Quarterly* 66, no. 3 (2009): 565—604.

Walvin, James. *Sugar: The World Corrupted, from Obesity to Slavery*. London: Robinson, 2018.

隆贝兄弟的工厂

约书亚·弗里曼(Joshua Freeman) 所著的这本书非常有趣。琼斯（Jones）的文章则更深入地分析了为什么企业家们采用了工厂的组织结构。读了此文献，才会更好地理解德拉克斯在制糖业中的作用。

Calladine, Anthony. "Lombe's Mill: An Exercise in Reconstruction." *Industrial Archaeology Review* 16, no. 1 (1993): 82—99.

Freeman, Joshua B. *Behemoth: A History of the Factory and the Making of the Modern World*. New York: Norton, 2018.

Jones, Stephen Richard Henry. "Technology, Transaction Costs, and the Transition to Factory Production in the British Silk Industry, 1700—1870." *Journal of Economic History* 47, no. 1 (1987): 71—96.

企业家

格兰姆斯燧石矿井

有关格兰姆斯燧石矿井的这些参考资料可能很快就会涉及技术方面的细节。英国文化遗产网站则提供了许多信息,其中包括在格兰姆斯燧石矿井访客中心展示的信息。

Barber, Martyn, David Field, and Peter Topping. *The Neolithic Flint Mines of England.* Swindon, UK: English Heritage, 1999.

Russell, Miles. *Flint Mines in Neolithic Britain.* Stroud, UK: Tempus, 2000.

Sieveking, G. de G., et al. "A New Survey of Grimes Graves, Norfolk—First Report." *Proceedings of the Prehistoric Society* 39 (1973): 182—218. https://www.english-heritage.org.uk/visit/places/grimes-graves-prehistoric-flint-mine/history/.

沙利姆-亚述

Larsen, Mogens Trolle. *Ancient Kanesh: A Merchant Colony in Bronze Age Anatolia.* Cambridge: Cambridge University Press, 2015.

奥斯提亚

梅格斯(Meiggs)的这本书可以让你了解奥斯提亚方方面面的信息。霍勒兰(Holleran)和埃利斯(Ellis)的书详细介绍了罗马企业家如何创造了零售黄金时代。奥尔德雷特(Aldrete)和马丁利(Mattingly)的文章描述了罗马企业家在供应链方面取得的巨大成就,而奥尔森(Oleson)的书则是罗马创新的大全,主要涵盖供应链创新的内容。

Aldrete, Greg S., and David J. Mattingly. "Feeding the City: The Organization, Operation, and Scale of the Supply System for Rome." In *Life, Death, and Entertainment in the Roman Empire*, ed. D. S. Potter and D. J. Mattingly. Ann Arbor: University of Michigan Press, 1999.

Ellis, Steven J. R. *The Roman Retail Revolution: The Socio-Economic World of the Taberna.* Oxford: Oxford University Press, 2018.

Holleran, Claire. *Shopping in Ancient Rome: The Retail Trade in the Late Republic and the Principate.* Oxford: Oxford University Press, 2012.

Meiggs, Russell. *Roman Ostia.* Oxford: Clarendon, 1973.

Oleson, John Peter, ed. *The Oxford Handbook of Engineering and Technology in the Classical World.* Oxford: Oxford University Press, 2008.

欧里萨斯

欧里萨斯创造了世界上最有趣和最引人注目的以企业家命名的纪念碑。

Petersen, Lauren Hackworth. "The Baker, His Tomb, His Wife, and Her Breadbasket: The Monument of Eurysaces in Rome." *Art Bulletin* 85, no. 2 (2003): 230—257.

马修·博尔顿

博尔顿铸币厂的成就斐然,既是一个工程里程碑,也是创业的里程碑,然而远未得到足够的重视。

Tungate, Susan. *Matthew Boulton and the Soho Mint: Copper to Customer*. Worcestershire, UK: Brewin, 2020.

巴尔的摩和俄亥俄铁路公司

历史学家往往从一般意义上谈论铁路对经济的影响，然而从企业家的角度看，实际情况是在铁路发明的早期阶段，即使是最有抱负和最有能力的企业家们，他们面对的也是一项非常复杂的技术挑战。以下四个参考文献从不同角度分别阐述了巴尔的摩和俄亥俄铁路公司（B&O）的故事，帮助我们理解铁路为何差点破产，如何最终幸存下来并取得了成功。

Chandler, Alfred D., Jr. *The Visible Hand*. Cambridge, MA: Harvard University Press, 1993.

Dilts, James D. *The Great Road: The Building of the Baltimore and Ohio, the Nation's First Railroad, 1828—1853*. Stanford, CA: Stanford University Press, 1996.

Reizenstein, Milton. *The Economic History of the Baltimore and Ohio Railroad 1827—1853*. Baltimore, MD: Johns Hopkins Press, 1897.

Stover, John F. *History of the Baltimore and Ohio Railroad*. West Lafayette, IN: Purdue University Press, 1995.

安德鲁·卡耐基

纳索（Nasaw）所著的卡耐基传记是我的最爱。

Nasaw, David. *Andrew Carnegie*. New York: Penguin, 2006.

第七章

乔赛亚·韦奇伍德

多兰（Dolan）的传记内容经过了充分的调研，写得很棒。而麦肯德里克（McKendrick）的文章则添加了一些耐人寻味而鲜为人知的事实，比如韦奇伍德将山寨产品当作自己的产品出售，这使该文值得一读。

Dolan, Brian. *Wedgwood: The First Tycoon*. New York: Viking, 2004.

McKendrick, Neil. "Josiah Wedgwood: An Eighteenth-Century Entrepreneur in Salesmanship and Marketing Techniques." *Economic History Review* 12, no. 3 (1960): 408—433.

奇珍异宝

这个大规模的铜器藏品中展示的数十件奇珍异宝，其工艺和创新令人叹为观止，但却鲜为人知。

Bar Adon, P. *The Cave of the Treasure*. Jerusalem: Israel Exploration Society, 1980.

Golden, Jonathan. "New Light on the Development of Chalcolithic Metal Technology in the Southern Levant." *Journal of World Prehistory* 22, no. 3 (2009): 283—300.

Goren, Yuval. "The Location of Specialized Copper Production by the Lost Wax Technique in the Chalcolithic Southern Levant." *Geoarchaeology: An International Journal* 23, no. 3 (2008): 374—397.

Moorey, P. Roger S. "The Chalcolithic Hoard from Nahal Mishmar, Israel, in Context." *World Archaeology* 20, no. 2 (1988): 171—189.

Shalev, Sariel, and Jeremy P. Northover. "The Metallurgy of the Nahal Mishmar Hoard Reconsidered." *Archaeometry* 35, no. 1 (1993): 35-47.

热情待客之道

热情待客之道的突破性发展理应被视为一项重大的创业成就，但没有得到商业历史学家的理解或重视。这些参考资料详细描绘了中国待客之道的发展情况，并将其与中世纪欧洲和中东地区的待客之道进行了比较。

Braudel, Fernand. *Civilization and Capitalism, 15th—18th Century, vol. I: The Structures of Everyday Life*. London: Collins, 1981, particularly 183.

Braudel, Fernand. *Civilization and Capitalism, 15th—18th Century, vol. II: The Wheels of Commerce*. Berkeley: University of California Press, 1992.

Ebrey, Patricia Buckley. "The Attractions of the Capital." In *Chinese Civilization: A Sourcebook*. New York: Simon and Schuster, 2009.

Hanna, Nelly. *Making Big Money in 1600: The Life and Times of Isma'il Abu Taqiyya, Egyptian Merchant*. Syracuse, NY: Syracuse University Press, 1998.

Kuhn, Dieter. *The Age of Confucian Rule: The Song Transformation of China*. Cambridge, MA: Harvard University Press, 2011.

Lewis, Mark Edward. *China's Cosmopolitan Empire: The Tang Dynasty*. Cambridge, MA: Harvard University Press, 2009.

Spufford, Peter. *Power and Profit: The Merchant in Medieval Europe*. London: Thames & Hudson, 2002.

Welch, Evelyn S. *Shopping in the Renaissance: Consumer Cultures in Italy 1400—1600*. New Haven, CT: Yale University Press, 2005.

West, Stephen H. "Recollections of the Northern Song Capital." In *Hawai'i Reader in Traditional Chinese Culture*, ed. Victor H. Mair, Nancy Shatzman Steinhardt, and Paul Rakita Goldin, 405—422. Honolulu: University of Hawai'i Press, 2005.

哈里·塞尔弗里奇

塞尔弗里奇自视甚高，但他确实了解消费者。他能让那些已经对购物感到厌烦的消费者想要拥有他们并不需要的商品或服务。

Soucek, Gayle. *Marshall Field's: The Store that Helped Build Chicago*. Mt. Pleasant, SC: Arcadia, 2013.

Woodhead, Lindy. *Mr Selfridge*. Madrid: Punto de Lectura, 2014.

威廉·伦道夫·赫斯特和约瑟夫·普利策

和塞尔弗里奇一样,赫斯特和普利策也自视甚高,但他们真正了解他们的读者。他们也知道怎样使人们每天对报纸上瘾。

Juergens, George. *Joseph Pulitzer and the New York World*. Princeton, NJ: Princeton University Press, 2015.

Morris, James McGrath. *Pulitzer: A Life in Politics, Print, and Power*. New York: Harper, 2010.

Nasaw, David. *The Chief: The Life of William Randolph Hearst*. New York: Houghton Mifflin Harcourt, 2013.

Procter, Ben H. *William Randolph Hearst: The Early Years, 1863—1910*, vol. 1. Oxford: Oxford University Press, 1998.

Pulitzer, Joseph. "The College of Journalism." *North American Review* 178, no. 570 (1904): 641—680.

Whyte, Kenneth. *The Uncrowned King: The Sensational Rise of William Randolph Hearst*. Toronto: Vintage Canada, 2009.

爱德华·伯纳斯

和本章其他企业家一样,伯纳斯很自信。人们严重低估了他对消费主义的影响,也同样低估了其方法的效力。

Bernays, Edward L. *Propaganda*. Brooklyn, NY: Ig Publishing, 2005.

Curtis, Adam. *Century of the Self*, vol. 17 (DVD). London: BBC Four, 2002. https://www.youtube.com/watch?v=eJ3RzGoQC4s.

Cutlip, Scott M. *The Unseen Power: Public Relations: A History*. New York: Routledge, 2013.

第八章

雅卡尔

我们掌握的关于雅卡尔的所有可靠信息都来自里昂市的法语出版物《艾玛》(*Eymard*),其他三份参考资料则侧重于从不同的角度介绍雅卡尔的生活及其对后续创新的影响。

Delve, Janet. "Joseph Marie Jacquard: Inventor of the Jacquard Loom." *IEEE Annals of the History of Computing* 29, no. 4 (October—December 2007): 98—102.

Essinger, James. *Jacquard's Web: How a Hand-Loom Led to the Birth of the Information Age*. Oxford: Oxford University Press, 2004.

Everything2, https://everything2.com/title/Joseph+Marie+Jacquard.

Eymard, Paul. *Historique du Métier Jacquard*. Lyon, France: Imprimerie de Barret, 1863, particularly 9. Reprinted in *Annales des Sciences Physiques et Naturelles d'Agriculture et d'Industrie* 3rd ser., 7 (1863): 34—56.

企业家

帕西翁

帕西翁的创业成功故事有着多重重要意义,其中包括他所引领的希腊银行创新,这些创新重新塑造了企业家们不断扩大业务的方式。

Shipton, Kirsty M. W. "The Private Banks in Fourth-Century BC Athens: A Reappraisal." *Classical Quarterly* 47, no. 2 (1997): 396—422.

香槟集市

从企业家的角度来看,香槟集市标志着"黑暗时代"的结束。斯普福德(Spufford)和布罗代尔(Braudel)的著作既有分量,又非常有趣,即使只看插图也能从中获益。

Braudel, Fernand. *Civilization and Capitalism, 15th—18th Century, vol. II: The Wheels of Commerce*. Berkeley: University of California Press, 1992.

Spufford, Peter. *Power and Profit: The Merchant in Medieval Europe*. London: Thames & Hudson, 2002.

意大利银行家

全世界都知道美第奇家族,但他们仅仅是模仿者。以下这四份参考资料将使你对几个世纪前的意大利银行家的创业成就有所了解。

Del Punta, Ignazio. "Principal Italian Banking Companies of the XIIIth and XIVth Centuries: A Comparison Between the Ricciardi of Lucca and the Bardi, Peruzzi and Acciaiuoli of Florence." *Journal of European Economic History* 33, no. 3 (2004): 647—662.

Hunt, Edwin S. *The Medieval Super-Companies: A Study of the Peruzzi Company of Florence*. Cambridge: Cambridge University Press, 2002.

Kohn, Meir. "Merchant Banking in the Medieval and Early Modern Economy." Working Paper 99—105. Hanover, NH: Dartmouth College, Department of Economics, 1999.

Origo, Iris. *The Merchant of Prato: Daily Life in a Medieval Italian City*. Middlesex, UK: Penguin, 2017.

复式记账法

复式记账法的起源并没有得到很好的理解或重视。

Lee, Geoffrey A. "The Coming of Age of Double Entry: The Giovanni Farolfi Ledger of 1299—1300." *Accounting Historians Journal* 4, no. 2 (1977): 79—95.

Smith, Fenny. "The Influence of Amatino Manucci and Luca Pacioli." *BSHM Bulletin: Journal of the British Society for the History of Mathematics* 23, no. 3 (2008): 143—156.

詹姆斯·里蒂

我以前从未听说过詹姆斯·里蒂(James Ritty),他的故事很难拼凑出来。他是商业机器创业浪潮的发起者。

Ohio History Connection, https://ohiohistorycentral.org/w/James_Ritty. History Computer, https://history-computer.com/james-ritty/.

约翰·帕特森

帕特森是"超凡脱俗"的典范,希望有人能够写一篇最新的传记来介绍他的事迹和成就。

Crowther, Samuel. *John H. Patterson: The Romance of Business*. London: Geoffrey Bles, 1923.

Dayton Innovation Legacy, http://www.daytoninnovationlegacy.org/patterson.html.

亚历山大·德伊

人们大大低估了时钟的重要性。

National Museum of American History, https://americanhistory.si.edu/collections/search/object/nmah_856741.

Worldclocks, http://www.workclocks.co.uk/dey.html.

赫尔曼·霍尔瑞斯

霍尔瑞斯是一个有趣的人物。这本传记只讲述了他的部分经历。

Austrian, Geoffrey D. *Herman Hollerith: Forgotten Giant of Information Processing*. New York: Columbia University Press, 1982.

托马斯·沃森

以下文献是很好的信息来源,可以帮助读者了解 IBM 事实上的创始人。

Fishman, Katherine D. *The Computer Establishment*. New York: Harper & Row, 1981.

Maney, Kevin. *The Maverick and His Machine: Thomas Watson, Sr. and the Making of IBM*. Hoboken, NJ: Wiley, 2003.

Watson, Thomas J., Jr., and Peter Petre. *Father, Son & Co.: My Life at IBM and Beyond*. New York: Bantam, 1990.

查尔斯·弗林特

在有关主要大亨的讨论中从未提及查尔斯·弗林特,但他创立的垄断性信托几乎可与 J.P. 摩根媲美,比其他任何人都更成功。

IBM, https://www.ibm.com/ibm/history/exhibits/builders/builders_flint.html. "C. R. Flint Is Dead. 'Father of Trusts'; Former Industrialist Was a Pioneer in Consolidation of Large Corporations. Helped Form U.S. Rubber. Retired at 78, but Returned to Activities Two Years Later. Owner of Speedy Yachts." *New York Times*, February 14, 1934. https://www.nytimes.com/1934/02/14/archives/c-r-flint-i8-dead-fatr-of_trusts-former-industrialist-was-a-pioneer.html.

乔治·多里奥

安特(Ante)所著传记引人入胜。

Ante, Spencer E. *Creative Capital: Georges Doriot and the Birth of Venture Capital*.

Cambridge, MA: Harvard Business, 2008.

肯·奥尔森

虽然肯·奥尔森现在几乎被人们遗忘了,但他在当时发挥了关键作用,他帮助人们认识到创业和创新不只是大型企业的领域,而是任何人都可以参与的。

Anderson, John J. "Dave Tells Ahl." *Creative Computing 10*, no. 11 (November 1984). Accessed at https://www.atarimagazines.com/creative/v10n11/66_Dave_tells_Ahl__the_hist.php.

Rifkin, Glenn, and George Harrar. *Ultimate Entrepreneur; The Story of Ken Olsen and Digital Equipment Corporation*. Rocklin, CA: Prima Communications, 1989.

这本书中有丰富的插图,信息量很大,读起来很有趣。

Evans, Harold, Gail Buckland, and David Lefer. *They Made America: From the Steam Engine to the Search Engine: Two Centuries of Innovators*. Boston: Little, Brown, 2004, particularly 376—377.

硅谷

半导体的发展历程对于我们现代企业家和企业家精神理念的发展具有重要的影响和启示作用。以下是四本经典书籍,描述了半导体的发展历程以及其中涉及的许多企业家。

Malone, Michael S. *The Intel Trinity: How Robert Noyce, Gordon Moore, and Andy Grove Built the World's Most Important Company*. New York: Harper Collins, 2014.

Lécuyer, Christophe. *Making Silicon Valley: Innovation and the Growth of High Tech, 1930—1970*. Cambridge, MA: MIT Press, 2006.

Reid, Thomas R. *The Chip: How Two Americans Invented the Microchip and Launched a Revolution*. New York: Random House, 2001.

Seitz, Frederick, Norman G. Einspruch, and Norman G. Einspruch. *Electronic Genie: The Tangled History of Silicon*. Urbana: University of Illinois Press, 1998.

丹·布里克林

布里克林本人真诚的反思和回忆是理解电子表格诞生的重要来源。

Livingston, Jessica. *Founders at Work: Stories of Startups' Early Days*. Berkeley, CA: Apress, 2008, 73—88.

第九章

以下几篇文章很好地概述了古代奴隶制。

美索不达米亚奴隶

Michel, Cécile. "Economy, Society, and Daily Life in the Old Assyrian Period." In *A Companion to Assyria*, ed. Eckart Frahm, chap. 4. Hoboken, NJ: Wiley, 2017, particularly 80.

希腊奴隶制

Bresson, Alain. *The Making of the Ancient Greek Economy: Institutions, Markets, and Growth in the City-States*. Princeton, NJ: Princeton University Press, 2015.

罗马奴隶制

Temin, Peter. *The Roman Market Economy*. Princeton University Press, 2017.

切尔尼亚(Tchernia)书中的这一章解释了高卢人如何捕获奴隶并用其来交换罗马葡萄酒。

Tchernia, André. "Wine Exporting and the Exception of Gaul." In *The Romans and Trade*. Oxford: Oxford University Press, 2016.

艾萨克·富兰克林和约翰·阿姆菲尔德

富兰克林和阿姆菲尔德是典型的可怕的企业家奴隶主,在人们眼皮底下作恶多端,却被人们忽略了。

Gudmestad, Robert H. "The Troubled Legacy of Isaac Franklin: The Enterprise of Slave Trading." *Tennessee Historical Quarterly* 62, no. 3 (2003): 193.

Howell, Isabel. "John Armfield, Slave-Trader." *Tennessee Historical Quarterly* 2, no. 1 (1943): 3—29.

美索不达米亚的贷款和巴比伦国王阿米萨杜卡

迈克尔·哈德森(Michael Hudson)是研究古代中东贷款的学者。

Finkelstein, Jacob J. "The Edict of Ammis.aduqa: A New Text." *Revue d'Assyriologie et d'archéologie orientale* 63, no. 1 (1969): 45—64.

Hudson, Michael. "How Interest Rates Were Set, 2500 BC–1000 AD: Máš, Tokos and Fœnus as Metaphors for Interest Accruals." *Journal of the Economic and Social History of the Orient* 43, no. 2 (2000): 132—161.

Hudson, Michael. *The Lost Tradition of Biblical Debt Cancellations*. New York: Henry George School of Social Science, 1993.

滥伐林木

以下是两篇从不同角度描述古代企业家精神引发的滥伐林木问题的好文章。

Harris, William V. "Plato and the Deforestation of Attica." *Athenaeum* 99 (2011): 479—482.

Harris, William Vernon. "Defining and Detecting Mediterranean Deforestation, 800 BCE to 700 CE." In *The Ancient Mediterranean Environment Between Science and History*, 173—194. Leiden: Brill, 2013.

企业家

空气污染

以下三篇文章可以让你了解空气污染的源头。

Hong, Sungmin, et al. "History of Ancient Copper Smelting Pollution During Roman and Medieval Times Recorded in Greenland Ice." *Science* 272, no. 5259 (1996): 246—249.

Makra, László. "Anthropogenic Air Pollution in Ancient Times." In *Toxicology in Antiquity*, 2nd ed., ed. Peter Wexler, 267—287. Cambridge, MA: Academic, 2018.

Nriagu, Jerome O. "A History of Global Metal Pollution." *Science* 272, no. 5259 (1996): 223.

这本书有些冗长，但它包含了许多有关伦敦空气质量的趣事。

Brimblecombe, Peter. *The Big Smoke: A History of Air Pollution in London Since Medieval Times*. London: Routledge, 2011.

弗雷德里克·阿库姆

阿库姆是一位值得更多关注的非常有趣的企业家。他的书真的会让你大开眼界，让你知道企业家在不受约束的情况下，剥削客户的程度会远超人们的想象。

Accum, Friedrich Christian. *A Treatise on Adulterations of Food and Culinary Poisons: Exhibiting the Fraudulent Sophistications of Bread, Beer, Wine, Spirituous Liquors, Tea, Coffee, Cream, Confectionery, Vinegar, Mustard, Pepper, Cheese, Olive Oil, Pickles and Other Articles Employed in Domestic Economy; and Methods of Detecting Them*. London: Longman, 1820.

Browne, Charles Albert. "The Life and Chemical Services of Fredrick Accum." *Journal of Chemical Education* 2, no. 11 (1925): 1008.

Cole, R. J. "Friedrich Accum (1769—1838). A Biographical Study." *Annals of Science* 7, no. 2 (1951): 128—143.

掺假牛奶

如果你想研究企业家食品掺假的方式与原因，可以阅读穆拉利（Mullaly）的书。

Mullaly, John. *The Milk Trade of New York and Vicinity: Giving an Account of the Sale of Pure and Adulterated Milk*. New York: Fowlers & Wells, 1853.

约翰内斯·古腾堡

以下四个参考资料从多个角度全面展现了古腾堡的创新所产生的影响。

Buringh, Eltjo, and Jan Luiten Van Zanden. "Charting the 'Rise of the West': Manuscripts and Printed Books in Europe, A Long-Term Perspective from the Sixth Through Eighteenth Centuries." *Journal of Economic History* 69, no. 2 (2009): 409—445.

Febvre, Lucien, and Henri-Jean Martin. *The Coming of the Book: The Impact of Printing 1450–1800*, trans. David Gerard. London: Verso, 1997.

Man, John. *The Gutenberg Revolution*. New York: Random House, 2010.

Pettegree, Andrew. *The Book in the Renaissance*. New Haven, CT: Yale University Press, 2010.

路易斯·雷亚尔

路易斯·雷亚尔是企业家可以通过提供色情产品获得成功的典型例子。
Alac, Patrik. *Bikini Story*. New York: Parkstone, 2012.

第十章

盐铁争论

除了阅读原著的翻译之外，洛伊（Loewe）有关盐铁争论的叙述是最易读和最完整的。

Gale, Esson M. *Discourses of Salt and Iron: A Debate on State Control of Commerce and Industry in Ancient China*: Chapters I-XIX Translated from the Huan K'uan, with Introduction and Notes. Leiden: Brill, 1931.

Loewe, Michael. "The Grand Inquest—81 BC." In *Crisis and Conflict in Han China: 104 BC to AD 9*. London: Routledge, 2013.

《汉穆拉比法典》

Fordham University, *Ancient History Sourcebook: Code of Hammurabi, ca. 1780 BCE*. https://sourcebooks.fordham.edu/ancient/hamcode.asp.

标准、重量和市场监督

这是一项关于早期重量和度量标准以及市场监管的有趣研究，揭示了为控制企业家而投入的技术水平和措施：

Petruso, Karl M. "Early Weights and Weighing in Egypt and the Indus Valley." *M Bulletin* (Museum of Fine Arts, Boston) 79 (1981): 44—51.

买者自负

瑞兹（Reitz）完整而清晰地描述了消费者法律的出现。
Reitz, John C. "A History of Cutoff Rules as a Form of Caveat Emptor: Part II—From Roman Law to the Modern Civil and Common Law." *American Journal of Comparative Law* 37, no. 2 (1989): 247—299.

伊芙琳·韦尔奇（Evelyn Welch）的书读起来很有趣，精美的插图让人翻阅起来心情愉快。
Welch, Evelyn S. *Shopping in the Renaissance: Consumer Cultures in Italy 1400—1600*. New Haven, CT: Yale University Press, 2005.

企业家

"泡沫法案"

这两篇文章很好地描述了"南海泡沫"以及政府干预和立法的影响。

Harris, Ron. "The Bubble Act: Its Passage and Its Effects on Business Organization." *Journal of Economic History* 54, no. 3 (1994): 610—627.

Temin, Peter, and Hans-Joachim Voth. "Riding the South Sea Bubble." *American Economic Review* 94, no. 5 (2004): 1654—1668.

"蓝天法案"

本节中的引文来自以下内容。

Hall v. Geiger-Jones Co., 242 U.S. 539 (1917).

宗教

有关宗教的部分,本书主要侧重叙述宗教对企业家的约束。因为我没有发现企业家精神的出现、结构和影响与宗教之间有明确的联系,所以没有专门对这方面进行讨论。有一些著名的书籍将宗教与创业成功联系起来,其中最著名的当属马克斯·韦伯的《新教伦理与资本主义精神》,但最近更深入的研究表明,他提出的数据与特定的宗教教义关系不大,而与文化素养和教育水平更相关。我们可以看到社区之间在创业结果上存在明显的差异。这些结果可能是由于对教育价值的重视程度和对变革的态度不同而导致的。

达纳(Dana)的文章很好地综述了宗教对企业家精神的影响研究。西布赖特(Seabright)则从进化的角度探讨这种关联。他想知道这种联系是否是人类大脑进化出一种信任感的基础,从而驱动了宗教思想和企业家精神的发展。

Dana, Léo-Paul, ed. "Introduction: Religion as an Explanatory Variable for Entrepreneurship." In *Entrepreneurship and Religion*, 1–26. Cheltenham, UK: Edward Elgar, 2010.

Seabright, Paul. "Religion and Entrepreneurship: A Match Made in Heaven?" *Archives de sciences sociales des religions* 175 (2016): 201—219.

Widgery creates a great overview of Hindu ethics, in which entrepreneurship plays a distinct role.

Widgery, Alban G. "The Principles of Hindu Ethics." *International Journal of Ethics* 40, no. 2 (1930): 232—245.

Kuran explains how Islam favors traders but is suspicious of innovators.

Kuran, Timur. "The Scale of Entrepreneurship in Middle Eastern History: Inhibitive Roles of Islamic Institutions." In *The Invention of Enterprise: Entrepreneurship from Ancient Mesopotamia to Modern Times*, ed. David S. Landes, Joel Mokyr, and William J. Baumol, 62—87. Princeton, NJ: Princeton University Press, 2010.

卡尔·马克思

我认为韦恩(Wheen)所写的《马克思传记》非常有用,而皮普(Pipes)所写的《共产主义发展史》则简洁明了。

Pipes, Richard. *Communism: A History*. New York: Modern Library, 2003. Wheen, Francis. *Karl Marx: A Life*. New York: Norton, 1999.

苏联的私营企业家

这是一篇关于列宁为什么以及如何求助于企业家来帮助重振苏联经济的好文章。

Ball, Alan. "Lenin and the Question of Private Trade in Soviet Russia." *Slavic Review* 43, no. 3 (1984): 399—412.

第十一章

毕达哥拉斯

里德韦格（Riedweg）著作中有章节专门讲述毕达哥拉斯的教育和精神事业，这为我们理解这位伟大的哲学家和数学家的事业目标提供了一个很好的起点。

Riedweg, Christoph. *Pythagoras: His Life, Teaching, and Influence*. Ithaca, NY: Cornell University Press, 2008, particularly 98—113.

希腊的礼拜仪式

比特罗斯（Bitros）和卡拉扬尼斯（Karayiannis）写了大量关于古典希腊和雅典企业家精神的文章。

Bitros, George C., and Anastassios D. Karayiannis. "Values and Institutions as Determinants of Entrepreneurship in Ancient Athens." *Journal of Institutional Economics* 4, no. 2 (2008): 205.

Demosthenes, *Against Aphonus II*, 22.

Demosthenes, *Against Stephanus I*, 66.

Garland gives an excellent overview of life in ancient Greece and touches on liturgies.

Garland, Robert. *Daily Life of the Ancient Greeks*. Indianapolis, IN: Hackett, 2008.

托马斯·科勒姆

育婴堂如今仍然存在。该机构维护着一个拥有大量托马斯·科勒姆资料的网站。

Coram Story, https://coramstory.org.uk/thomas-coram/.

瓦格纳（Wagner）撰写的传记很厚，但却是了解更多科勒姆信息的完备资料库。

Hill, Hamilton Andrews. *Thomas Coram in Boston and Taunton*. Worcester, MA: American Antiquarian Society, 1893.

Wagner, Gillian. *Thomas Coram, Gent., 1668–1751*. Woodbridge, UK: Boydell, 2004.

"V 医生"

令人惊讶的是，至今还没有人为这位鼓舞人心的人物写传记。

Aravind Eye Care Center, https://aravind.org/our-story/.

Miller, Stephen. "McSurgery: A Man Who Saved 2.4 Million Eyes." *Wall Street Journal*,

August 5, 2006. https://www.wsj.com/articles/SB115474199023727728.

穆罕默德·尤努斯

网上有很多关于穆罕默德·尤努斯的资料。可以先从诺贝尔奖委员会发布的声明开始入手了解他。

The Nobel Prize, https://www.nobelprize.org/prizes/peace/2006/yunus/biographical/.

安德鲁·卡耐基

你可以在网上找到卡耐基这篇著名的文章。以下是原作的文献出处。

Carnegie, Andrew. "The Gospel of Wealth." *North American Review* 183, no. 599 (1906): 526—537.

第十二章

苹果手机带来的后果

很难找到关于最受我们欢迎的产品和服务所带来意外后果的分析。

Merchant, Brian. *The One Device: The Secret History of the iPhone*. London: Bantam, 2017.

索 引
（此部分内容来自英文原书）

Page numbers in *italics* indicate figures or tables.

academy, of role models, 352
accounting: double-entry, 246–47; of Heqanakht, 34
Accum, Frederick, *279*, 279–82
accuracy, weight, 303
actors, 100–101
Adams, John Quincy, 199
addiction, demand and, 229–31
Adulteration of Food and Drink Act, England, 282
advertising, 213, *228*, 230–31
aesthetics, 59–60
Africa, 88
aggression, 145
agreements, 139–40
agriculture, 219–20
AI. *See* artificial intelligence
airbags, 348
Albert (Prince), 106
Alexandria, Virginia, 271, *271*
algebra, 125
algorithms, 230–31
Allegory of Justice and the Common Good (painting), 221, *222*
Almy & Brown, 133–34
Alps, Europe, 17–18
Amazon, 167–68
ambition, 146, 233
American Research and Development Corporation (ARDC), 255
American Tobacco, 95, 153, 228
Ammisaduqa (king), 274, 275
Amur-Ištar, 111–12, 113
Anatolia, 184, 185
Andersen, Harlan, 255
And God Created Woman (film), 291
Andreesen, Mark, 166
animals, exotic, 218
anthropology, 361
antidote, knowledge as, xii
Antigua, slaves in, *177*
apologists, entrepreneurial, 355
Apple, 58
Apple II, 259, 261

353

企业家

Apple Store, 213
apprenticeship, 102
Arabic numerals, 246
Aravind (hospital), 333–34, *334*
archeology, 214, 360–61, 362, 363
ARDC. *See* American Research and Development Corporation
Argonauts of the Western Pacific, The (Malinowski), 21–24
Aristotle, 326
Arkwright, Richard, 133
Armfield, John, 270–72, 292
Army, U.S., 199
ARPANET, 165
arson, 92
artha, 311
artificial intelligence (AI), 263, 347, 351
assembly line: bead making, 27; modern, 204
Assur, Mesopotamia, 111–12, 184, 185–86
astonishment, objects of, 68, 214–19, *215*
Athens, Greece, 84, 86–87, 243, 267, 327
AT&T, 156, 157, 160
automata, 237
automation, 226–27, 236, 237–39
automobile swarm, 65, *65*
axe, 20
Aztecs, 43, 44

Babylon, Mesopotamia, 274, 300
bacon, 228
Bacon, Francis, 265, 289, 347
bakery, 60, 187
Baltimore and Ohio Railroad (B&O), 197, 198–99, 200, 201
bangles, 39
bankers, 154
Bank Générale, 128–29
banking, 87, 244; double-entry accounting for, 246–47; intercity, 245; private, 242–43; rural, 335–36
bank notes, 127–28, 130

Bank of England, 123, 127, 308
Banque Royale, 131
Bar-Adon, Pessah, 214
Barbados, 172–73, 175, 178, 275, 276
barbershop, 89–90, 96–97
Bardot, Brigitte, 291
barges, 241
Barksdale, Jim, 166
barley, 33
baskets, 36–37
beads, 25–28, *26*, 39, 43–44, 323
beans, 325
Beckman, Arnold, 161
Beechnut Packing Company, 228
behaviors, 70–71; entrepreneurial, 4, 43–45; Hindu aspects of, 311; limiting, 9
Bell Labs, AT&T, 160
Bentley, Thomas, 211
Bernardini, Micheline, *290*
Bernays, Edward, 207, 227–29, 231, 288
Berne, Switzerland, 102
best-practice management, 259
Bezos, Jeff, 167
bias, 163; history and, 48, 77; tax breaks and, 349
Bible, 272–73, 275, 286, 313
bicyles, 5
bid'a (harmful innovations), 314
bikini, 289–91, *290*
Black Death, 277, 284
black-markets, 319, 349
blacksmithing, 86
blindness, 333
blockade, railroad, 141
blue sky laws, 309–10
B&O. *See* Baltimore and Ohio Railroad
boats, 143, 144–45, 195, 329, 330
book cover, Accum, 280–81
books, 82–83, *83*, 280–81, 285–86, 287, 288
Boulton, Matthew, 191–93, 194, 195
bourgeoisie, 317, 318, 319

354

Boyd, Henry, 90–92
branding, 211, 213
Brazil, 174
bread, 187
breakfast, 228
breaks, tax, 349
Bricklin, Dan, 260–61, 262, *262*
bricks, 98
British East Indies Company, 192
bronze, 41, 351
brothels, 87
Brown, George, 197, 198–99
Brown, William, 198
Browns, the (family), 133
brutality, 266–67, 269
Bubble Act, England, 307–9
bubbles, 124, 167, 168, 307, 308
Buffett, Warren, 339
Bull City Drug Company, 99
business: entrepreneurship as, 53; ethics, 11–12; managers, 58; reports, 200; three-tiered management hierarchy, 176, 178; three-way model for, *331*, 332
Business Cycles (Schumpeter), 55
buyer beware (*caveat emptor*), 304–6

Cabezo Juré, Spain, *29*, 29–31, 44, 58–59
Cabot, John, 117
Cabot, Sebastian, *117*, 117–18, 119, 120
Cairo, Egypt, 223
Canada, 117, 118
canals, 196, 197
cane, sugar, 174–75, 176
canning, 279
canoe, *22*, 22–24, 240
Cantillon, Richard, 52, 131–32
capital, working, 111
capitalism, 55–56, 150, 317, 319
Capitalism, Socialism, and Democracy (Schumpeter), 55, 295
caravans, *5*, 185, 356
cards, punch, 237–38, 239

Carnegie, Andrew, 47, 155, 202–3, 247, 323, *337*, 337–39
carpentry, 90–91
cars, 347–48
cartels: drug, 349; pricing, 151
cash crops, 173
cash register, *248*, 248–49, 250, 251, 252
castration, 49, 297
caveat emptor (buyer beware), 304–6
censors, 287
census, 250–51
Census Office, U.S., 250
centrifugal governor, 193, *194*
ceramics. *See* pottery
ceremonial exchange (*kula*), 22–23
Champagne, France, 244–45
Chancellor, Richard, 119, 120
change, 292; climate, 346, 348; customers and, 44; driving, 343; in perspective, 168–69; social, 75
charity, 146, *331*, 332. *See also* philanthropy
Charles, Joseph Marie, 235–39
Charlotte (Queen), 211
charter, 119, 120, 129
Chavín civilization, 42
chemistry, 280
chert, 302
children, 328, 329, 330
China, 40–42, 296–99; day books from, 82–83, *83*; history of, 48–50; hospitality in, 219–20; investors in, 116; *Qingming Shanghe Tu* of, 1–4, *2*, *3*, 219–20, *220*, 241, *242*; socialism in, 320. *See also specific topics*
Chinatowns, 94
Chittagong University, 335
choreography, 204
cigarette-rolling machine, 95
cigarettes: Lucky Strike, *228*; as symbol of freedom, 229
circuit, integrated, 257, 258
Citizen (boat), 144, 145

city-states, 37–38
civilization: ancient, *16*; Chavín, 42; Indus Valley, 38–40, 44, 302–3; modern, 342
Civil War, U.S., 146, 247
Clark, Jim, 166
Clark, William, 177
class, social, 2–3
Clermont, The (steamboat), 195
Cleveland, Ohio, 146, 147–50, 151, 154
Cleveland Massacre, 150
climate: Barbados, 173; change, 346, 348
clothes, 5; class depicted by, 2
cloth fair, 244, 245
clusters, geographic, 72–75
coal, 197, 265, 277–78, 345
Code of Hammurabi, 6, 71, 82, 267, 300–302, *301*
coffee, 222–24
coins, 191, 192, 194, 242, 243, 244–45
collaboration, 210
commerce, 137–38, 306
Committee on Public Information, U.S., 227
commoners, 219, 220–21
communications networks, global, 165–66
communism, 300, 316, 317, 318
Communist Manifesto (Marx), 316–17, 318
community, 63; Pythagorean, 326; well-being, 327, 337, 340
companies: in England, 118; joint-stock, 119, 120, 121, 122, 129, 308, 309. *See also specific companies*
competition, 138, 155, 279–83; control of, 321; gentlemanly, 143–44; winner-take-all, 151, 152–53, 158
complexity, 204, 205
complex machines, 234–35
Compton, Karl, 254
computers, 165, 255; ENIAC computer, 159; PDP-8, 256; personal, 259–60; UNIVAC, 160, 253; word-processing, 260, *261*

Computing-Tabulating-Recording Company (CTR), 253
condensers, 193
confrontation, 315–16
Confucius, 40–41, 296–97, 299, 312
confusion, economic, 150–51
consequences, 292–93; EIC, 70–71; of entrepreneurship, 6–8; map and timeline of, *264*; mitigating, 346; unintended, 266, 275, 283, 288, 344, 347, 352–53
consignment trading, 36–37
consolidation, 149–50, 151, 155, 157, 159
constraint-breaker entrepreneurs, 100–107
constraints: sidestepping, 172; social, 349
Conti, de (Prince), 102
contracts: drafting, 304; government, 353–54; investment, 134–35
control, 14, 71; of competition, 321; state, 300
converter, power, 193, *194*
copper, 66, 68, 69, 216; lost-wax casting, 215; refining, 72; technology for producing, 73–74; tools, 29, 30, 31, 74
copycats, 60, 62–63, *64*, 172
Coram, Thomas, 323, 328, *328*, 329–31, 332, 336
corporations, 360; ARDC, 255; DEC, 255–56, 257, 260; Eckert-Mauchly Computer Corporation, 159–60; Fairchild Semiconductor Corporation, 163; limited liability, 141; modern, 114, 115, 138; railroad, 140; RCA, 157; SIC, 149–50, 151
Costin, Cathy Lynne, 361
costs: of innovation, 353; labor, 269
cotton, 173
cotton mill, 133, 134, *135*
council, trade, 185–86
counterfeiters, 191–92
Courteen Company, 173, 275
COVID-19, 350–51, 354

Coyle, Bud, 162, 163
craftspeople, 39, 218
Crane, Joseph, 249–50
creamware, 211
creative destruction, 54, 55–56
credit, 128, 132, 245
criteria, entrepreneur, 359, 360, 363–64
croissants, 60
crops, 142, 173
Croton, Italy, 324, 326
CTR. *See* Computing-Tabulating-Recording Company
cuneiform tablet, 112, 182–83, *183*
Curtius, Philippe, 101, 102, 103
customers, 1, 3–4, 19, 66, 70, 345, 361; attracting, 144, 263, 292; change forced on, 44; creditworthy, 336; deceiving, 281; delivering, 106; desires, 292; eager, 172; elite, 213, 216; enough, 142; existing, 68–69; experience of, 224–25, 352, 356; fair treatment of, 302, 306; frustrations of, 320; honest-broker, 151; industrial, 258; innovation and, 60, 61, 168, 205; potential, 61, 211, 291; of Pythagoras, 324, 325–26; *Qingming Shanghe Tu* depicting, 2, 2–4, *3*, 219–20, *220*; spells for, 23; three-way business model for, *331*, 332

Daedalus, 7–8, *8*, 265, 347
Darwinism, social, 338
Das Capital (Marx), 316, 318
David, Jacques-Louis, 103
day books, from China, 82–83, *83*
Dayton, Ohio, 247
death mask, 103
debate, 296, 298–99, 300
debt, 128–29, 142, 273–75, 307
debt-slavery, 274
DEC. *See* Digital Equipment Corporation
deception, 281
defects, 304

deforestation, 275, 276
demand, 205, 320; addiction and, 229–31; map and timeline of, *206*; scaling, 110, 208, 217; supply exceeding, 148
democracy, 326, 327
demographics, 225, 227
Deng Xiaoping, 320
department stores, 224–26, *226*
desires, 45, 214–19, 225, 292, 343
Dey, Alexander, 250, 253
dharma, 311–12
diagram, organizational railroad, *201*
dictators, entrepreneurs as, 9–10
Digital Equipment Corporation (DEC), 255–56, 257, 260
digital technology, 6–7
displays, product, 225, *226*
disputes, 302
dissemination, of knowledge, 287–88
divine value, 324–26
donations, 332, 339
donkeys, 185
Doriot, Georges, *254*, 254–55
dot-com bubble, 168
double-entry accounting, 246–47
double opt-in exchange, 62, 314, 361–62
Drake, Francis, 121
Drax, James, 172–76, 178, 180, 266–67, 275
Drucker, Peter, 263
drug cartels, 349
drugs, 342, 347, 349, 350
Dudley, John, 116, 119
duel, 127, 143
Duke, John Buchanan, 95, 153
Duke, Washington, 95, 97
Durham, North Carolina, 94–98
Durham Cotton Manufacturing Company, 95–96
Dutch East Indies Company (VOC), 122
Dutch Republic, 121
dystopia, 341

Eckert, J. Presper, 159
Eckert-Mauchly Computer Corporation, 159–60
economic confusion, 150–51
economic freedom, 273
economies, of scale, 154, 167
Edge, Thomas, 116
edicts, 274
Edison, Thomas, 155
education, 10, 143, 352
Edward (Prince), 192
Egypt, 31–35, 217–18; Cairo, 223; hospitality in, 223–24; market scene in, 80, *81*; Thebes, 33
EIC. *See* entrepreneurial innovation cycle
electricity, 342, 350
elites: customer, 213, 216; history and, 77–78; Levantine, 216
Emerson, Ralph Waldo, 137
emigrants, 107
emotions, positive, 219, 225
empathy, 270
enclaves, ethnic, 93–95
energy, solar, 350
engagement, 230, 345
Engels, Fredrich, 316
Engineering Research Associates, 160
England, 117; Adulteration of Food and Drink Act, 282; Bubble Act, 307–9; companies in, 118–19; Grimes Graves, 180–81, *182*; London, 104–5, 106, 123, 124, 307, 308; Parliament of, 307–8; populations in, 277; Privy Council of, 116
English East Indies Company, 121
ENIAC computer, 159
enticement, 61–62, 358, 363
entrepreneurial innovation cycle (EIC), 13, 109–10, 343–44; consequences of, 70–71; geographic clusters from, 72–75; semiconductor, 164–65; swarm and, 66, *67*, 68–69

entrepreneurial swarm. *See* swarm, entrepreneurial
entrepreneurs: apologists for, 355; constraint-breaker, 100–107; core, *46*; defining, 12–13, 52–57, 359–64; as dictators, 9–10; good, 11–12, 14, 354–57; as heroes, 54; proto-entrepreneurs, 362
entrepreneurship: behaviors, 4, 43–45; as business, 53; consequences of, 6–8; criteria for, 359, 360, 363–64; as force, 45, 75, 358; innovations of, 5; questions about, ix; as self-powered, 12–14; social, 337, 339–40; story of, xi–xii, 13–14; teaching, x, xi. *See also specific topics*
environment, 275–77
Ephesus, Turkey, 114–15
equity, ix–x
Erie Canal, 197
Erie Railroad, 149
Essay on the Nature of Commerce in General (Cantillon), 52
estate management, 50–51
ethics: business, 11–12; religious, 152
ethnic enclaves, 93–95
Eumachia, 85, *85*
Eurysaces, 187, *188*, 190
evolution, 338
excavation, 18
exchange: double opt-in, 62, 314, 361–62; of goods, 21, 22, 25, 35, 186; *kula*, 22–23; of value, 138
Exchange Alley, London, 123, 124, 307, 308
expectations: fundamental, 357; social, 327
experience, customer, 224–25, 352, 356
exploitation, labor, 269
eye surgery hospital, 333–34, *334*

factories, 192, 204; prehistoric, 29–31; silk, *179*, 179–80
fair, cloth, 244, 245

索　引

Fairchild, Sherman, 163
Fairchild Semiconductor, 257
Fairchild Semiconductor Corporation, 163
fares, steamboat, 144, 145
farmer, 57–58, 142
fascism, 158
favoritism, 157
feed-in tariffs, 350
Fibonacci, 246
fishnets, 236, 237
Fitzgerald, Richard, 98
Flagler, Henry, 149
flax, 34, 80, 240
flint, 20, 26, 181, 182
Flint, Charles, 252–53
flow, of goods, 36, 186, 258, 299
flying canoes, Trobriand myth of, 23–24
followers, of Pythagoras, 324, 325–26
food, 3, 4, 88, 219, 220; labels, 353; processing, 279–80; safety, 282; surplus, 244, 277
force, entrepreneurship as, 45, 75, 358
Ford, Henry, 70, 156, 203–4
formaldehyde, 282, 283
Foundling Hospital, 329, 331
foundlings, 329, 330
frame, water, 133, 134
framers, U.S., 137–38
France: Champagne, 244–45; Lyon, 235, 236; Paris, 101–2, 236, 237, 289, 330; Provence, 246
Franklin, Isaac, 270–72, 292
Franklin & Armfield, 270–72, *271*
Frankston, Bob, 261, 262, *262*
freedom, 272, 343; cigarettes as symbol of, 229; as debt-free, 275; economic, 273; lack of, 268–69; of Pasion, 243; slaves buying, 86–87, 91, 190
French East Indies Company, 130
French Revolution, 102
frugality, 145, 146
frustrations, customer, 320

fuel, 88, 147, 148
fuller, 85
Fulton, Robert, 195
fundraising, 154
funerals, 123–24
fungible partners, 113–16
furnaces, 123, 265; glassmaking, 278; reverberatory, 277; technology for, 30–31
furniture, 91
Fust, Johann, 285, 286
Fust & Schöffer, 286
future, 358

gambling, 126–27, 132, 229–30
games, 229–30
game theory, 22
Garraty, Christopher, 361, 362
gas, natural, 281
Gates, Bill, 339
Gauls, 268
GBF. *See* get big fast
General Electric, 155, 157
general partners, 112
genetics, 347
gentlemanly competition, 143–44
geographic clusters, 72–75
Germany, 284, 285, 286, 287, 288
get big fast (GBF), 167–68
Gibbons, Thomas, 143, 144
gifts, mutual, 62
gimwali (pure trade), 24–25, 61, 361–62
Giovanni Farolfi & Co., 246
"Giving Birth to Children" (day book), 82–83, *83*
Giving Pledge, 339
glass, 277–78
glazes, pottery, 210, 211
global communications networks, 165–66
gold, 94, 111, 127, 132
golden age, entrepreneurial, 3, 4, 8, 42, 366, 385

359

Golden Rule, 139, 142, 159
goods, 49, 80, 85, 111, 221, 246, 323; condition of, 304; exchanging, 21, 22, 25, 35, 186; flow of, 36, 186, 258, 299; luxury, 42, 43, 44, 72, 192, 244; machine-produced, 194; redistribution of, 36; removal of, 140; returning, 305; services and, 3, 21, 304; specialized, 19; surplus, 38–39, 184; utilitarian, 187; by weight, 250
Gospel of Wealth (Carnegie), 47. 338, 339, 401
Gould, Jay, 149, 154
government, 158, 341–42; contracts, 353–54; debates on, 299, 300; interventions by, 293, 345
governor, centrifugal, 193, *194*
grain, 33, 34, 244
Grameen Bank, 336
gratitude, 61, 327
Greece: Athens, 84, 86–87, 243, 267, 327; slaves in, 86–87; women in, 83–85
Grimes Graves, England, 180–81, 182
Grosholz, Marie, 101, 102–3
growth, profit proceeding, 165–67
Gutenberg, Johannes, 283–86
gynaikeia agora (women's market), 84

Hadrian, 304
hair care products, 107
halitosis, 207
Hammurabi, 6, 71, 82, 267, 300–302, *301*
happiness, 355, 356
harmful innovations (*bid'a*), 314
harmony, 41
harnesses, 240
Hartt, Irene, 77, 78
heads, wax models of, 102–3
Hearst, William Randolph, 227, 231
hearths, 66
Henry of Champagne (Count), 244
Heqanakht, 31–35, *32*, 80, 240

hero, entrepreneur as, 54–55
hierarchies, 57, 176, 178, 361
Hilliard, William, 178
Hinduism, 310–12
history, 359, 361; of China, 48–50; elites and, 77–78; questions of, 47–50; timelines, *16*, *46*, *76*, *108*, *136*, *170*, *206*, *232*, *264*, *294*, *322*
Hitchcock, Alfred, 291
hobbyists, 61
Hogarth, William, 328, 329
Hollerith, Herman, 251, 253
Holmes, Elizabeth, 11
ho-pen (investment firms), 116
Horace, 276
horrea (warehouse), 188–89
hospital: eye surgery, 333–34, *334*; Foundling Hospital, 329, 331; Lincoln Hospital, 99
hospitality, 226; in China, 219–21; in Egypt, 223–24; in Rome, 221
How to Make Money, Although a Woman (Hartt), 77, 78

Iberian ham, 29
IBM. *See* International Business Machines
idealism, 298, 347
idolatry, 323
immigrants (*metics*), 86, 93
immortality, 324
impact, entrepreneurial: innovation and, 343, 352; on society, 4, 6, 10
impediments, to scale, 266
imports, 188, 189
incentives, for swarms, 349–50
incremental innovation, 60
Indian Army Medical Corps, 332
industrial mutation, 55
Industrial Revolution, 180, 208, 213, 309
Indus Valley civilization, 38–40, 44, 302–3
inequality, 338, 339, 358
inflation, 277

索 引

information, terabytes of, 204–5
inheritance, 125, 126
initial public offering (IPOs), 166
injustice, entrepreneurial, 306
innovation, 3–4, 5, 6, *108*, 159; *bid'a*, 314; customers and, 60, 61, 168, 205; entrepreneurial swarms and, 63, *64*, 65; impact of, 343, 352; incremental, 60; map and timeline of demand, *206*; perceived value and, 12, 56, 59–61; Roman, 189–90; self-direction and, 356–57; simplification, 110; tax, 353; as unpredictable, 348–49. *See also* entrepreneurial innovation cycle
inspiration, 352–54
instigator, swarm, 63, *64*, 65
insurance, 97–98, 345–46
integrated circuit, 257, 258
integration, vertical, 156, 203–4
Intel, 164, 257, 258, 259
intercity banking, 245
International Business Machines (IBM), 156, 160, 163, 253
internet, 165–66, 167, 259
interventions, government, 293, 345
invention, 59
inventory management programs (MRP), 258–59
Investment Bankers Association, 310
investment contract, 134–35
investment firms (*ho-pen*), 116
investors, 110, 155, 167, 168, 197, 255, 307; in China, 116; finding, xi; joint-stock company, 119, 120, 121, 122; Mesopotamian tablet on, 112; Mississippi Company, 129, 130–31, 132; *Monumentum Ephesenum* on, 114–15; protecting, 138; start-up, 122–25. *See also* venture capitalists
iPhone, 355
IPOs. *See* initial public offering
iron, 49–50, 203, 276

Islam, 312, 313–14
Israel, 72–74, *73*, 214, 216, 362
Italy: Croton, 324, 326; Ostia, 187, 188–89, 240–41; Siena, 221; Venice, 305–6. *See also* Rome, Italy
Ivan IV (Tsar), 119–20

Jackson, Andrew, 199
Jacquard. *See* Charles, Joseph Marie
jewelry, xi, 5, 302; beads for, 25–28, *26*, 39, 43–44, 323; pendants, *26*, 26–27
jingle, 17
jobbers, 122–23, 124, 125
Jobs, Steve, 58, 213, 355
Johnson, William, *89*, 89–90, 92
joint-stock companies, 119, 120, 121, 122, 129, 308, 309
Jordan, 26
journalism, 315
J. Pierpont Morgan & Company, 154
Justice (statue), 305, *305*
Justinian's Digest, 305
Juvenal, 171

kama, 311
Kerner, Sussane, 361
kerosene, 147, 148
Keystone Bridge Company, 202
kilns, 31, 189
knapping, flint, 20, 26, 181, 182
knowledge, 326; as antidote, xii; dissemination of, 287–88
kula (ceremonial exchange), 22–23

labels, food, 353
labor, costs, 269
laboratory, portable, 280
Lambert, George, 207–8
land, 34, 273, 275–76
language, 344
Latrobe, Benjamin, 200
Lauder, Estée, 107

361

Law, John, *126*; Bank Générale of, 128–29; mathematics and, 125, 126–27; Mississippi Company of, 129, 130–31, 132

laws, 11, 70, 141, 344, 356, 360; blue sky, 309–10; Code of Hammurabi, 6, 71, 82, 267, 300–302, *301*; on commerce, 306; sharia, 313–14; sumptuary, 218

lawyers, 6, 123, 315, 341

leaders: religious, 9; social, 295–96

lease: mining, 267, 268; tax-farming, 113, 114

ledgers, 246–47

legacies, 57, 77, 161, 342; asset, 318; of Bernays, 229; lasting, 107

Lenin, Vladimir, 318–19

letter, Heqanakht, *32*, 32–35, 80

"letting-out" system, for silk, 179

Levantine elite, 216

liability, limited, 141

Liberty Bell, 272–73

Ligon, Richard, 175, 178

limited liability corporations, 141

limited partners (*naruqqum*), 111–12

Lincoln Hospital, 99

linen, 34, 80, 240

Listerine, 207–8

literacy, 303

liturgies, 327

Liverpool & Manchester Railroad, 198, 199

loans, 113, 147, 148, 247, 349; in Mesopotamia, 273–75; microloans, 336; Qu'ran on, 312; secured commercial, 273

Lombe, John, 179

Lombe, Thomas, 179

London, England, 104–5, 106, 123, 124, 307, 308

long-distance trade, 37, 38–39, 40, 43

looms, 235–36, 237, *238*, 238–39

Lorenzetti, Ambrogio, 221, *222*

lost-wax casting, 215

Lotus 1-2-3, 262

Louis XIV (King), 129

Lucky Strike cigarettes, *228*

luddites, 263

Luther, Martin, 287

luxury goods, 42, 43, 44, 72, 192, 244

Lyon, France, 235, 236

maces, 214, *215*

machine learning (ML), 263

machines: cigarette-rolling, 95; complex, 234–35; dough-making, 189; goods produced by, 194; silk-spinning, 179–80; simple, 234; trusting, 247–50

Madame Tussaud, 103–7, *104*. *See also* Grosholz, Marie

magic, 23, 24

Mahabharata (Hindu epic), 311–12

Mainz, Germany, 284, 285, 286, 287, 288

malachite, 72, 74

Malinowski, Bronisław, 21–24, 25, 361

management: best-practice, 259; estate, 50–51; MRP, 258–59

managers: business, 58; professional, 154, 155, 156, 196, 202, 343

manipulation, 344

manners, 331

manual, operating, 200

Manucci, Amatino, 246–47

Mao Zedong, 299

map: alternative value, *322*; of ancient civilizations, *16*; of consequences, *264*; of core entrepreneurs, *46*; demand innovation, *206*; innovation, *108*; of outsiders, *76*; simplicity innovation, *232*; supply innovation, *170*; U.S., *136*

marble, 26, 28, 189

Marie Antoinette, 102

market scene, Egyptian, 80, *81*

Marshall Field, 225

Marx, Karl, 314–18

mās (profit or interest), 37
mask, death, 103
Massachusetts Institute of Technology (MIT), 254, 255
mass production, 27, 203–4, 208, 269; and entrepreneurial malfeasance, 279–282, 306
mathematics, 125, 126–27, 324
Mauchly, John, 159
McCallum, Daniel, 201
McLane, Louis, 199–200
mechanical cow, 7, *8*
media: advertising, 213, *228*, 230–31; propaganda, 227–28, 229; social, 230, 344
medicine, 342, 347, 350
meme, 356
merchandising, 213
Merchant and Farmer Bank, 98
merchants, 41–42, 116, 244–47
meritocracy, 297
Merrick, John, 96–98, *97*, 99
Merrick-Moore-Spaulding Real Estate Company, 99
Mesoamerica, 42
Mesopotamia, 35–38, 40, 44, 80, 82; Assur, 111–12, 184, 185–86; Babylon, 274, 300; loans in, 273–75; objects of astonishment in, 216–17; slavery in, 267; trade in, 184–86; Uruk, 36, 350, 354; VCs in, 111–12, 113
metallurgy, 72, 73, 74, 284, 351
metics (immigrants), 86, 93
Mexico, 42–43
microloans, 336
microprocessor, 258, 259
Microsoft, 167
milk, 59, 282–83
Milk Trade in New York City and Vicinity, The (Mullaly), 282
mill: cotton, 133, 134, *135*; sugar, 175–76, 266

mines, 267, 268
minorities, 78, 79, 92–95
mint: commercial, 191–92; royal, 131
mirrors, 284
missions, trade, 36–37
Mississippi Company, 129, 130–31, 132
Mississippi River, North America, 129
MIT. *See* Massachusetts Institute of Technology
ML. *See* machine learning
models: role, 352; three-way business, *331*, 332; wax, 101–3, *104*, 104–6
modern assembly line, 204
modern civilization, 342
modern corporations, 114, 115, 138
modernity, 10
Mohenjo-Daro, Indus Valley, 38, 39
molds, 66, 284–85
moneylending, 92, 93, 274
monopolies, 143–44, 145, 151, 152, 299
Monumentum Ephesenum (stone tablet), 114–15, *115*
Moore, Aaron, 97–98, 99
Moore, Gordon, 257, 258
Moore's Law, 257–58
morality, 352
Morgan, John Pierpont, *153*, 153–56, 159
Morgan, Junius Spencer, 153, 154
mortgages, 349
mosaics, 240, 241
moshka, 311
motivations, 66, 320
Mouse, The (boat), 143
mouthwash, 207, 208
MRP. *See* inventory management programs
Mullaly, John, 282
museum, 90, 218
mutation, industrial, 55
mutual gifts, 62
mysteries, 38
myths, 7–8, 10, 22–24, 218, 265

363

Nahal Mishmar Treasure, 214, *215*, 216
Napoleon Bonaparte, 105, 106
naruqqum (limited partners), 111–12
Natchez, Mississippi, 89–90, 270
National Cash Register Company (NCR), 249, 250, 251, 252
nationalization, 297
natural gas, 281
naval surveyor, 329
navel, 289
NCR. *See* National Cash Register Company
needs, wants *versus*, 207
neighborhoods, minority, 93–95
NEP. *See* New Economic Policy
Netscape, 166, 167
networks, global communications, 165–66
New Economic Policy (NEP), 318, 319, 320
New England, North America, 133
Newfoundland, Canada, 117, 118
New Rhineland News, 314
newspapers, 155, 227, 314, 315, 316
New Testament, 313
New York Central Railroad, 139, 140–41
New York Times, 155
Nicias, 267–68
noise pollution, 277
norms, social, 344
North Carolina, 94–98
North Carolina Mutual Life Insurance Company, 97–98
notes, bank, 127–28, 130
Noyce, Robert, 257, *257*, 258
nudity, 291
numerals, Arabic, 246

obesity, 342
objects: of astonishment, 68, 214–19, *215*; identifying, 360–61
Oeconomicus (Xenophan), 50, 52, 84
office, *271*

Ogden, Aaron, 143, 144
Ogden v. Gibbons, 144
Ohio: Cleveland, 146, 147–50, 151, 154; Dayton, 247
oil, 146–47, 148, 149, 150–51
Old Testament, 313
Olsen, Ken, 233, *255*, 255–56
ophthalmology, 333, 334
organizational diagram, railroad, *201*
Organization of the Service of the Baltimore & Ohio Railroad (manual), 200
ornaments, 26, 26–27
Orthodox Christians, 92, 93
Ostia, Italy, 187, 188–89, 240–41
ostracization, social, 61–62
Ötzi, 17, 18–21, *19*, 181, 367
outposts, trade, 36
outsiders, 76, 78–79

packaging, 279–80
pain, 355–56
painting, 8, *81*, *177*, 219, 221, 222, *223*
Palo Alto, California, 161, 162, 165
pantomime, 100–101
paper, 286
paper money, 125, 127
papyri, *32*, 32–35
Paris, France, 101–2, 236, 237, 289, 330
Parliament, England, 307–8
partners, 309; fungible, 113–16; general, 112; limited partners, 111–12; *Monumentum Ephesenum* on, 114–15
Pasion, 243
Pasiphaë, 7, *8*
Pasteur, Louis, 59
patents, 157, 235, 239, 248, 351
Patterson, John, 249, 250, 251
PDP-8 (computer), *255*, 256
Peabody, Morgan & Company, 153
pendants, 26, 26–27
Pennsylvania Central Railroad, 202
perceived value, 363, 364

perfume, 225, *226*
personal computers, 259–60
personal services, 89–90
perspective, change in, 168–69
persuasion technology, 345
petitions, 330–31
philanthropy, 328, 329, 330, 331, 332
Phips, William, 123
Piazzale delle Corporazioni, Ostia, 188
pilfering, employee, 249
pilgrims, 284
plague, 277, 284
Plato, 50, 51, 52, 326
Pliny the Younger, 100
pochteca people, 43
poison, 280, 281
pollution, 342, 346, 358; coal, 278; noise, 277
Pont, Pierre S. du, 156
populations: in England, 277; Roman, 186–87
portable laboratory, 280
positive emotions, 219, 225
potential customers, 61, 211, 291
pottery, 39, 42, 189, 241; branding, 213; glazes, 210, 211; store, 211–12, *212*; of Wedgwood, J., 208–9, 210–11
poverty, 315, 317, 335, 337
Poverty of Philosophy, The (Marx), 314
power, 193, 195, 196, 348–51
pragmatism, 298, 299
prehistoric factories, 29–31
pressure, 171, 235
pricing cartels, 151
Princeton University, ix, xi
printing, 187, 285–86
private banks, 242–43
private property, 318
privilege, 77, 78, 79, 356
Privy Council, England, 116
probability, 126–27
product: displays, 225, *226*; hair care, 107

production, 5, 42–44, 179–80, 189–91: of beads, 27–28; of copper, 30, 59, 66, 74, 77, 215; of food, 88; of glass, 123, 278; of jewelry, 39; of sugar, 174–76, 178; of tobacco, 95. *See also* mass production
professional managers, 154, 155, 156, 196, 202, 343
profit, 186, 312, 318, 340; Chinese character for, 41; growth over, 165–67; Sima Qian on, 49, 50; Socrates on, 50–51
profit or interest (*mās*), 37
prognostication, 82, 83
programming, 239, 260
Prohibition, U.S., 349
projectors, 124
Project Warp Speed, 354
proletariat, 317
propaganda, 227–28, 229
property, private, 318
prospectus, 122, 124
prostitution, 87, 222
proto-entrepreneurs, 362
Provence, France, 246
Providence, Rhode Island, 134, 135
Prussia, 315, 316
Psycho (film), 291
psychology, 229
public relations, 227–28
Pulitzer, Joseph, 227, 231
punch cards, 237–38, 239
punishment, 358
Pure Food and Drug Act, U.S., 283
pure trade (*gimwali*), 24–25, 61, 361–62
Pythagoras, 324–26, *325*

Qingming Shanghe Tu (scroll), 1–4, *2*, *3*, 219–20, *220*, 241, *242*
Quadratilla, Ummidia, 100, 101
quartz, 302
Qu'ran, 312, 313

Radio Corporation of America (RCA), 157
railroads, 106, 150; blockade of, 141; B&O, 197, 198–99, 200, 201; Erie Railroad, 149; Liverpool & Manchester Railroad, 198, 199; New York Central Railroad, 139, 140–41; organizational diagram, *201*; Pennsylvania Central Railroad, 202; scaling, 196–97; Underground Railroad, 92
Raleigh, Walter, 121
Rand, Remington, 253
rape, 272
Raskolniki, 92–93
rations, 33, 35
RCA. *See* Radio Corporation of America
Réard, Louis, 289–91, 292
Recife, Brazil, 174
Records of the Grand Historian. See Shiji
redistribution, of goods, 35, 38, 62
refinery: copper, 72; oil, 147, 148, 151
regents, 296
register, cash, *248*, 248–49, 250, 251, 252
regulations, 157, 345
religion, 146, 152, 341; Hinduism, 310–12; Islam, 312, 313–14; leaders of, 9
Remington Rand, 160
repetition, 182
reports, business, 200
reprisals, 93, 99
reputation, 140
resources, 53; diminished, 358; investment of, 110
responsibility, of wealth, 338–39
reverberatory furnace, 277
rheumatoid arthritis, 332
Rhineland News, 315, 316
Rhode Island, 134, 135
Rialto Bridge, Venice, 305
rightness, 297, 312
risk, 53, 70, 71, 130, 138, 343, 356
Ritty, James, 247–48, 249
Ritty, John, 248, 249

Ritty's Incorruptible Cashier, *248*, 248–49
River Rouge Complex, 203, *203*
Rock, Arthur, 162, 163–64, *164*
Rockefeller, John D., 146, *147*, 151–53; oil refineries of, 147, 148; SIC of, 149–50
Rockefeller, William, 148
role models, 11, 154, 168, 352
Rome, Italy, 85, 100–101, 327; *caveat emptor* in, 304–6; hospitality in, 221; innovations from, 189–90; populations, 186–87; slavery in, 190, 268; tax-farming in, 113, 114
Rousseau, 102
Royal Institution, 281
royal mint, 131
royalty, 239
rulers, 9, 57, 58, 242, 295–96, 306, 320–21
rum, 176
rural banking, 335–36
Russia, 119–20
Russia Company, 120

SaaS. *See* software as a service
safety, 242, 282
sales, 249–50, 252, 253
saloons, 247–48
salt, 297, 299, 397
sarcasm, 315
scale, 169, 233, 234; of demand, 110, 208, 217; economies of, 154, 167; entrepreneurial swarms producing, 344; impediments to, 266; railroad management, 196–97; of slavery, 266–69; of supply, 68, 69, 110, *170*, 171–72, 190–91
scandal, 101, 281, 291
schedules, railroad, 196
Schöffer, Peter, 285
scholars, x, xi, 219
Schumpeter, Joseph, *54*, 54–56, 63, 295
science, 324, 325, 342
Scott, Thomas, 202, 203

scribes, 303–4
scroll, 1–4, *2*, *3*, 219–20, *220*, 241, *242*
Sears, Roebuck and Company, 158
seatbelts, 348
secret, 72, 73, 284, 285
secured commercial loan, 273
seduction, 225
self-direction, 12, 28, 56, 57–59; innovation and, 356–57; prevention of, 75
self-powered, entrepreneurship as, 12–14
Selfridge, Harry, *224*, 224–26
self-sufficiency, 298, 299
semiconductors, 162–63, 164–65, 256–57
service, 6; goods and, 3, 21, 304; personal, 89–90; SaaS, 259; tea, 211, 212
servile work, 90–92
Shakespeare, William, 341
Shalim-Assur, 182–84, 240, 356
"Shamash Hymn of Old Babylonia," 109
Shang Hongyang, 297, 298
shares, Mississippi Company, 129, 130–31, 132
sharia law, 313–14
Sherman Antitrust Act, 252
Shiji (Sima Qian), 48, 49–50
shipments, in Ostia, 240–41
ships, 143, 144–45, 195, 329, 330
Shiqmim, Israel, 72–74, *73*, 216, 362
Shockley, William, *160*, 160–62
Shockley Semiconductor Laboratories, 161, *161*
shopping, 213, 224–27
SIC. *See* Southern Improvement Corporation
Siena, Italy, 221
silicon, simplifying with, 256–58
silk, *179*, 179–80, 235–36, 238
Silk Road, 116
silver, 184, 185, 267–68, 324
Sima Qian, 1, 17, 47–50, *48*, 297
Simon, Erika, 17–18

Simon, Helmut, 17–18
simple machines, 234
simplification: innovation, 110; map and timeline of, *232*; scaling, 234; with silicon, 256–58; specialists for, 240–41; of systems, 262–63; with trust, 242–43; of work, 258–59
Sinclair, Upton, 283
Sitnebsekhtu, 80
skills: developing, 27–28; mastery of, 91; specialization in, 72
Slater, Samuel, 133–35, *134*
slavery, 71, 90–91, 176, 270–72; in Antigua, *177*; debt-slavery, 274; in Greece, 86–87; in Mesopotamia, 267; in Rome, 190, 268; scaling of, 266–69
Sloan, Alfred P., 156
smartphones, 355
Smith, Adam, 69, 295, 300
smoke, 276
social change, 75
social class, 2–3
social constraints, 349
social Darwinism, 338
social entrepreneurship, 337, 339–40
social expectations, 327
socialism, 316, 320
social leaders, 295–96
social media, 230, 344
social norms, 344
social ostracization, 61–62
social tax, 345–46
social tensions, 70
society, impact on, 4, 6, 10
Socrates, 50–52, 84, 268, 327
software, 204, 258–59, 263
software as a service (SaaS), 259
solar energy, 350
Song dynasty, 1, 3, 4
soot, 278
sophistication, 137, 212

Southern Improvement Corporation (SIC), 149–50, 151
South Seas Company, 307, 308, 309
Soviet Union, 318, 319
space, 344
Spain, 29–31
Spaulding, Charles, 98, 99
specialists, 186, 234, 240–41
special skills, 27–28
speech, 344
spells, 23
Spencer, Herbert, 338
Stalin, Joseph, 319
Standard Oil, 149, 150, 151
Standard Oil of New Jersey, 152
standards, 214, *215*, 303
start-ups, 122–25, 129, 164, 168, 306–7
statue, *85*, *305*
steamboats, 143, 144, 145, 195
steam engine, 193–94, *194*, 195
steel, 202–3
stock, 122–23, 129, 130–31, 132
store: department, 224–26, *226*; pottery, 211–12, *212*; *tabernas*, 187
street shop (*tabernas*), 187
stress, 169
students, 352
sugar, 172, 174–76, 178, 266, 275
sumptuary laws, 218
supply: demand exceeded by, 148; scale of, 68, 69, 110, *170*, 171–72, 190–91
Supreme Court, U.S., 144
surgery, eye, 333–34, *334*
surplus, 32, 34, 273, 334; food, 244, 277; goods, 38–39, 184; Indus Valley civilization exchanging, 38–39; textile, 36
surveyor, naval, 329
sustainability, ix–x, 13, 14, 355
swarm, entrepreneurial, 13, 109, 320–21; bias for, 349; controlling, 348; EIC and, 66, *67*, 68–69; incentives for, 349–50; instigator, 63, *64*, *65*; outsiders participating in, 79; scale produced by, 344; technology and, 351
swill, 282–83
swimsuits, 289–91
Switzerland, 102
sword, 192
systems, 53; silk "letting-out," 179; simplification of, 262–63

tabernas (street shop), 187
table (*trapeza*), 243
tableaux, 105–6
tablet: cuneiform, 112, 182–83, *183*; *Monumentum Ephesenum*, 114–15, *115*
Tabulating Machine Company, 251
talent, 126, 162, 185, 193, 338, 339
tariffs, feed-in, 350
taverns, 82
tax: breaks, 349; innovation, 353; social, 345–46
tax-farming, 113–14, 131
tea service, 211, 212
technocrats, 200
technology, 23, 24; AI, 263, 347, 351; automation, 226–27, 236, 237–39; copper production, 73–74; digital, 6–7; entrepreneurial swarms and, 351; furnace, 30–31; of Indus craftspeople, 39, 302; ML, 263; new, 71; persuasion, 345; semiconductor, 162–63, 164–65, 256–57; transistor, 161, 162, 255, 256–57; war generating, 159; wireless, 157. *See also specific technologies*
temples, 273
Tennessee, 270
tensions, 4; ambition creating, 233; social, 70
Ten Views of the Island of Antigua (painting), *177*
terabytes, of information, 204–5
textile, 37, 182, 183, 184; cotton, 173; linen, 34, 80, 240; looms, 235–36, 237, *238*,

索 引

238–39; silk, *179*, 179–80, 235–36, 238; surplus, 36
theater, 100–101
Thebes, Egypt, 33
Theory of Economic Development, The (Schumpeter), 54
Thomas, Philip, 197, 198–99
Thomson, John, 149, 154
thread, silk, 179, 180
three-way business model, *331*, 332
timber, 36, 265, 276, 277
time clocks, 250
timeline: alternative value, *322*; of ancient civilizations, *16*; of consequences, *264*; of core entrepreneurs, *46*; demand innovation, *206*; innovation, *108*; of outsiders, *76*; simplicity innovation, *232*; supply innovation, *170*; U.S., *136*
tobacco, 95–96, 173, *228*, 228–29, 275
tolls, 196
tomb: of Eurysaces, 187, *188*; market scene from, 80, *81*
Tom Thumb (locomotive), 199
tools, 234; copper, 29, 30, 31, 74; flint, 181, 182; of Ötzi, 18, *19*, 19–21; specialized, 241
toys, 192
trade, 21, 35, 38, 323, 342; bead, 27; consignment, 36–37; council, 185–86; *gimwali*, 24–25, 61, 361–62; long-distance, 37, 38–39, 40, 43; in Mesopotamia, 184–86; missions, 36–37; outposts, 36; Trobriand Islanders, 22–25
"Traitorous Eight," *162*
transistor, 161, *162*, 255, 256–57
trapeza (table), 243
treaties, 184
Treatise on Adulterations of Food, and Culinary Poisons (Accum), 279, 280–81
treatment, of customers, 302, 306
Triple Alliance, 43

Trobriand Islanders, 21–25, *22*, 61, 62
True and Exact History of the Island of Barbadoes, The (Ligon), 175, 178
trust, 44, 151, 242–43, 247–50, 292–93, 346–48
Turkey, 111, 114–15
Tussaud, François, 103, 104
type, 286

Underground Railroad, 92
unintended consequences, 266, 275, 283, 288, 344, 347, 352–53
unions, 152, 210, 263, 315–16
United States (U.S.), 157; Army, 199; Census Office, 250; Civil War, 146, 247; Committee on Public Information, 227; framers, 137–38; map and timeline, *136*; New England, 133; Prohibition, 349; Pure Food and Drug Act, 283; Supreme Court, 144
UNIVAC computer, 160, 253
Upton Brothers, 158
Uruk, Mesopotamia, 36, 350, 354, 368–69
U.S. *See* United States
U.S. Rubber, 252
U.S. Steel, 155
utilitarian goods, 187
utilitarianism, 355

vaccines, 350–51, 354
vaishya, 312
Valley of Oaxaca, Central America, 42
value, 323; capturing, 109; creators of, 357–58; divine, 324–26; exchange of, 138; innovation and, 12, 56, 59–61; map and timeline of alternative, *322*; perceived, 363, 364; rediscovering, 339–40
Vanderbilt, Cornelius, Jr., *139*, 139–42, 143, 144–45, 149
Vanderbilt, Cornelius, Sr., 142
Vanderbilt, Phebe, 142

369

Vaucanson, Jacques de, 237
VCs. *See* venture capitalists
vegetable sellers, 87–88
vegetarianism, 325
Venice, Italy, 305–6
Venkataswamy, Govindappa, 332–35, *333*, 336
venture capitalists (VCs), 109–10, 112, 164, 166–67, 168
vertical integration, 156, 203–4
Victoria (Queen), 106
VisiCalc, 261, 262
Vision Fund, 168
vizier, 33
VOC. *See* Dutch East Indies Company
Vogue (magazine), 290–91
Voltaire, 102
Vydec, 260, *261*

Wadi Jilad (valley), 26, 27, 28, 43–44
Walker, CJ, 107
wants, needs *versus*, 207
war: technology generated by, 159; U.S. Civil War, 146, 247
warehouse (*horrea*), 188–89
warp, 236, 237–38
washerwomen, 88
Washington, George, 142
water: contamination of, 355; frame, 133, 134
Watson, Thomas, 252, 253
Watt, James, 193, 195
wax models, 101–3, *104*, 104–6
weaving, 235, 236, 237–39
Wedgwood, Josiah, 208–13, *209*, 224
Wedgwood, Sarah, 210, *210*
Wedgwood, Thomas, 208
weight: goods by, 250; standardized, 302–3, *303*, 304

well-being, community, 327, 337, 340
Western Africa, 88
wheat, 190
wheelwright, 241, *242*
Whirlpool, 158
windmill, 175–76, *177*
wine, 268, 315, 316
Winlock, Herbert E., 32
winner-take-all competition, 151, 152–53, 158
wireless technology, 157
wisdom, 47
Wittenberg, Germany, 287
women, 78, 79, 80; in ancient Greece, 83–85; cigarette ads for, *228*, 228–29; washerwomen, 88; Yoruba, 88
women's market (*gynaikeia agora*), 84
wool, 116, 118
word-processing computer, 260, *261*
work: servile, 90–92; simplification of, 258–59
working capital, 111
workmanship, 218
Wozniak, Steve, 259
Wright Brothers, 156
Wu (Emperor), 48–49, 296, 297, 298, 304

Xenophon, 50, *51*, 51–52, 84, 268, 276

yarn, 236
Yelp, 226
Yoruba people, 88
Yunus, Muhammad, *335*, 335–36

Zhao (Emperor), 296, 298, 300
Zidong, 40–41
Zuckerberg, Mark, 339, 356